HUAZHANGJINYUN

华章晋韵

——中国历史上的山西元素

李广洁　著

山西出版传媒集团·山西教育出版社

图书在版编目（CIP）数据

华章晋韵：中国历史上的山西元素 / 李广洁著. —
太原：山西教育出版社, 2020.1
ISBN 978-7-5703-0685-5

Ⅰ. ①华… Ⅱ. ①李… Ⅲ. ①山西—地方史—研究
Ⅳ. ①K292.5

中国版本图书馆CIP数据核字（2019）第243628号

华章晋韵——中国历史上的山西元素

著　　者：李广洁
责任编辑：刘继安　赵　峰
复　　审：刘晓露
终　　审：杨　文
装帧设计：郝彦红
印装监制：蔡　洁

出 版 者：山西出版传媒集团·山西教育出版社
地　　址：太原市水西门街馒头巷7号
邮　　编：030002
发行营销：0351-4729801　4729825

经 销 者：山西出版传媒集团·山西教育出版社
承 印 者：山西出版传媒集团·山西新华印业有限公司

开　　本：720mm × 1020mm　1/16
印　　张：30
字　　数：311千字
版　　次：2020 年 3 月第 1 版
印　　次：2020 年 3 月第 1 次印刷
书　　号：ISBN 978-7-5703-0685-5
定　　价：160.00元

晋韵耀华章

华夏文明的“直根”

在中国历史上，一个区域的文明持续不断地发展并长期保持其在华夏文明发展史上的重要地位，这样的区域为数不多，山西就是其中之一。

司马迁云：“昔唐人都河东，殷人都河内，周人都河南，夫三河在天下之中，若鼎足，王者所更居也。”山西南部的河东地区一直是华夏文明的核心区域。从遥远的旧石器时代开始，河东的文明就持续不断地发展。

生活在180万年前黄河之滨的西侯度先民，他们用圣火照亮了人类进化的漫漫长夜。分布在山西南部、北部、东南部的匼河遗址、丁村遗址、柿子滩遗址、峙峪遗址、许家窑遗址、下川遗址等旧石器时代遗址，共同奠定了山西旧石器文化在全国遥遥领先的地位（占全国的1/4）。

20世纪20年代，考古学家在夏县西阴村文化遗址中发现了半个蚕茧，经过检测证明是家蚕的老祖先。这说明远在6000多年前，河东一带就出现了植桑、养蚕业。而河东早就有“嫘祖养蚕于夏县”的传说，古老的传说证之以考古实物，从而确立了河东在中国丝绸文化史上的特殊地位，说明地处黄河中游、华夏腹地的夏县是中国植桑养蚕的重要发祥地。20世纪30年代，考古工作者在万泉县（今万荣县东部）荆村遗址中发现了仰韶时期的农作物黍子、高粱的遗存，说明在6000多年前，河东地区的先民就开始播种黍子等农作物。

上古时期的“涿鹿之战”，是炎帝、黄帝的部落联盟为了争夺河东盐池，与蚩尤部落展开大战，主战场就在盐池附近，因为靠近盐池，故称“涿鹿（浊卤）之战”。在晋东南分布着全国最密集的炎帝文化遗存，昭示着山西是炎黄文明的重要发祥地。随着近年来对陶寺遗址的发掘，学术界越来越倾向于陶寺遗址就是尧都平阳的所在，晋南地区关于尧、舜、禹的丰富传说显然不仅仅是传说了。舜都蒲坂、禹都安邑、禹凿龙门、禹会诸侯于茅山，都在今运城地区。因为今山西南部是夏人曾经生活的地方，所以历史上称这里为“大夏”“夏墟”。从180万年前的西侯度文化，到60万年前的匼河文化，到20万年前至12万年前的丁村文化，到1万年前的柿子滩文化，再到4300多年前的陶寺文化，山西南部的古文明绵延不断，持续发展。因为其本身的重要地位，被学术界誉为华夏文明的“直根”。商代武丁及之后较长时间内，西部地区一直是商王朝的主要威胁所在，尤其是处于殷西北的今山西地区，活跃着一些有影响的方国，以今石楼为代表的吕梁地区，近年来出土了大量精美的青铜器，说明该地区当时文化的繁荣，其文明程度可以与中原河洛地区相媲美。

许多史学家认为，河东地区是周人的先祖后稷的活动区域，今万荣、稷山、新绛、闻喜一带还有全国最密集的高等级的稷王庙遗存。西周初年大量分封诸侯，当时在河东地区有虞、虢、魏、荀、耿等诸侯国。周武王的儿子叔虞被封于河汾之东的古唐地，晋国的历史开始在河东大地上演。在东周初年周平王东迁时，晋文侯有平乱、勤王的大功。经过晋献公、晋文公、晋襄公三代的经营，晋国成为春秋时代中原地区诸侯国的盟主。晋文公通过城濮之战遏制了楚国北进中原的势头，晋襄公南出中条山，在崤函古道上堵住秦国东出的通道，使秦国不得东入中原。晋国领导各国“尊王攘夷”，保护了中原地区的华夏文明持续发展。春秋时期的诸侯争霸，主要是晋国和楚国争夺中原地区的霸主地位，晋国大部分时间处于上风。春秋末年的“三家分晋”事件，标志着战国时代的开始。以山西的南部、中部为大本营立国的韩、赵、魏 三国，不断向四周扩展，在“战国七雄”中占据了半壁江山。战国时代，魏文侯任用李悝实行变法，魏国成为战国最早推行变法图强的国家。魏国以河东为大本营，据有河西之地，把黄河变为魏国的内河，使秦兵不敢东向，称霸诸侯50年。魏文侯礼贤下士，卜子夏设教于魏国，华夏文化中心西移，河东成为当时中原的文化中心。从三晋大地走出去的外交家张仪、思想家荀子，镇守河西20年的军事家吴起，著名大将廉颇、李牧、赵奢等，都在战国史上留下了浓墨重彩的一笔。发生在战国晚期的“长平之战”，决定了赵国在统一全国的竞争中被淘汰出局。秦始皇时的右丞相冯去疾、大将军冯劫父子，是战国时上党冯氏之后。

因为春秋时代的中原霸主晋国、战国时代从晋国裂变出去的韩、赵、魏三强，在黄河南北、太行东西引领风骚400多年，形成强大的历史文化辐射力，使得山西周边的河洛平原、河北平原、蒙古高原，都或多或少带有三晋文化的烙印。

汉唐千年辉煌

西汉初年发生在今大同附近的“白登之战”，是西汉立国之后的第一次重大战役，此役直接导致了汉初百年的“和亲”国策。汉文帝刘恒在即位之前，在今山西地区做了16年的代王。汉文帝的儿子刘启——后来的汉景帝，在代国的国都中都县（今平遥县）度过了他的童年时光。汉武帝时，驰骋在疆场上的两位山西籍大将——卫青、霍去病，所向披靡，彻底改变了汉朝和匈奴之间的力量对比。卫青与霍去病的多次征战，收复了故土，开拓了汉朝的北疆。可以说，是卫青、霍去病的赫赫战功让大汉的威名远播四方。从汉武帝开始，汉代先后有5位皇帝十几次到河东的汾阴县（今万荣县）祭祀后土。河东的盐池，也引起朝廷的重视，多位皇帝到河东“观盐池”。霍光是匡扶国家、安定社稷的著名政治家。司马光认为，汉武帝晚年的汉帝国几乎和秦始皇时的秦国一样，有亡国的危险，只是汉武帝临终前把幼子和朝政大权托付给霍光，而霍光执政时纠正了武帝晚年的失误，让百姓休养生息，才使汉朝转危为安，避免了像秦国一样很快亡国。常惠是活跃在汉武帝、汉昭帝、汉宣帝三朝的外交活动家。西汉在西北设立西域都护府，与常惠的功劳分不开。冯奉世是汉宣帝、汉元帝时威震西域的一代名将。东汉时的郭泰是德才兼备的天下第一名士，他去世后，全国各地有一万多人到介休为他送葬。

三国时的名将关云长，义薄云天，勇冠三军，威震华夏，被后世尊为“武圣”，祠庙遍及九州。曹操手下的“五子良将”中，有两位山西人——徐晃、张辽。徐晃在著名的官渡之战中建立奇功，在樊城、襄阳之战中又建奇功；张辽在合肥之战中威震江东，以800人打败东吴十万大军。

258年，曹髦加封司马昭为晋公，食邑八郡：太原、上党、西河、乐平、雁门、新兴、河东、平阳，司马昭的食邑八郡皆在今山西地区。七年之后，司马炎称帝，定国号为“晋”。西晋的国号与山西有关。西晋时，地图学家裴秀创立的“制图六体”，影响了中国制图史1400年，被誉为“中国科学制图学之父”。两晋时期的郭璞是中国古代著名的博物学家，如果没有他当年为《尔雅》《山海经》做注释，后代的人们就无法读懂这些古代文献。在魏晋南北朝时期，河东卫氏一门的书法影响极为深远。卫氏一门四代，前后传承一百余年，每代皆有名冠全国的书法家，在历史上绝无仅有。魏晋之际入居山西的匈奴贵族刘渊在吕梁山中建立汉国，是秦汉以后少数民族在内地建立的第一个政权，推倒了第一张持续270多年的华夏南北分裂战乱的多米诺骨牌。其间的北魏平城、东魏和北齐的晋阳，都是盛极一时的大都会。在北魏迁都洛阳之前的半个多世纪中，平城是当时中国北部的政治军事中心。石勒，上党武乡（其故里在今榆社县）人，十六国时期后赵的建立者，是中国历史上唯一的奴隶出身的皇帝。

东晋时从山西走出了两位贡献巨大的高僧，一位是慧远，他是“佛教中国化”里程碑式的人物。另一位是法显，他是中国古代第一位到海外取经求法的大师。在南北朝的史学领域，河东闻喜的裴松之、裴骃、裴子野祖孙三人，分别以其史学著述丰富了中国的史学宝库，为中国历史学的发展做出了巨大的贡献，被誉为“史学三裴”。546年，东魏与西魏在河东的玉壁进行决战。双方先后使用了水战、土战、火战、坑道战、风战等战术，可以说是中国古代战术最复杂的一次战役。“玉壁之战”直接影响了历史发展的走向。

隋代的历史虽然不长，但几位山西籍的杰出人士还是在各自的领域做出了彪炳史册的贡献。隋代的思想家、教育家王通，在历史上有“河汾道统”之誉，在隋唐儒学变革和发展过程中，具有重要的历史地位。开皇初年，以裴政为主制定的《开皇律》，“刑网简要，疏而不失”，正式确立了封建社会的五刑制度并一直为后世所沿用，在中国古代法律史上具有承上启下的作用。薛道衡在隋代诗人中的艺术成就最高，是隋代文坛的领袖。隋唐之际的裴矩，作为隋朝经略西域的实际操盘手，把一个7世纪初期的战略家、外交家的作用发挥到了极致。裴矩在打通西域商道、开拓西北疆土、维护丝绸之路畅通方面做出了卓越的贡献。隋炀帝大业初年，裴世清作为访日使者出访日本，是中国古代第一位出访日本的政府使节。

隋代末年，李渊父子起兵晋阳，挥师进军关中，开创了大唐数百年基业，影响深远的大唐王朝是从山西发祥的。在唐王朝创立的过程中，裴寂、温大雅、尉迟恭、薛收、薛大鼎、柳燮等山西籍人士做出了不小的贡献。唐初，发生在河东的“柏壁之战”作为大唐立国后的第一次重大战役，是唐王朝在军事上的奠基礼。唐初名将薛仁贵，征战数十年，大败九姓铁勒，收复辽东，击破突厥，功勋卓著，名扬天下。中国历史上唯一的女皇帝武则天是山西文水人。狄仁杰作为一个杰出的政治家，辅国安邦，对武则天的弊政多所匡正，可谓推动唐朝走向繁荣的重要功臣之一，有“再造唐室”之誉。文武双全的裴行俭，是提笔安天下、上马定乾坤的大唐儒将，他兵不血刃平定突厥叛乱，威震西域。另一位河东籍大将封常清起于寒微，凭个人才能脱颖而出，成长为文武兼备、威震西域的一代名将。在经济方面，裴耀卿在南粮北运中实施的“分段转运”的办法，解决了困扰唐王朝多年的漕运难题，裴耀卿也因此成为唐代伟大的经济改革家。天宝年间“安史之乱”爆发后，郭子仪在静边军（今右玉县西北）之战中大破叛军，击杀7000胡骑，给平叛初期的唐军以极大的鼓舞，对整个平叛战争具有重要的战略意义。李光弼血战太原，歼灭叛军7万人，扭转了战争局面。郭子仪收复河东重镇蒲州，以蒲州为依托，切断长安、洛阳两京之间叛军的联系，先后收复了两京，山西的战略地位由此可见一斑。中唐时期的裴度，出将入相20余年，功勋卓著，被誉为“中兴名相”。唐末，王重荣据守蒲州，连败黄巢的起义军，给唐王朝赢得了部署军队围攻起义军的时间。唐军以蒲州为大本营，用了两年多时间收复了长安。因为蒲州很好地发挥了拱卫作用，唐王朝没有像其他王朝那样在农民起义军的打击下马上灭亡，在收复长安之后，唐王朝又延续了20多年。

唐代也是山西文化的鼎盛时期。唐代山西诗人众多，从初唐到晚唐，出生于山西或祖籍山西的诗人王绩、王勃、王维、王昌龄、王翰、王之涣、白居易、柳宗元、宋之问、卢纶、温庭筠、司空图等，他们的诗作几乎撑起了唐诗的半个天空。近两年，曾有研究者通过多项统计，给唐诗进行了排名，在前10名诗作中，有5首是山西诗人的作品——王维《送元二使安西》、王之涣《凉州词》《登鹳雀楼》、柳宗元《登柳州城楼》、王勃《送杜少府之任蜀州》。王绩被公认为是五言律诗的奠基人，他的《野望》是唐代五律第一诗，是唐诗的开篇之作。《野望》所描述的，是王绩故乡河汾之间的田野风光。从这个意义上讲，唐诗是从山西南部的河汾田野走来的。王维的田园诗，王昌龄、王翰的边塞诗，白居易的讽喻诗，柳宗元的山水诗，都在唐诗中占有重要地位。晚唐时，河东诗人司空图写了一部《二十四诗品》，为唐诗落幕做总结。《二十四诗品》是唐代诗歌艺术论的一部集大成著作，对唐以后一千多年的中国诗歌创作与鉴赏，都产生了深远的影响。温庭筠作为唐诗向宋词的过渡人物，对宋词有开创之功，是宋词的奠基人。在艺术领域，薛稷的书法成就很高，是“初唐四大书法家”之一。薛稷的书法风格对后世影响不小，宋徽宗的“瘦金体”就是受薛稷劲瘦书风的影响。今天的仿宋体字，也与薛稷的书法颇有渊源。著名画家、绘画理论家张彦远的《历代名画记》，是我国第一部绘画艺术通史，张彦远也是中国历史上第一位艺术理论家、艺术批评家。唐代著名书法家柳公权，书法造诣极高，自成一体，世称“柳体”，他是河东柳氏后裔。在唐代，太原王氏、闻喜裴氏、汾阴薛氏、解县柳氏都是人才辈出的世家大族。裴氏家族在唐代有18人出任宰相，为唐代宰相第一世家。我国已发现的唐代建筑遗存共有四座，全在山西：五台山南禅寺大殿（782）、芮城广仁王庙正殿（831）、五台山佛光寺东大殿（857）、平顺天台庵大殿（907）。这几座建筑简练古朴，雄浑大气，充分体现出大唐风韵。

太原在唐代的战略地位十分重要，唐王朝曾三次在此建北都。唐代的太原城十分壮观，西城、中城、东城三城相连，汾河穿城而过，人家邻水而居，街巷与飞梁相接，一派水乡景色。从开元年间开始，太原一直是全国仅次于长安、洛阳的第三大政治中心。与关中隔河相望的蒲州，在唐代也一直为朝廷所重视，曾经两次建中都。蒲津关附近的山河形胜，“地锁咽喉”，为长安东边的屏障，是全国的“六大雄州”之一。开元年间，为了保障河东地区与长安的交通畅通无阻，唐王朝举全国之力，在蒲津渡改建浮桥，动用全国铁产量的80%（1100多吨）铸造铁牛、铁人镇守浮桥，也成为河东地区的一处名胜，吸引各地的文人骚客游览吟唱。

五代时期，晋阳城成为左右中原形势的军事重镇。908年，在李克用去世后，刚刚继承晋王之位的李存勖发起了三垂冈之战，彻底解除了后梁军队对潞州的包围，一战立威名，拉开了李存勖以晋阳为大本营、以上党为前沿，消灭后梁政权的序幕。936年，坐镇晋阳的后唐河东节度使石敬瑭，以割让雁门以北十六州地方为代价，求得契丹大军南下中原，击败了包围晋阳城的后唐军队，又南下灭掉后唐，建立后晋。947年，契丹军队南下消灭了后晋，后晋的河东节度使刘知远在晋阳称帝，接着南下建立后汉。948年，后汉发生了三镇叛乱，驻守河中（今永济蒲州）的护国节度使李守贞被拥戴为三镇盟主。后汉发兵平定三镇之乱，郭威被任命为西面军前招慰安抚使，统一指挥平叛大军。郭威在一年多的平叛战争中，笼络人心，在军队中的威望进一步提高，势力更加强大。一年后，后汉朝廷急于削夺重臣之权，密诏诛杀郭威，郭威起兵反抗，灭掉了后汉，建立了后周。后汉的灭亡，亡于河中之战。五代之中的后唐、后晋、后汉、后周四个政权，都与山西有渊源关系。

宋明千年精彩

960年，驻防潞州（今长治市）的李筠起兵讨伐赵匡胤。对赵匡胤来说，泽、潞必战，首战必赢。只有平定泽、潞，消灭李筠，赵匡胤才能坐稳皇帝的位子。赵匡胤通过泽州之战，平定了带头反抗的泽、潞势力，解除了卧榻之旁的威胁，也向各地的将领显示了新朝廷的军事实力，打消了一些将领观望的念头，赵匡胤也借势开始了统一全国的大布局。

北宋初年，刊刻于绛州的书法名帖《绛帖》，是宋代四大名帖之一，在中国书法史上具有重要地位。1011年，宋真宗到河东汾阴祭祀后土，史称“西祀”。这次祭祀后土之前，朝廷按照最高的等级标准对后土祠进行了大规模的扩建。经过整修扩建的后土祠，庄严宏巨，号称“海内祠庙之冠”。宋代的汾阴后土祠，共计10进院落，在到达主殿之前，要通过五门五院，占地面积64万平方米，是现在后土祠面积的25倍，和明清北京故宫的面积差不多。从建筑布局来看，和宋代的汾阴后土祠一样，明清北京故宫在到达主殿之前，也要通过五门五院。北京的天坛，内外围墙均是南方北圆，系明嘉靖九年（1530）以前天地合祭之制，借鉴了宋代汾阴后土祠天圆地方的寓意。从建筑布局、建筑风格来说，宋代的汾阴后土祠建筑对明清北京故宫和天坛都有一定的影响。创建于宋代天圣年间的晋祠圣母殿侍女群像，在艺术风格上已深入到人的精神世界和性格刻画上，这是中国雕塑艺术史上的一个飞跃。北宋名臣、著名史学家司马光，以史学巨著《资治通鉴》确立了其在中国史学史上的至尊地位。祖籍太原的米芾，是北宋著名书法家、画家，其书法成就很高，与苏轼、黄庭坚、蔡襄合称“宋四家”。宋代的绘画艺术达到一个新高度，依赖太原人郭若虚的《图画见闻志》而得以充分展现。要了解和鉴赏唐、五代、北宋时期的绘画，没有其他文献可以取代《图画见闻志》。像唐代有名将薛仁贵“三箭定天山”一样，宋代时则有杨家将忠烈报国、狄青南征北战。

宋辽金对峙时，山西北部的大同成为影响一方的重镇，先后作为辽金的西京。大同的华严寺、善化寺和附近的应县木塔，就是辽金时代的遗产。金元之际，元好问是公认的文坛盟主，他是古代散曲史上最早“变词为曲”、进行散曲创作尝试的代表作家之一，是元散曲的奠基人。山西是元杂剧的重镇，“元曲四大家”中的关汉卿、郑光祖、白朴是山西人。金元时期，随着杂剧的流行，在山西各地建立了不少戏台。全国仅存的1座金代戏台、8座元代戏台都在山西境内，山西是金元时全国的戏曲文化中心。

南宋初年，宋室南渡，各路将领跋扈，朝廷无力控制局面。闻喜人赵鼎以其卓越的才能，遏制武将跋扈之风，诸将肃然，树立了朝廷的权威。南宋一度出现了“中兴”的局面，赵鼎被誉为“中兴贤相之首”。南宋后期，祖籍河东绛州的名将孟珙，在抵抗蒙古军队的战争中，充分发挥自己的军事智慧，多次扭转了被动的战局，给南下的蒙军以重创。他从大的战略防御出发，建立起了牢固的防御战线，一人担当南宋两个战区的主帅，是南宋后期的“擎天柱”。因为遇到孟珙的高水平防御，蒙古军队在历时六年的襄樊争夺战中失败，南宋的国祚又延长了40年。孟珙被国际军事理论界誉为“13世纪中国最伟大的机动防御大师”，他提出的“藩篱三层”防御理论，体现了远大的战略眼光，深得军事史家称赞。祖籍河东的南宋著名画家马远，继承家学并有创新，形成了自己独特的风格，在我国绘画史上享有盛誉，是“南宋四大家”之一。

金元之际，山西南部文化繁荣，平阳一带盛产麻纸、墨锭，为刻书业的发展奠定了基础，平阳成为当时黄河以北地区的出版中心。金代中期之后到元代中期之前，作为中国北方雕版印刷业的代表——平水刻本，在中国雕版印刷史上占据重要地位。平水刻还是我国最早刻印民间招贴画的地方，平水版《四美图》

是我国最早的木版年画，中国的版画艺术从这里开始。金代皇统年间，在佛教大师尹矧迺和信徒刘法善、崔法珍“断臂化缘”的筹划下，以“解州天宁寺开雕大藏经板会”的名义，在解州天宁寺刊刻《大藏经》，历时近30年完成，堪称中国文化史上的一大盛举。《大藏经》后来收藏于赵城的广胜寺中，故称《赵城金藏》。《赵城金藏》印刷清晰，字体劲拔，反映了当时河东地区高超的雕版印刷水平，是我国印刷史上的珍贵标本。

芮城永乐宫以精美的元代壁画著称，壁画线条十分优美，既含蓄又有力度。永乐宫壁画不仅是我国绘画史上的杰作，在世界绘画史上也是罕见的巨制。元明之际，因为有深厚的戏剧基础，在河东地区诞生了蒲剧，以河东为中心的蒲剧不断向周边辐射，形成了遍及北方的梆子戏剧，蒲剧是北方戏剧中最古老的剧种。金末元初，万泉县的著名木工理论家薛景石，也是一位木工机械设计和制造工艺的总结者，他的著作《梓人遗制》是中国古代唯一由木工匠师撰写的学术论著。明代初年，《梓人遗制》被收入《永乐大典》。高平人贾鲁，是元代著名的河防大臣，是一位在治理黄河上卓有成效的水利专家。元代是河东盐业发展史上的一个重要节点，元代末年在盐池附近兴建了盐务专城——运城，这是中国历史上唯一的因盐而设的城市，今天的运城就由此发展而来。

明代初年，成千上万的山西人离别故土迁往全国各地，把山西的文化、民俗播撒到黄河上下、大江南北。明代著名思想家、教育家薛瑄，是公认的明代北方文脉的代表，被称为“明初理学之冠”。薛瑄在故乡河东的讲学活动，在明代影响很大，在中国教育史上也具有重大意义。汾阳籍杰出的数学家王文素用30年时间著成《算学宝鉴》，是当时世界上最高水平的数学著作，在解代数方程上，王文素领先牛顿140多年。1557年至1558年，蒙古鞑靼部从杀虎口大举南下，包围了右卫城，右卫城军民在左右无援的情况下，坚守孤城达8个月之久，这就是明代著名的右卫保卫战。当时明军与蒙古鞑靼部交战，往往失利，右卫保卫战极大地鼓舞了明军的士气，时称右卫城的军民有唐代的“睢阳之风”。隆庆年间，河东籍大臣王崇古主导的“俺答封贡”，促成了北部边境的互市，不仅保证了明代北疆50年安宁无战事，也为清朝奠定了200年的北疆太平。明代，籍贯长治的任环、籍贯右玉的麻贵，是全国对日作战的著名将领。任环在今江苏的苏州一带与倭寇作战，麻贵赴朝鲜与日军作战，皆有大功。地处中条山下的河东盐池，在明代催生了晋商，河东盐池一度成为晋商的孵化地基。晋商称雄中国商界500年，在城市发展、国际贸易、茶叶贸易、丝绸贸易、白酒业发展、盐业发展、近代企业制度创立、金融制度革新、戏曲传播、慈善事业发展、边疆开发等许多方面都有很大贡献。明代，山西潞州的潞绸“衣被天下”，泽州的铁器行销全国，潞绸、泽铁都是誉满天下的山西特色物产。

生活在明清之际的傅山，博学多才，被誉为“清初六大师”之一。傅山开创的诸子之学，是17世纪中国思想界的一支异军。清初学者阎若璩被梁启超誉为“近三百年学术解放之第一功臣”，他在考据学方面的成就，使他成为一代宗师。于成龙以卓著的政绩和廉洁的一生，深得百姓敬重，被康熙帝赞誉为“天下第一廉吏”。教育学家李毓秀编写的《弟子规》在全国广为传播，清代后期成为家喻户晓的童蒙读物。绛州人樊守义在康熙年间远赴欧洲，游历12年，他撰写的《身见录》是中国人撰写的第一部欧洲游记。祁韵士、张穆是我国北部边疆史地学的开拓者。

陈廷敬、祁寯藻等，都是清代政坛有影响的大臣。五台人徐继畬是晚清名臣、著名学者，是中国近代开眼看世界的先驱者之一。他的著作《瀛环志略》是当时中国最高水平的世界历史地理著述，19世纪后期我国的思想家都从中受益。乡宁人杨笃晚年献身于方志事业，在24年间主撰了13部地方志，颇受好评，是中国古代个人修志数量最多的方志学家。在清末的维新变法活动中，活跃着闻喜人杨深秀的身影，他是著名的“戊戌六君子”之一，用热血唤醒民众。

民国峥嵘岁月

辛亥革命前夕，山西籍的一些有识之士，积极投身于推翻腐朽的清王朝的革命活动，著名的革命人士有温寿泉、阎锡山、南桂馨、赵戴文、王用宾、姚以价、景耀月、景梅九等。王用宾是第一批同盟会成员，是同盟会山西分会的负责人。对于辛亥年太原起义在整个辛亥革命中所起的作用，孙中山曾明确指出：“武昌起义，不半载竟告成功，此实山西之力……使非山西起义，断绝南北交通，天下事未可知也。”1916年，袁世凯称帝，景梅九撰写的《讨袁世凯檄文》，痛快淋漓，义正词严，国人争诵，当时被誉为“讨袁檄中第一文字”。景耀月在辛亥革命后，被推举为临时政府各省代表会议主席、参议院议员，参加筹备南京临时政府的相关工作，参与制定《中华民国临时约法》。民国初年，从1918年到1928年的十年间，山西的教育发展成就卓越，不仅受到了民国政府的称赞，还得到教育界权威人士陶行知等人的高度赞赏，被誉为中国教育的“模范省”。1920年，在李大钊的指导下，山西籍的高君宇参与了中国共产党的建党工作，高君宇不仅是党的创始人之一，还是中国社会主义青年团的创始人之一。

1936年底，时任绥远省主席、35军军长的傅作义将军发起了绥远抗战，其中以百灵庙战斗影响最大，史称“百灵庙大捷”。傅作义部队收复百灵庙的消息传到全国，各地人民发起了援绥抗日运动，激发了全国人民空前的抗战热忱。绥远抗战还诱发了“西安事变”。傅作义在绥远抗战胜利后成了全国人民敬仰的英雄，而张学良却戴着“不抵抗将军”的帽子，这深深地刺痛了张学良的自尊心。11月27日，张学良向蒋介石递交了《援绥请缨抗敌书》，半个月之后发生了“西安事变”。绥远抗战在抗日战争史上产生了深远的影响。

抗日战争全面爆发后，1937年9月至10月，八路军115师、120师、129师4万余人，陆续在陕西韩城芝川镇东渡黄河，由荣河县（今万荣县西部）庙前渡口进入山西，北上开赴抗日前线。1937年10月在山西发生的忻口战役，是全面抗战开始后国民党与共产党紧密配合下取得的一次成功的防御战，也是国共合作抗战的典范。八年全面抗战，山西是全国敌后抗战的中流砥柱，八路军总部一直在山西统领三大主力和几大抗日根据地，山西是八路军的故乡。在抗日战争进入相持阶段后，1940年后半年，八路军在以山西为主的华北地区发动了一次大规模进攻和反“扫荡”战役——百团大战。百团大战是在中国抗战处于困难、妥协空气甚浓的时候取得的重大胜利，具有重大的军事和政治意义。陈毅在1944年创作的抗战史诗《过太行山抒怀》，形象地表达了山西在抗战中的地位：“山西在怀抱，河北置左肩，山东收眼底，河南示鼻端。长城大漠作后殿，提携捧负依陕甘。”抗战期间，八路军和山西人民用血肉之躯筑起了保卫华北、保卫黄河、保卫中国的抗战长城。因为有山西军民的牺牲和奉献，使得大后方的人民梦魂稍安。

1945年9月至10月在山西东南部发生的上党战役，是抗日战争胜利后解放区部队反击国民党军进行的第一个较大规模的歼灭战，巩固了晋冀鲁豫解放区，拉开了全国解放战争的序幕，全国解放战争是从山西开始的。

回望历史，诸多山西名人和名事在中国历史上留下了深深的印记，形成了中国历史上一个个的亮点，值得我们今天的山西人铭记、自豪。深厚的历史积淀，是我们山西发展的优势人文资源，我们应将先民们自强不息的精神发扬光大，将三晋大地建设成更加美好的家园。

目　录

宋元风韵

远古回声

YUANGUHUISHENG

远古回声 1

YUANGUHUISHENG

山西垣曲

——人类的远祖在这里发现

垣曲县位于山西省南端，中条山之东、王屋山之西，南临黄河，北凭太行。这里有华北地区唯一的原始森林——历山原始森林，以其丰富的动植物资源被誉为“华北动植物物种基因库”。

居于名山大川之间的垣曲，注定会显示出其不同凡响的地位。1916年，北洋政府实业顾问、瑞典科学家安特生沿黄河两岸调查矿产资源时，在垣曲县寨里村附近的土桥沟发现了中国第一块始新世哺乳动物化石，并于1923年发表《中国北部之新生界》论文，让国际古人类学家把目光聚焦到山西南部的垣曲盆地。1994年，中国古脊椎动物与古人类研究所专家对垣曲土桥沟遗址进行发掘，发现了具有高等灵长类动物特征的曙猿（曙猿是生活在距今约4000万年前的一类处于低等灵长类动物向类人猿进化的过渡阶段的动物，是人类迄今为止已经发现的最小的灵长类动物）化石。1995年，中国和美国的专家又发掘出一对带有几乎所有牙齿的曙猿下颌骨（“世纪曙猿”的下颌骨长不足2厘米，宽不到1厘米，薄得和两张铜版纸的厚度差不多。两块下颌骨化石摆在一起都没有一个普通优盘大。根据发掘出的化石，专家复原出的垣曲“世纪曙猿”差不多就和现在的松鼠一般大小），这是世界上迄今为止发现的最完整的有关曙猿的生理材料。曙猿的下颌联合部是陡峭的，这是高级灵长类动物的重要特征。美国权威学术期刊《科学》杂志及时向世界公布了这一消息。中美科学家把在垣曲发现的这种曙猿命名为“世纪曙猿”。曙猿的意思是“类人猿亚目黎明时的曙光”，意即目前发现的最古老的猿。“世纪曙猿”生活在距今约4500万年以前，是人类迄今为止发现的最早的灵长类动物。

2000年4月，《人民日报》《新华每日电讯》等报刊刊登文章，报道中美科学家在英国权威科学期刊《自然》杂志上发表的论文，通过对在山西垣曲县寨里村发现的“世纪曙猿”的脚踝骨、下颌骨化石的研究，认为“世纪曙猿”是一种基干类人猿，是迄今发现的最原始的高等灵长类动物。中美科学家的研究确立了“世纪曙猿”这一古老灵长类动物作为包括人类在内的类人猿动物共同祖先的科学地位，证实了人类的远祖起源于中国山西垣曲，从而更新了“人类起源于非洲”的论断（“世纪曙猿”化石发现以前，世界上最早的高等灵长类动物化石发现于北非的法尤姆，生活年代为距今约3500万年以前的晚始新世），并且把类人猿出现的时间向前推进了1000万年。

关于灵长类动物化石发现的意义，科学家有如下的论述：

> 灵长类动物在世界上过去和现在都很少，在地史上能保存为化石的就更少。而且因为它与我们人类有着

特殊的关系，因此，发现的每一块化石都十分珍贵，尤其是始新世的灵长类化石标本。到目前为止，（**垣曲盆地**）有6个地点产有9个种。一个小型盆地中发现如此多的始新世灵长类地点和属种，这不仅在中国是第一次，而且在世界上也是罕见的。

——2001年4月《古脊椎动物学报》第39卷第2期

在垣曲县“世纪曙猿”化石发现地的纪念碑上写着这样一句话：

人类从这里走来。

星罗棋布的旧石器时代遗址

——全国之冠

旧石器时代是以使用打制石器为标志的人类物质文化发展阶段，从距今约300万年前开始，延续到距今1万年左右止。山西境内的旧石器时代遗址众多，在全国已发现的1700多处旧石器遗址中，山西有近400处，数量居全国第一。通常将距今13万年以前的旧石器文化划入旧石器时代早期，属于地质学中的早更新世和中更新世。这一阶段的古人类文化遗址在中国共发现近200处，山西省就有157处，山西无疑是研究中国早期人类历史的重要区域。山西的旧石器文化，早期、中期、晚期自成序列，为全国少有，在中国考古文化编年序列中占有突出地位。

旧石器时代早期遗址

芮城县西侯度遗址——目前中国境内已知的最古老的一处旧石器地点，距今180万年。20世纪60年代，考古学家在遗址中发掘获得了大批古脊椎动物化石和30多件石制品、带有切割和刮削痕迹的鹿角以及被火烧过的骨、角、牙等。

芮城县匼河遗址——位于芮城县风陵渡匼河村一带，北至永济市独头村北涧，南至芮城县涧口南沟，长达13.5公里范围内的

17个地点组成匼河遗址旧石器地点群。是华北地区旧石器时代早期匼河文化的代表遗址，地质时代为距今约60万年的中更新世早期。文化遗物以石制品为代表，有石核、石片和石器等，主要原料为石英岩。石器类型有砍斫器、刮削器、三棱大尖状器、小尖状器和石球。

匼河遗址出土的师氏剑齿象化石

襄汾县丁村旧石器时代早期遗址——1979年，考古工作者在丁村附近的白马西沟、解村西沟、南寨塌河崖、上庄沟等地发现了旧石器时代早期文化遗存，获得了一批石制品和动物化石，地质时代为中更新世早期，后来的“丁村文化”即在此基础上发展而来。

太原古交市旧石器遗存——王家沟地点、后梁地点。王家沟位于古交市西南1公里处的汾河第四级阶地中，文化遗存为数量不多的石制品，地质时代为中更新世早期。后梁东距王家沟不远，文化遗存有近500件石制品，典型器物为砾石砍斫器，地质时代为中更新世晚期至晚更新世早期之间。

大同市青磁窑遗址——位于大同市青磁窑村武周山南坡。青磁窑遗址已发掘的三家村和瓦渣沟两个地点，分布在十里河北岸第二级阶地中，出土石器1000多件和一批动物化石。地质年代为中更新世晚期，属旧石器时代早期的后一阶段。

垣曲县南海峪遗址——位于垣曲县点头村附近，是目前山西省发现的唯一的旧石器时代早期洞穴遗址。该遗址的地质年代属于中更新世或稍晚。虽然在遗址中发现的石器数量不多，但是其刮削器和尖状器都修整得比较精细。

垣曲盆地旧石器遗址群——在垣曲县的黄河以北、中条山以南地区，共发现旧石器时代早、中、晚期石器地点及遗址127处，发现的石器主要为石核、石片、砍斫器、刮削器和尖状器。

其他的旧石器地点：万荣县西桌子、新绛县西马村、河津市北里、河曲县河会、永济市介峪口等。

旧石器时代中期遗址

襄汾县丁村遗址群——位于襄汾县丁村附近的汾河两岸。20世纪50年代发现，在北起史村（今襄汾县城）南至柴庄11公里长的汾河东岸，发现旧石器时代中期的文化遗存11处，获得石制品2000多件，人类牙齿化石3枚，哺乳动物化石27种。从1976年开始，考古工作者又对丁村遗址进行了连续数年的发掘，又发现了分属旧

丁村遗址出土的斧状器

石器时代早、中、晚三个时期的文化遗存12处。丁村旧石器时代中期文化的地质时代为晚更新世早期，距今约12万年。丁村人的化石材料表明，丁村人是介于“北京人”与现代人之间的人类，是山西省境内最早发现的古人类化石，也是中国最早发现的早期智人化石。

阳高县许家窑遗址——位于阳高县古城镇许家窑村和河北省阳原县侯家窑村之间。地质年代为中更新世末或晚更新世初，距今约10万年。遗址中发现许家窑人额、顶、枕骨化石20件，20多种脊椎动物化石，两万余件石核、石片、石钻、石球、雕刻器、刮削器等石器及骨角器。许家窑遗址是山西古人类化石发现最多的古文化遗址。许家窑遗址出土的人类化石较为丰富，分别属于十多个不同的个体。据专家研究，许家窑人的多数体质特征与早期智人相同，介于直立人与现代人之间。许家窑人的发现，弥补了我国旧石器时代早期“北京人”与旧石器时代晚期“峙峪人”之间的空白，对于研究中国古人类的迁徙、进化等具有重要意义。

许家窑遗址出土的尖状器

其他的旧石器时代中期文化遗存地点：曲沃县里村，霍州市赤峪、下乐坪、张家堡，交城县范家庄，太原古交市，静乐县凤程山，朔州市后圪塔峰，原平市后口，永济市东姚温，寿阳县尹家庄、高垴，平定县枣烟、大梁丁等。

旧石器时代晚期遗址

朔州市峙峪遗址——位于朔州市黑驼山东麓峙峪村，桑干河上游的支流峙峪河绕村而过。遗址面积南北长100米，东西宽15米。发现的遗存有：人类枕骨1块、石制品15000多件、烧石和烧骨等多块、装饰品1件、各类动物牙齿5000余枚。该遗址以细小石制品为主要特征，地质时代属晚更新世，距今约3万年。峙峪遗址的意义在于它是“北京人”文化与细石器文化的联系环节之一。考古学者对峙峪遗址动物化石的研究表明，马类动物占到食草类动物的90%以上，初步统计至少有120匹野马和88头野驴。如此众多的马类动物化石发现于面积不大的发掘范围内实属罕见，显然这些野马、野驴并非自然死亡。考古学者断定，“峙峪人”的认识能力和狩猎水准已达到了相当的高度，他们在长期的狩猎活动中积累了丰富的经验，已懂得根据兽类生存情况，较集中地捕猎一两种动物。考古学家称峙峪一带的古人类为“黑驼山下猎马人”。

陵川县塔水河遗址——位于陵川县城南约45公里的夺火乡塔水河。遗址中出土了打制石制品2000余件、动物骨骼化石和一个人类头盖骨化石，以及大量用火的痕迹。塔水河文化距今约2万年左右。塔水河遗址的石制品具有以下特点：石制品原料以燧石为主，基本采用锤击法，间或采用砸击法；石核、石片多不规则，而且体积都比较小；刮削器是数量最多的一类器物；石器类型较简单，尖状器可以说是塔水河石制品中的代表性器物。

大同市小站遗址——位于大同盆地的西北边缘，东距大同市约6公里。在遗址中发现石制品400多件，地质年代为晚更新世后期。其石制品加工方法与许家窑文化、峙峪文化有不少相似之处。

沁水县下川遗址——位于沁水县城西70公里的下川乡。发现于1970年，分布于中条山主峰历山及其附近的阳城、沁水、垣曲三县毗邻的山岳地带，纵横二三十公里，以沁水县下川地区保存较好，遗存最为丰富，故称为“下川遗址”，距今约2.3万年至1.6

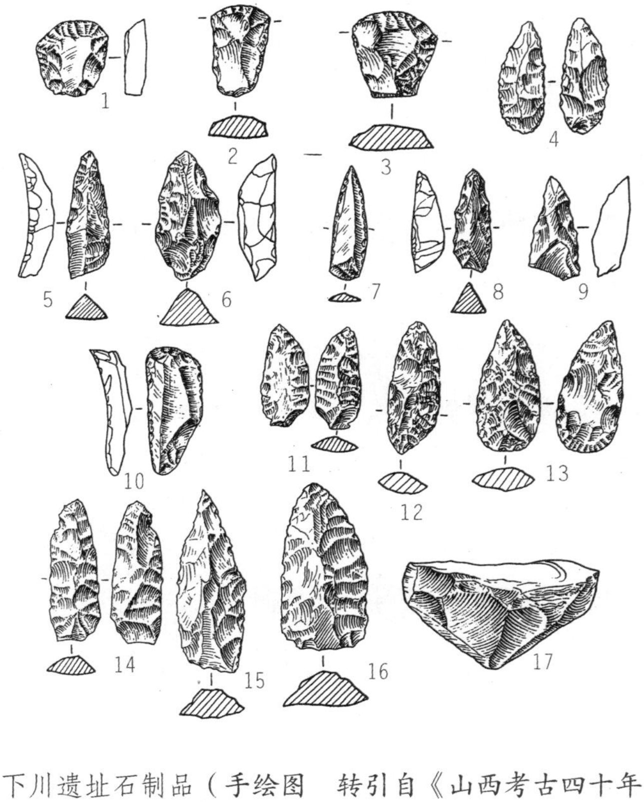

下川遗址石制品（手绘图　转引自《山西考古四十年》）

万年。下川遗址是一处人类进化史上具有里程碑意义的旧石器晚期的细石器文化遗址。细小石器是下川文化的主体，石器的类型多达40余种。有锥状、柱状、楔状和漏斗状等各种类型的典型细石核，还有各种刮削器、尖状器、雕刻器，以及琢背小刀、箭镞、锯、锥钻等。下川文化的细小石器中有许多器物加工细致，特征鲜明，制作技术相当进步。琢背小刀是下川文化的典型器物，这是一种在我国石器文化遗址中不常见的石器。其特点是将石片的一边轻敲细击使其钝化成厚边，成为刀背，另一边则保持石片原有的薄缘作为刀刃。下川文化的发现，表明远在旧石器时代晚期，华北地区的细石器工艺已经成熟，它代表了旧石器时代石器制作技术的最高水平。细石器的大量出现，说明当时已经普遍使用了刀、锯等复合工具。下川文化的发现对于探讨细石器工艺传统的起源与发展有着重大意义。下川文化上承峙峪文化，下开新石器时代早期高度发达的细石器工艺之先河，在华北地区细石器工艺传统的发展上具有十分重要的地位。

蒲县薛关遗址——位于蒲县薛关镇西约1公里的昕水河左岸。在遗址中获得石制品4700多件及一部分哺乳动物化石，距今13500年左右。薛关遗址是一处以楔状石核为特征的典型细石器技术传统的文化遗址。遗址中的石制品以细石器为主，类型达30余种。有楔状、船底形、半锥状、似锥状、漏斗状等各种类型的典型细石核，还有细石叶和各种刮削器、尖状器、雕刻器、琢背小刀、锥钻等。尖状器是薛关遗址的代表性器物。

吉县柿子滩遗址——位于吉县县城以西30公里的清水河畔，

西距黄河2公里。发现并发掘于1980年，2000年后在15平方千米的范围内新发现25处旧石器地点以及一个中心遗址区，组成了柿子滩遗址群。2001年后进行了连续发掘，新发现十余处人类用火遗迹，上万件石制品和动物化石、石磨盘、石磨棒和蚌质穿孔装饰品。这是中国目前发现距今1万多年前面积最大、堆积最厚，内涵最丰富的一处原地埋藏石器遗址。遗址文化遗物有石制品和岩画两部分。石制品大部分以石英岩为原料，器形有刮削器、尖状器、石镞、锥钻、石锯、琢背石片等。岩画发现于遗址西北侧石崖南端“岩棚”下，这两方岩画虽因年深日久风化严重，但赤铁矿的赭红色及所绘形象，尚依稀可辨。柿子滩遗址是以典型细石器为主体的旧石器时代晚期文化遗存，具有中国西部风格，代表了旧石器时代晚期广泛分布于黄土高原和黄河中游的一种独特的区域文化。柿子滩文化成熟的细石器工艺和技术是探索中国北方旧石器时代向新石器时代过渡的珍贵资料。

参考文献：山西省考古研究所.山西考古四十年［M］.太原：山西人民出版社，1994.

芮城县西侯度遗址

——圣火照亮了人类进化的漫漫长夜

西侯度遗址位于芮城县西侯度村黄河东岸高出河面约170米的古老阶地上，是我国早期猿人阶段文化遗存的典型代表之一，为目前我国境内已知的最古老的一处旧石器时代遗址，距今大约180万年。

在遗址中共发现石制品32件，其原料绝大部分为石英岩，类型包括石核、石片和砍斫器、刮削器、尖状器。采用锤击、砸击和碰砧三种方法打制。在动物化石中，有两件具有人工痕迹的鹿角，一件的表面有条横断面呈“V”形的沟槽，可以肯定是人为切割或砍斫的痕迹，另一件鹿角表面有很清楚的刮削痕。这些都表明当时的人类已经会制作骨角器了。在化石中，有若干颜色呈黑色、灰色和灰绿色的肋骨、马牙和鹿角，经化验证明是被火烧过的，这个发现把人类用火的历史推到距今约180万年前。世界上其他国家还没有发现如此古老的烧骨。

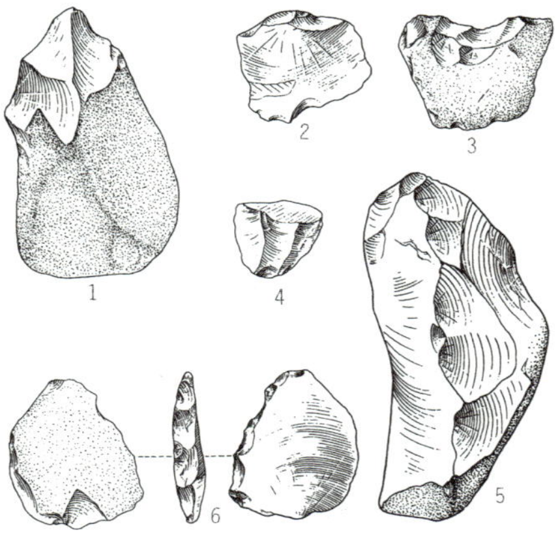

西侯度石制品（贾兰坡 王建 手绘图）

西侯度文化的发现，不仅

大大地提早了中国旧石器的历史，也大大地提早了人类用火的历史。从西侯度石器的打制技术和类型来看，说明工具的使用已有相当的分工了。因此，西侯度石器尚不是人类最早的工具，这预示着中国土地上最早的人类化石及其文化遗物还应到比更新世要早的上新世地层去寻找。

对西侯度遗址发掘出的动物烧骨化石，学术界反复论证认定这是人类最早用火的遗存，地质年代属早更新世，从而确立了西侯度遗址在世界考古界的地位。把中国古人类用火的历史，从50万年至70万年前的周口店“北京人”时期，又向前推进了110万年。

西侯度遗址出土的石器

20世纪60年代以来，在芮城、平陆、垣曲等地发现了许多旧石器时代早期遗址，还在垣曲发现了4500万年前的世纪曙猿化石。因此，有研究人员认为，这里很可能是东非以外的另一个“人类演化场”，有待于进一步的考古发掘。

参考文献：贾兰坡，王建．西侯度——山西更新世早期古文化遗址［M］．北京：文物出版社，1978.

丁村人的发现

——弥补了中国古人类的空白

丁村遗址位于襄汾县丁村附近汾河沿岸，发现于1953年，经多次调查发掘，在汾河沿岸约15平方公里范围内发现旧石器文化遗存20多处，获得2000余件石制品，3枚人牙化石及丰富的动物化石。

1954年，由考古学家贾兰坡带队，在丁村遗址进行了近两个月的田野工作，发现了11处旧石器时代中期的文化遗存，其地质时代为晚更新世早期或中更新世晚期，距今约12万年。

从1976年开始，山西省的考古工作者对丁村遗址又进行了连续数年的发掘，发现了分属旧石器时代早、中、晚三个时期的文化遗存12处，其中属旧石器时代早期的遗存6处，属旧石器时代中期的遗存5处，属旧石器时代晚期的遗存1处。这次的新发现，将丁村遗址的范围扩大了一倍多，而且将丁村遗址的文化由旧石器时代中期拓展

丁村遗址出土的大石块

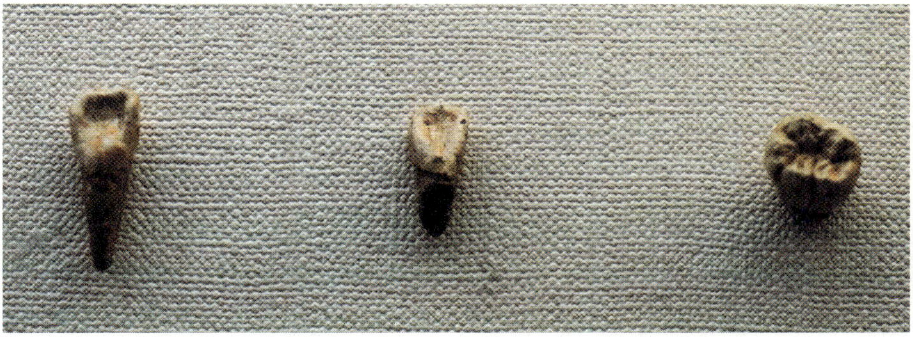

丁村人牙齿化石

为早、中、晚三个时期。

1954年，考古学家从丁村遗址中发掘出的3枚牙齿，有两枚铲型门齿，它既有北京猿人的特征，也有现代黄种人的特征，而与白种人的门齿特征差别极大。在丁村人发现以前，我国境内没有从“北京人”到“山顶洞人”之间的古人类发现，西方学术界便认为中国人是从西方迁移过来的。丁村人距今约12万年，介于“北京人”（距今20万年至70万年）和“山顶洞人”（距今3万年左右）之间，正好弥补了其间20万年左右的中国古人类空白，有力地反驳了“中国人种西来”之说。而山西考古工作者在20世纪70年代的发掘研究，发现了丁村文化分属旧石器时代早、中、晚三个时期，其时间分别为距今20万年左右、12万年左右、2.6万年左右，说明丁村文化从几十万年前就已经开始且环环相扣，承袭关系清楚，这种情况在全国也是不多见的，进一步确立了丁村文化在全国古人类学研究方面的重要地位。丁村人上承“北京人”，下启“山顶洞人”，丁村遗址的考古实证向世界宣告：中华大地历史悠久，我们的祖先一脉相承，代代传续。

丁村遗址出土的多边砍斫器

在丁村遗址发现的石制品中，主要为石核和石片，以石片为最多。石核有砍斫器、球状器，石片有刮削器、尖状器、单边形器、多边形器等。三棱大尖状器是丁村文化的典型器物之一，它和鹤嘴形尖状器被称为“丁村尖状器”，代表了华北地区旧石器文化的另一个传统“河套——丁村系”。以刮削器、砍斫器、三棱大尖状器和石球为组合的丁村文化，特征明显，带有浓厚的区域色彩。考古学家裴文中指出：“无论在中国和欧洲，从前都没有发现过类似的文化。它是在中国黄河中下游、汾河沿岸生活的一种人类所特有的文化。”丁村文化与西侯度文化、匼河文化一同构成了华北地区具有显著特色的文化体系。

国务院1961年3月1日公布的第一批全国重点文物保护单位中，只有两处为旧石器时代遗址。一处是大名鼎鼎的北京周口店中国猿人遗址，另一处就是山西襄汾县丁村遗址。

当年的丁村遗址考古发掘队长、我国著名古人类学家贾兰坡先生曾这样评价丁村遗址的价值：“丁村之前的那些遗址，不管哪一个，都跟外国人有关系，不是外国人搞的研究，就是花了外国人的钱。而唯有丁村，发现的是中国人，搞的是中国人，花的是中国经费，一切都是中国人搞的，丁村是个很值得纪念的地方。”

2017年7月，山西省考古研究所研究员王益人，在“旧石器考古在丁村：进展、研讨、纪念”学术论坛上，发表了题为《丁村遗址群考古工作新进展》的学术报告。报告中说，2014年以来，考古工作者对丁村一带汾河两岸的黄土台塬、盆地河湖相堆积以及吕梁山山前冲积扇等地貌板块进行了不同程度的调查，新发现旧石器和化石地点80余处。共出土石器4000多件并发现动物化石、碳堆、红烧土等丁村远古人的“野炊”元素，表明远古人类可能在大约30万年前进行过一次“烧烤”。最近的发掘工作，为进一步认识丁村远古人类的活动范围、生活轨迹及其行为链条提供了极为重要的线索和宝贵资料。

参考文献：［1］裴文中，贾兰坡，等. 山西襄汾县丁村旧石器时代遗址发掘报告［M］. 北京：科学出版社，1958.

［2］山西省考古研究所. 山西考古四十年［M］. 太原：山西人民出版社，1994.

朔州市峙峪遗址

——人类最早的弓箭在这里发现

1963年，中国科学院的考古工作者在今朔州市朔城区峙峪村北的黑驼山脚下，发现了一处旧石器时代遗址，距今约28000年。这处遗址出土了各类动物牙齿5000余枚和15000多件石器。

峙峪文化的石制品中，主要为石核和石片。峙峪人既沿用“北京人”文化的某些传统技术，如用砸击法生产两极石核、两极石片，还掌握了较进步的制作技术，如用间接法打制小石叶。峙峪遗址以细小石制品为主要特征，遗址中有大批精巧的石制品，其中有一件加工精致的小石镞。这件加工精致的小石镞，是用很薄的长石片制成的，长约2.8厘米，有很锋利的尖端，器型周正，这说明它是一个箭头。在与尖头相对的另一端（底部）左右两侧有点凹进去，显然是用来安装箭杆的。这说明峙峪人已经开始使用石制的弓箭，这是目前发现人类最早使用弓箭的证据。

在峙峪遗址中，与灰烬、石器、烧石共存的动物化石，有的往往密集成层，大多是动物的牙齿，还有大量被人工击碎的兽骨片。哺乳动物化石中最多的是野马，至少有120匹野马、88头野驴，显然这两种动物是当时人们猎取的主要对象。正因为如此，考古学家称峙峪一带的古人类为“黑驼山下猎马人”。

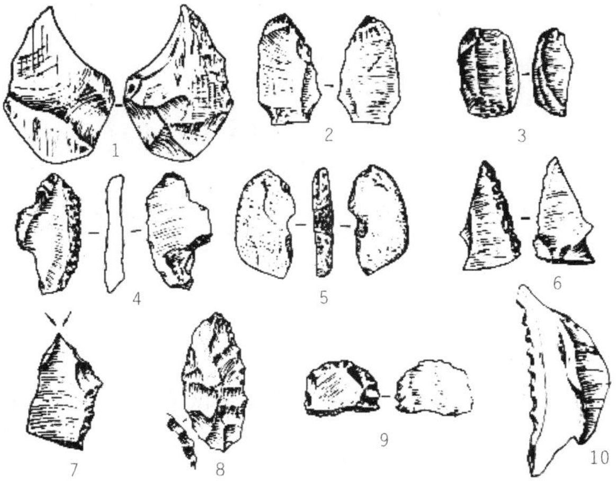

朔州峙峪遗址中的石制品及其他器物
（手绘图　转引自《山西考古四十年》）

考古学家贾兰坡认为只有把峙峪遗址放在华北旧石器时代文化发展系列中来观察，才可以充分理解它的意义。华北旧石器时代文化的发展至少有两个系统，其中之一是“匼河——丁村系”或称为“大石片砍斫器——三棱大尖状器传统”，其基本特征是利用宽大石片制造各类型的大砍斫器；另一个系统就是“周口店第一地点（北京人遗址）——峙峪系”（简称“第一地点——峙峪系”），或称为“船头状刮削器——雕刻器传统”，其基本特征是利用不规则小石片制作多种类型的细小石器。“第一地点——峙峪系”在华北分布很广，这个丰富多彩的文化系统是华北新石器时代细石器文化的先驱。峙峪遗址的意义恰恰就在于它是“北京人”文化与细石器文化的联系环节之一，并为亚洲、美洲细石器的起源提供了重要的线索。

参考文献：贾兰坡，盖培，尤玉柱. 山西峙峪旧石器时代遗址发掘报告［J］.考古学报，1972，（1）：39–59.

夏县西阴村遗址

——中国现代考古从这里开始

西阴村遗址位于夏县尉郭乡西阴村的西北部，遗址西北是鸣条岗，临近涑水河，东南是青龙河、中条山，是一处新石器时代遗址，面积约30万平方米。

李　济

1921年至1924年，瑞典人安特生在中国的辽宁、甘肃、河南的调查和发掘工作，使学术界认识到中国北部新石器晚期文化的重要性。为了搞清这些文化的来源以及它们与历史期间中国文化的关系，当时担任清华国学研究院人类学教师的李济先生认为，只有把中国境内史前的遗址完全考察一次才行。1925年年底，美国费利尔艺术馆的毕士普先生建议李济做一些野外考察工作，李济决定到山西的汾河流域进行考古调查，应该是晋南地区丰富的远古传说吸引了他。

1926年2月，李济与中国地质调查所的袁复礼离开北京，在考察传说中的夏代王陵时，途经西阴村，发现了许多陶片，随即开始初步调查。他们不久便回到北京准备发掘事宜，经商定，发掘工作由清华研究院与美国费利尔艺术馆合作进行：考古团队由清华研究院组织；考古经费主要由费利尔艺术馆提供；发掘的文物归中国各处的地方博物馆或暂存清华研究院，待国立博物馆成立后永久保存；发掘报告分别用中英文发表。

1926年10月25日到12月上旬，李济与袁复礼发掘了西阴村遗址，这是中国考古学者主持发掘的第一处新石器时代文化遗址，也是中国人首次独立主持的田野考古工作，可以说中国现代考古工作从西阴村开始。当时在遗址内发现有窖穴、灰坑等多处遗迹并出土各种陶片、石器、骨器60余箱。特别是李济先生在遗址中发现了半个蚕茧，1928年在华盛顿经过检测，证明这是家蚕的老祖先。说明了远在6000多年前，晋南一带就出现了植桑、养蚕业。而晋南早就有“嫘祖养蚕于夏县”的传说，古老的传说证之以考古实物，无疑确立了晋南在中国丝绸文化史上的特殊地位。

这次考古发掘时，考古人员采用了“探方法”，每个探方为2×2米，共8个，另有4个探方因为不完整未编号。确定零点后，用长、宽、高3个数值记录或表示发掘出的文物所处位置，都简化为英文大、小写字母和阿拉伯数字表示，这便是“三点记载法”。发掘虽然以一米为一层渐次进行，但每一层内又分为好些层，分层的厚薄，由土色及每次所动的土方来定，这便是“层叠法”。当时的层位划分很细，个别探方由表土层往下共划了33个层次。

这次考古发掘所采用的“三点记载法”和“层叠法”，至今仍在考古发掘中普遍使用。尤其是依据土色及每次所动土的容积定分层厚薄，的确是现代考古地层学的精髓。

参考文献：［1］李济. 李济考古学论文选集［M］.北京：文物出版社，1990.

［2］杨富斗. 对西阴村遗址再次发掘的思考［M］//山西省考古研究所. 三晋考古：第1辑. 太原：山西人民出版社，1994.

文明『直根』

WENMINGZHIGEN

文明“直根” 2

WENMINGZHIGEN

高　平

——中国炎帝文化遗存最密集的地方

在中国，山西、陕西、河南、湖南、湖北五省都有关于炎帝的丰富传说和炎帝文化的遗存，但在山西东南部，炎帝文化遗存相对完整。晋东南现存的炎帝庙宇有53座，其中高平就有35座，高平遗存有关炎帝的碑碣100余通，上自魏晋，下至清末，时代悠久，从而形成了一个完整的炎帝文化遗存密集区，在全国首屈一指。

高平作为炎帝活动的主要区域，历代有关记载十分丰富。从先秦时期的《山海经》到晋代的《上党记》、北魏的《风土记》、唐代的《元和郡县志》、北宋的《太平寰宇记》，再到明代的《山西通志》、明代万历时的《泽州府志》、清顺治《高平县志》等，高平有关炎帝的文献绵延不断。《风土记》说：“神农城在羊头山上，山下有神农泉，即神农得嘉谷之所。”这是古代地理总志中最早记载炎帝遗迹的文献。

在碑刻资料方面，高平遗存有记载炎帝遗迹的北齐天宝二年（551）的残碑，这是目前全国发现最早的有关炎帝的碑刻资料。2001年，在高平羊头山发现一块唐天授二年（691）石碑，这是目前全国发现最完整、最早记录炎帝信息的石碑，碑文中记

炎帝陵大殿（王天刚　摄影）

载高平的羊头山称“烈山”，有不少学者认为，这使得《国语》《左传》所说的神农“烈山氏”，在山西高平找到一个落脚点，是一个重要发现。

1986年，在高平羊头山发现一处旧石器时代晚期的遗址，表明在农耕文明开始前夕，高平就有人类活动。2007年，在高平又发现了两处仰韶文化遗址。这些发现填补了羊头山新石器时代文化的空白，提供了炎帝文化在高平的大时代背景和考古学信息。2015年11月，山西省考古研究所的专家和工作人员在羊头山上新发现仰韶文化遗址。遗址上除发现大量陶片、瓦砾外，还发掘出一道东西走向的人工石砌围墙、古步道、石基础。这与北宋《太平寰宇记》中所说的“羊头山，神农尝五谷之所，上有神农城，下有神农泉，山东南相传为炎帝陵”等历史文献记载基本吻合。

从风俗和传说来看，在高平流传着很多炎帝的神话传说和民间习俗，渗透到了民众生活的方方面面。特别是在羊头山周围，很多地名、村名都同炎帝有着千丝万缕的联系，根据近年来发现的碑刻资料，最迟在唐代高平就有“神农”的地名。当地还流传着许多同炎帝有关的民俗，最突出的就是对羊的崇拜。

从文献记载、碑刻资料、考古学信息、民俗流传等方面综合来看，高平是炎帝的故里似乎更有说服力。2017年5月，经中共中央台办、国务院台办批准，决定在高平炎帝陵设立“海峡两岸交流基地”。

襄汾县陶寺遗址

——这里很有可能就是尧都

陶寺遗址坐落于临汾市襄汾县东北7公里处，总面积300多万平方米，相当于430个足球场、7143个标准篮球场，距今约4300年。1978年以来，陶寺遗址出土了大量陶器、石器、玉器等，这里还发现了世界上最早的观象台。出土的彩绘龙盘图案是中原地区最早的龙形象，有学者推测它很可能是族徽。

1978年至1985年，中国社科院考古研究所山西队与原临汾行署文化局合作，为了寻找早期夏文化，对陶寺遗址进行了大规模发掘，主要发掘了居住遗址和一大片重要墓地，发掘总面积约7000平方米，墓葬1100余座。发掘获得了大量陶器、石器、骨器、玉器、工具、礼乐器、装饰品等珍贵文物。早期王级大墓中，象征王权的龙盘、陶鼓、石磬、彩绘木器、彩绘陶器、玉石钺等奢华的随葬品，震惊了学术界。而最早的红铜铸造的铜铃与朱书文字，使学术界开始认识到陶寺遗址在中国文明起源考古研

陶寺遗址出土的彩绘龙盘

究、夏文化探索等上古史的考古探索方面具有重要学术价值。

陶寺遗址出土的土鼓

从2002年起，陶寺遗址考古工作被纳入国家项目“中华文明探源工程”，研究的目的在于判定陶寺遗址是否是都城，陶寺文化的社会组织是否进入到国家层面。经过十余年的考古工作，发掘总面积约7000平方米，发现了作为都城必备的诸多元素：城墙、王陵、宫城、平民居住区、手工业区、仓储区，以及礼仪性建筑。专家认为，陶寺作为都城，城内功能区划齐备且明确：宫城居城中偏北，手工业区被设置在城内东南部，从事农业的普通居民区设置在城内西北部，大型仓储区位于宫城外侧东部。城市的东南有一处夯土基址，推测它是观象祭祀台及其附属建筑，城外北偏西是祭祀地祇的“泽中之方丘”及其附属建筑。

随着考古发掘和研究的不断深入，越来越多的专家认可陶寺是一座都城的观点。再结合相关史料和传说的记载，有专家推测，这里很有可能就是尧的都城——平阳。专家认为，明显的贫富分化、设防的城、大型礼仪建筑、文字、铜器、大型的仓储设施、大型的宫殿建筑基址、高规格的墓葬等都是判断文明形成和国家出现的标准，而这些，在陶寺都有。因而，“陶寺是中原地区最早进入王国阶段的代表性遗址”。

中国考古学会理事长、“中华文明探源工程”首席专家、中国社科院考古研究所所长王巍说：“一系列的考古证据链表明，陶寺遗址在年代、地理位置、陶寺遗址的内涵、规模和等级以及它所反映的文明程度等方面，都与尧都相当契合。目前，没有哪个遗址像陶寺这样与尧都的历史记载等方面如此契合。所以，在学术界，越来越多的学者认为，陶寺遗址很有可能就是尧的都城……尧都正在通过我们的考古发掘和研究，走出传说时代，逐渐向信史转变之中。”

虽然围绕陶寺遗址的争议仍然很多，但不少专家认为，就目前陶寺遗址的考古发现而言，已经足以“改写历史”。此前考古学界一般认为，中华文明始于夏朝后期的二里头文化时期，距今3700多年。但是陶寺遗址考古发现表明，早在距今4300多年前，文明的几大构成要素（文字、青铜器、都城）均已出现。而且，最迟到陶寺中期，该地区已经进入早期国家阶段。中华民族进入文明社会的年代，至少可以在此前认知的基础上往前推进500年。

山西南部

——尧舜禹传说最完整的区域

运城市舜帝陵

尧、舜、禹是上古史上先后出现的三位德才兼备的部落联盟首领，在全国不少地方都有关于他们的传说。关于尧的传说，主要涉及今山西、河北地区；关于舜的传说，主要涉及今山西、山东、湖南、浙江、河南；关于禹的传说，主要涉及今山西、浙江、河南、山东、四川。可以看出，只有山西是与尧、舜、禹的传说都有关的区域，他们的活动中心主要在现在山西的西南部。

尧又称陶唐氏，他的发祥地在今山西南部的临汾、运城。舜又称有虞氏，传说他在接替尧担任部落联盟首领之前接受尧的考察时，曾在历山（今永济市附近）耕田，在雷泽（今芮城县北）捕鱼，在河边的陶城（今永济市蒲州镇北）制陶。大禹治水，凿龙门（今河津市黄河岸），上茅山（今平陆县），会诸侯，都在今运城沿黄河一带。

尧的都城在平阳（临汾古称平阳）。现在临汾市有尧庙、尧陵等纪念地。近年来，在临汾附近的陶寺遗址发掘出了城墙、王陵、宫城等4300多年前的古城遗址，越来越多的学者认为，陶寺遗址很有可能就是尧的都城。而在国内其他区域，目前还没有类似的考古信息。临汾附近的洪洞县也有许多有关尧的传说。舜的都城在蒲坂（今永济市蒲州镇）。传说，尧把舜封在虞地（今永济市虞乡镇），担任部落联合体首领后，都于蒲坂。今运城市盐湖区北边的鸣条岗有舜帝陵。

相传舜帝创作了《南风歌》歌唱晋南运城盐池和人民生活的关系。大禹的都城在安邑（今运城市夏县西北），当地有禹王城、禹王台等相关传说遗存。

运城、临汾在上古时期是尧、舜、禹活动的中心区域，是

黄河龙门（原建发 摄影）

帝王的建都之地，“帝王所都为中，故曰中国”。在历史文献中，山西南部是最早被称作“中国”的地方。可以说，古中国在山西。《史记·吴太伯世家》说：“自太伯作吴，五世而武王克殷，封其后为二：其一虞（故址在今运城市平陆县），在中国；其一吴，在夷蛮。十二世而晋灭中国之虞（晋献公借道于虞以伐虢，后又灭虞，即“唇亡齿寒”的故事）。中国之虞灭二世，而夷蛮之吴兴。大凡从太伯至寿梦十九世。”

夏代是我国历史上的第一个王朝。虽然目前还没有发现有关夏王朝历史的考古证据，但依据历史传说和先秦文献，可以说夏人的早期活动范围在晋南，这里古称“大夏”“夏墟”。西周初年，周武王的儿子叔虞被分封到山西南部的河汾之东，《左传》记载说“命以唐诰而封于夏墟，启以夏政，疆以戎索”。春秋初年，晋国发生内乱，齐桓公曾翻过太行山到达晋南，史称“西伐大夏”，可见山西南部在春秋时还被称为“大夏”“夏墟”。

傅　说

——中国历史上第一个“圣人”

傅　说

傅说（yuè），古虞国（今山西平陆）人，生卒年不详，殷商时期著名贤臣，商王武丁时的丞相。傅说辅佐商王武丁安邦治国，形成了历史上有名的“武丁中兴”的辉煌。与傅说有关的古迹都在山西平陆县境内。傅说是中国历史上第一个被称为“圣人”的人。

《史记·殷本纪》记载：“帝武丁即位，思复兴殷，而未得其佐（辅佐的贤臣）。三年不言，政事决定于冢宰（辅政大臣），以观国风（民情）。武丁夜梦得圣人，名曰说。以梦所见视群臣百吏，皆非也。于是乃使百工营求之野，得说于傅险中。是时说为胥靡（xū mí 服劳役的人），筑（修路）于傅险。见于武丁，武丁曰是也。得而与之语，果圣人，举以为相，殷国大治。故遂以傅险姓之，号曰傅说。”

关于傅说的治国方略，通过《尚书·说命》三篇（上中下）可以知其大概。上篇叙述傅说初见武丁的过程及傅说劝武丁虚心纳谏的言论，中篇为傅说向武丁陈述治国方略，其中有不少传诵不绝的名言，如“惟事事，乃其有备，有备无患”。下篇为君臣共勉之辞。傅说在《说命》中的经典语言“非知之艰，行之惟艰”，是我国最早的朴素唯物主义史观；“惟木从绳则正，后从谏则圣”，强调了国君虚心纳谏的重要性；“惟口起羞，惟甲胄起戎，惟衣裳在笥，惟干戈省厥躬”，是君王治理国家的准绳；“惟治乱在庶官。官不及私昵，惟其能。爵罔及恶德，惟其贤”，是君王选才用才的指南。

北魏地理学家郦道元在其名著《水经注》中，对今平陆圣人涧一带有详细描写。《水经注·河水四》云：“河水又东，沙涧水注之。水北出虞山，东南径傅岩，历傅说隐室前，俗名之为圣人窟。孔安国《传》：‘傅说隐于虞、虢之间’，即此处也。傅岩东北十余里即颠軨坂也，《春秋左传》所谓入自颠軨者也。有东西绝涧，左右幽空穷深，地壑中则筑以成道，指南北之路，谓之为軨桥也。傅说佣隐止息于此，高宗求梦得之是矣。”说明傅说隐居的地方，最迟在北魏时已成为一处名胜。

平陆县傅相祠全景

周人的先祖发祥于河东

——河东地区的后稷崇拜

关于周人的先祖，《尚书·舜典》记载，帝舜曰：“弃，黎民始饥，尔后稷播时百谷。”《国语·周语》记载：“昔我先王世后稷，以服事虞、夏，及夏之衰也，弃稷不务，我先王不窋用失其官，而自窜于戎狄之间。”《史记·周本纪》：“帝舜曰：‘弃，黎民始饥，尔后稷播时百谷。’封弃于邰，号曰后稷，别姓姬氏。……不窋末年，夏后氏政衰，去稷不务，不窋以失其官而奔戎狄之间。”这说明周人的始祖在担任后稷之官后，经历了舜、禹时代。到夏朝衰落时废去了农官，周人的先祖不窋因此而失去官职，只好跑到戎狄的地方居住下来。

传统的观点认为周人起源于今陕西武功县，《史记·周本纪·正义》引《括地志》：“故邰城一名武功城，在雍州武功县西南二十二里，古邰国，后稷所封也，有后稷及姜原祠。”

还有一种说法是周人源自今甘肃庆阳一带。《史记·周本纪·正义》引《括地志》：“不窋故城在庆州弘化县南三里”。

在20世纪30年代，钱穆先生在《周初地理考》一文中，提出“周人盖起于冀州，在大河之东”，挑战传统的周人源自陕西的定论，钱穆先生的观点自有其道理。钱穆的观点和传统的周人源于渭水观点不同。他认为周人始于河东，《诗经·公刘》中的“于京斯依”“于豳斯馆”以及《史记》中的“国于豳”，其“京”与“豳”在汉代的临汾，即今新绛县东北二十五里处。豳、邠古今同字，都是得名于汾水。随着周人迁移到西北泾水流域，邠的地名也搬了家。若比较泾水与汾水的情形，汾水支流众多，当得起“分”字，远比泾水合适。在泾水流域，这个从分从邑的地名，如果没有其他更古的来源，实在是太突然了。

钱穆之后，许多著名学者如吕思勉、陈梦家、王玉哲等都赞同钱穆提出的“周人盖起于冀州，在大河之东”的见解，并都做了论证。他们认为，尧、舜、禹的活动中心在晋南和豫西北，周的先祖也应该属于他们中的一部分。

闻喜、稷山、万荣、新绛四县都有后稷庙宇遗存，图中心偏南位置是稷王山

从情理上来说，后稷作为舜、禹时代管理耕种的官员，不可能居住在偏远的西北地区，其活动范围只能在舜都蒲坂所在的河

东地区。周人的先祖在河东地区从事农耕，繁衍生息，他们的部落开始壮大，在舜、禹时代一直世袭“后稷”一职，有了封地，逐渐形成了最初的周族。

周人从东向西迁徙，同样可以找到考古学上的根据。考古学家邹衡先生在分析了陕西和山西出土的器物后得出了结论：“先周文化陶器最突出的特征，就是同时存在的两种不同类型的陶鬲，经过我们的分析，这两种陶鬲是有不同的来源的。联裆鬲是来自东方的山西地区，而分裆鬲反而来自西方的甘肃地区”“在光社文化的中期陶器中，就有联裆鬲的发现……即先周文化的联裆鬲是从光社文化来的，而绝对不可能相反。”（邹衡《论先周文化》）光社文化的初期，大约相当于夏文化的晚期及早商时期，光社文化的中期也不迟于殷墟文化早期。

在《诗经》等文献中，可以看出周人先祖和夏人的关系十分密切。《诗经》中多次提到了周和夏的关系，例如：“思文后稷，克配彼天。立我烝民，莫匪尔极。贻我来牟，帝命率育。无此疆尔界，陈常于时夏。”（《诗经·周颂·思文》）“奕奕梁山，维禹甸之。”（《诗经·大雅·韩奕》）“弥月不迟，是生后稷。降之百福。黍稷重穋，稙稚菽麦。奄有下国，俾民稼穑。有稷有黍，有稻有秬。奄有下土，缵禹之绪。”（《诗经·鲁颂·閟宫》）周人常常自称“夏人”，是因为周族的先祖在夏朝世代为“后稷”之职，后来虽然随着夏的衰亡，周人奔于戎狄之间，但数百年的记忆是抹不掉的，这才会出现周人屡屡歌颂夏禹、以夏人自称这种情况。今运城地区在商周时期有

“夏墟”“大夏”之称，周人的先祖作为农官“后稷”，“奄有下（夏）土，缵禹之绪”，“无此疆尔界，陈常于时夏”，其最初的活动地方只能是河东地区。正是因为河东地区是周人和夏人的故地，周初分封叔虞到河东时，才会对叔虞说“启以夏政”。

《史记·周本纪》：“封弃于邰，号曰后稷，别姓姬氏。”弃的封地在邰，邰是周人的起源地。邰，在河东的涑水流域，今闻喜、稷山一带。今天的运城、临汾、太原等地还有台骀庙，便是远古的遗存。在河东地区，春秋以来就有与“稷”有关的地名和纪念地。最早见于文献的是《左传·宣公十五年》载“晋侯治兵于稷”（在稷这个地方进行军事演习）。西晋杜预注“稷，晋地，河东闻喜县西有稷山”。《后汉书·郡国志》闻喜县“有稷山亭”。北魏郦道元《水经注》：“汾水又经稷山北，在水南四十里许。山东西二十里，南北三十里，高十三里。西去介山十五里，山上有稷祠，山下有稷亭。”正是因为今天的稷山、闻

建于宋代的万荣县太赵村稷王庙

喜、万荣、新绛一带，曾经是周族祖先后稷活动的地方，所以后来才有稷祠、稷亭、稷王庙、稷益庙等与后稷相关的遗存。现在万荣县太赵村遗存有建于宋代的稷王庙，稷山县有建于元代的稷王庙，闻喜县有建于元代的后稷庙，新绛县有重修于元代的稷益庙，皆为国家文物保护单位。

1932年，山西省立图书馆和美国弗利亚美术馆联合发掘了万泉县荆村遗址（位于原万泉县城东门外），考古工作者董光忠在遗址中发现了仰韶时期的农作物黍子的遗存。1943年，日本学者和岛诚一在其所著《山西省河东平原以及太原盆地北半部的史前调查概要》中，公布了有关专家的鉴定结果，肯定了荆村遗址出土的谷类碳化物，是黍子和高粱两种。荆村遗址出土的黍子和高粱，说明了在5000多年前，河东地区的先民就开始播种黍子等农作物，周人的先祖后稷在这一带活动，理乎自然。

新绛县稷益庙壁画《后稷降生》

河汾之东建晋国

——封于夏墟，拱卫王室

周灭商之后，采取了分封诸侯的政策，以达到拱卫周王室的目的。周初的分封对象有同姓王室子弟，也有异姓功臣。当时成王的弟弟叔虞被分封到黄河东边的古唐国，史书上称他为唐叔虞。叔虞的儿子即位后，将国名改为晋。唐叔虞是晋国的始祖。

根据《左传·定公四年》的记载，“昔武王克商，成王定之，选建明德，以蕃屏周。……分唐叔以大路、密须之鼓，阙巩，沽洗，怀姓九宗，职官五正。命以《唐诰》而封于夏墟，启以夏政，疆以戎索。”周王把叔虞封到河汾之东的夏人故地古唐国。

在周初成王时期分封的同姓诸侯国中，晋国与周王室的关系较为特殊，晋、韩、邘、应四国的国君与成王是兄弟，因而晋国是王室的兄弟之国。当有诸侯国挑战周王的权威时，晋国当仁不让地要维护周王的权威。在后来的王室东迁和春秋时期，晋国都真正起到了拱卫王室的作用。

西周末年，周幽王因为“烽火戏诸侯”失信于诸侯，犬戎进攻周都时，诸侯以为又是幽王和妃子闹着玩的，无人去勤王，结果被犬戎攻破都城，幽王被杀。知道真相后，晋文侯和郑、秦、卫等国的国君都到都城去勤王，拥立太子即位，这就是周平王。

经过战乱的周都已经残破不堪，晋文侯和郑武公、卫武公、秦襄公共同护卫周平王把都城迁到洛邑（今河南洛阳）。

曲沃县晋侯墓地出土的西周青铜器鸟尊

周幽王被杀后，有些诸侯认为周平王作为太子，在王室内乱时处置不当，不适合做王位继承人。周宣王的儿子余臣被一些诸侯立为周王，史称携王。当时认可周平王地位的诸侯不多，携王的支持者却不少，形成了“二王并立”的局面。十年之后，即公元前760年，晋文侯率兵杀死了携王，结束了二王并立的局面。对于周平王来说，晋文侯成为再造周朝的功臣。周平王为嘉奖晋文侯的大功，作《文侯之命》一文，赞扬晋文侯“扞我于艰”——在最艰难的时候捍卫了王室。赐晋文侯“彤弓一张，彤矢一百，卢弓一张，卢矢一百，马四匹”，勉励晋文侯能像周文王、周武王时的贤哲们一样尽心辅佐王室，继承列祖列宗的美德。在晋国史上能获得周王如此封赏的只有三人，其一是唐叔虞，其二是晋文侯，其三是晋文公。因此《国语》记载说：“晋文侯于是乎定天子”，说晋文侯决定了周平王的命运，这是符合历史实情的。

晋文公

——尊王攘夷，保护华夏文明持续发展

晋文公重耳是晋献公的儿子。重耳在“骊姬之乱”后遭到迫害，离开了晋国，流亡各国。他经历了被人追杀、途中断粮、财物被盗、被拒入城、受到奚落等种种磨难。

晋文公在外流亡了19年，辗转了8个诸侯国，直至62岁才做了国君。他即位后，励精图治，发展生产，晋国很快就强盛起来。晋文公继齐桓公之后，“尊王攘夷”，成为春秋时的第二位霸主，开创了晋国长达百年的霸业。

公元前636年，周襄王的弟弟王子带与襄王发生火并，王子带联合狄人的军队进攻周襄王，周襄王逃居郑国并告难于诸侯。秦穆公收到了周王的告急文书，便调兵遣将，屯兵于黄河岸边，想以平叛的机会进入中原。晋国的大臣狐偃主张晋文公一定要抓住这个“尊王攘夷”的大好机会，“想得到诸侯的拥护，没有像勤王这样的事有效了。既可以在诸侯中提高威信，且合乎大义。”

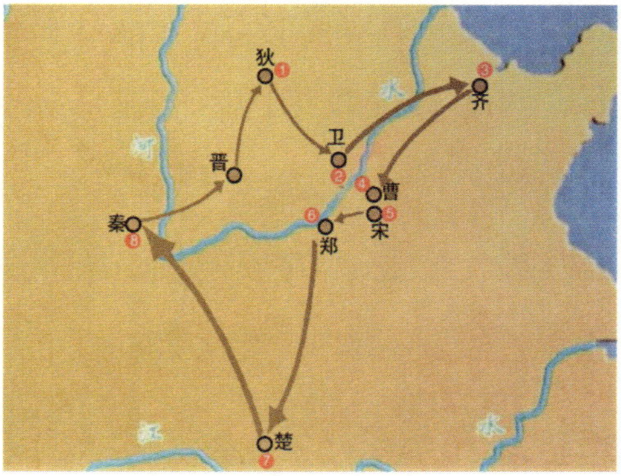

晋文公流亡路线图

晋文公下令出兵勤王。这年三月，晋文公辞退了秦军，亲率大军进驻阳樊（今河南济源西南），分兵两路，一路去迎襄王，一路进攻叔带所在的温（今河南温县西），杀死了叔带。周襄王在晋文公的护卫下回到洛阳，晋文公像当年的晋文侯一样拥有了安定王室的大功，在诸侯国中威望大增。周襄王为感谢晋文公的勤王之功，将阳樊、温、原、攒茅等地方赐给晋国，实际上是对晋国控制洛阳以北地区的承认。通过勤王平叛，晋国的南部疆域扩展至今河南黄河以北，其势力开始进入中原，《左传》上说“晋于是始启南阳（因这些地方位于太行之南、黄河以北，故名南阳）”，拉开了晋国争霸的序曲。

在齐桓公去世后，当时的“南夷”楚国不断向北扩张，号称中原大国的齐、宋两国都受到楚国的欺负，其他的小国鲁、郑、曹、卫、陈、蔡等都屈服于楚国，整个中原地区的诸侯国，群龙无首，都遭到了楚国的蹂躏，军事形势十分危急，传统的华夏文明发展有可能被打断。

公元前632年，晋、楚两国在城濮（今山东鄄城西南）地区进行了争夺中原霸权的大战。战争的起因是楚国带领郑、陈、蔡、许等国进攻宋国，宋国派人到晋国求救。晋国的大臣先轸对晋文公说：“报施（晋文公流亡经过宋国时，曾得到宋国国君的厚赠）救患，取威定霸，在此一举！”晋军诱敌深入，大败楚军。回师途中，晋文公在践土（今河南原阳）给周王修筑行宫，请周王移驾践土，向周王献俘。周襄王策命晋文公为“侯伯”——诸侯的领袖，“敬服王命，以绥四国，纠逖王慝”。让晋文公安抚四方的诸侯，惩处那些不服从王命的国家。晋文公与诸侯会盟：“大家齐心协力辅佐王室，不得互相侵害。有谁违背了盟约，神灵就降罪于他，使他兵败亡国，子孙老幼统统受到惩罚。”晋文公在尊王的旗帜下，成功地登上了霸主宝座。

城濮之战在春秋历史上具有重大意义，这次战争关系中原全局。它扼制了楚国的北进势头，楚国的势力被迫退回到长江流域，中原地区恢复了安定的形势，宋、鲁、曹、卫、陈、郑等国皆听从晋国的号令。史学家顾颉刚先生认为，要不是晋文公崛起于北方，勉力支持大局，那么不到战国，周室和中原诸侯早已一扫而空了。实际情形确实如此，城濮之战后，南夷与北狄的势力一落千丈，晋文公“攘夷”的功绩远在齐桓公之上。

南宋·李唐《晋文公复国图》（局部）

晋文公虽然在位时间只有9年，但由他开创的晋国霸业却存在了百年之久，并由此奠定了晋国作为春秋时代第一强国的地位。关于晋文公在保护华夏文化中的作用，顾颉刚先生说：“晋文公的主要功绩是城濮之役遏住了楚国，使他们不得向北发展。晋襄公（晋文公的儿子）的主要功绩是崤之役遏住了秦国，使他们不得向东发展。有了他们父子，春秋时的中原诸国才获得休养生息的机会，才渐渐孕育了后来诸子百家的灿烂文化。”

三家分晋

——开启战国时代

晋文公在位时，晋国建立了六卿制度——晋国特有的军事政治制度，把军队分为中、上、下三军，每军各设一名将、一名佐，合称六卿。在晋文公之后一百年左右，晋国形成强大的范、中行、智、韩、赵、魏六卿（六家掌握实权的大臣），晋国国君的公室势力已经变弱，六卿之间争权夺利的斗争更加激烈。到晋定公时（前511—前475），范、中行两家首先败亡。

公元前458年，智、赵、魏、韩四家把范家和中行家的土地瓜分了。按照惯例，范家和中行家的土地应该交给晋国的国君，但这四家大夫一点也没有给晋国的国君晋出公，国君很不高兴，暗地里派人去向齐国和鲁国借兵，准备讨伐这四家，四家的大夫知道了这个消息，先下手为强，把晋出公赶出了晋国。晋出公逃往齐国，在半路上就去世了。智家把晋昭公的曾孙立为国君，这就是晋哀公。

势力最大的智家想独吞晋国，便想办法削弱赵、魏、韩三家的力量。智家的大夫智伯瑶对三家的大夫赵襄子、魏桓子、韩康子说：“晋国原来是中原的霸主，后来被吴国和越国夺去了霸主地位。为了使晋国重新强大起来，我建议咱们每家都拿出一百里的土地和人口交给公家。”

三家的大夫知道智伯瑶没安好心，他说的“公家”就是智家。韩康子想拒绝智伯瑶，他的谋士段规劝他说：“不能拒绝，智伯瑶为人贪而好利，他以国君的名义来割地，我们如果拒绝了，他会说我们违抗君命，派兵攻打我们，不如先给了他吧。他从我们这里拿到土地一定还要去向赵、魏两家要地，他们两家如果拒绝，智伯瑶肯定会攻打他们，我们静观局势的发展，再做打算。”韩康子采纳了谋士的建议，派人把一百里土地的地图送给了智伯瑶，智伯瑶很高兴，又派人去向魏桓子要地。魏桓子也想拒绝，他的谋士赵葭说：“韩家已经给了土地，我们不给，一定会激怒智伯瑶，他必然要出兵攻打我们，不如先给了他吧。”智伯瑶于是也从魏家这里得到了土地。他又派人去找赵襄子要土地，赵襄子原来就和智伯瑶有矛盾，他口气很强硬地说：“土地是先人留下的产业，怎么能随便送给别人呢？”智伯瑶听说后火冒三丈，出动了自己的全部兵马，联合魏、韩两家，共同讨伐赵家。他向魏、韩两家承诺，灭了赵家之后，赵家的土地和人口由三家来平分。

公元前455年，智伯瑶率领自家的军队为中路，韩康子的军队为右路，魏桓子的军队为左路，三路人马直奔赵家。赵襄子知道寡不敌众，便采纳了谋士张孟谈的建议，退守到晋阳城（今太原市西南）。

不久，智、魏、韩三家的兵马就到了晋阳城下，把晋阳城团团围住。晋阳城里的赵家军队在百姓的支持下，士气旺盛，坚守城池。赵襄子命令士兵不要轻易出手，只是在三家军队攻城的时候，才开始射箭，三家的军队根本无法得手。赵家的军队和三家的军队就这样对峙了两年多。

有一天，智伯瑶在城外察看地形，看到晋阳城西南的那条晋水，便想出了一个坏主意——把晋水引到东北边来，晋阳城就会被淹没。于是，他就让士兵在晋水旁边挖了一条水渠，一直通到晋阳城的外围，又在上游筑起了大坝，拦住上游的水。这时候正逢雨天，坝上的水很快就满了，智伯瑶命令士兵在坝上开了一个大口子，大水便直向晋阳城灌去。

晋阳城里的房子被淹没了，百姓们只好跑到房顶上去避难，但没有一个人肯投降。智伯瑶和魏桓子、韩康子一起去察看水势，他指着晋阳城得意地说："你们看，晋阳城眼看就要被淹没了。原来我只知道水像城墙一样能挡住敌人，现在才知道大水也能灭掉一个国家呢。"魏桓子和韩康子互相使了个眼色，心中暗暗吃惊。因为韩、魏两家的封地都临着一条河水，韩家的城池平阳（今临汾市）临着汾河，魏家的城池安邑（今夏县西北）临着涑水河，说不定哪天大水灌城的命运也会降到他们的头上。

再说晋阳城里的赵襄子看着城内城外的汪洋大水，万分焦急，便派谋士张孟谈趁夜色出城，想办法联合韩、魏两家。张孟谈对魏桓子、韩康子说："唇亡则齿寒，赵家灭亡了，下一步就该轮到你们两家了，不如咱们三家联合起来灭了智家。"韩、魏两家说："我们也知道智家

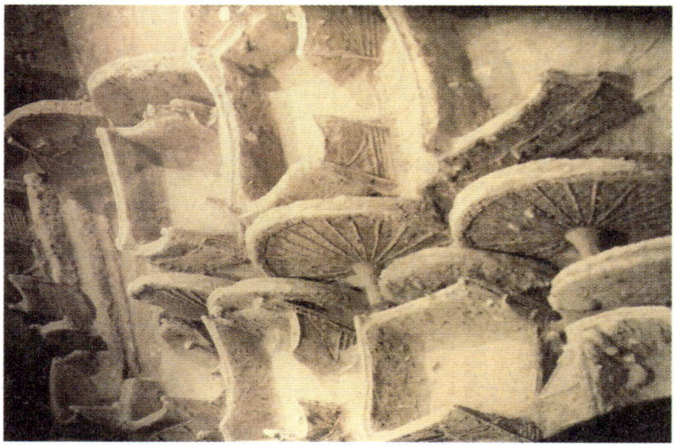

太原市出土的春秋晚期赵卿墓中的车马坑

太原市出土的春秋晚期晋国赵卿墓中的编钟

贪心不足，只是怕万一走漏了风声，那就大祸临头了！”张孟谈说：“话从你们二位将军的口中出来，进入我一个人的耳朵里，别人谁会知道？怎么会走漏风声呢？”韩、魏两家本来就不愿意向智家交出土地，更不愿意帮着智家来攻打晋阳城，更担心智家势力壮大后会消灭他们。经张孟谈这么一说，便同意和赵家联合起来，共同灭掉智家。

第二天夜里，韩、赵、魏三家用水反攻智伯瑶的军营，智家的士兵忙着去堵水，阵营大乱，赵家的军队从城里杀出来，韩、魏两家的军队从两边围过来，智家的士兵被淹死、杀死的不计其数，全军覆没。

韩、赵、魏三家灭了智家之后，平分了智家的土地和人口。又过了15年，这三家看到新即位的晋幽公软弱无能，便又平分了晋国新都和旧都之外的其他地方。

公元前403年，韩、赵、魏三家要求周天子封他们为诸侯。周威烈王便送了个顺水人情，正式封韩、赵、魏为诸侯。这三家和秦、齐、楚、燕后来成为中原大国，历史上称为“战国七雄”。“三家分晋”被视为春秋结束、战国开始的标志，司马光将其列为《资治通鉴》的开篇之作。

魏文侯

——变法图强，称霸中原

战国初期，魏国是最先强盛的国家。魏文侯礼贤下士，当时闻名天下的文人都到了魏国，魏国成了中原各国的文化中心。魏文侯在位50年，魏国向西攻占了秦国的河西地区，向东北伐灭中山国，向东打败齐国，成为中原霸主。

在战国初期，魏国西有秦，南有楚，北有赵，东有齐，地处大国之间，其国际环境并不乐观。为了生存，魏国必须自强。魏文侯首先处理好了韩、赵之间的矛盾，为“三晋联盟”的韩、赵、魏定了一个“放弃内斗、和平相处、共同发展”的基调。他认为赵、魏、韩三国紧邻，必须要和平相处，如果内斗，谁都无法发展。赵、魏、韩只有联合起来向外发展才有出路。最初韩武子想联合魏文侯消灭赵国，韩、魏平分赵国。魏文侯回答说：“魏国与赵国是兄弟关系，我不能对兄弟刀兵相向。”赵献侯也想联合魏文侯消灭韩国，赵、魏平分韩国。魏文侯用同样的话回答了赵国。韩、赵两国当时都很生气，后来他们知道了魏文侯的做法，都去魏国拜见魏文侯，魏文侯成为三晋的领头人，其他诸侯国也不敢挑战魏文侯的权威。

为了自强，魏文侯在政治上进行改革，建立了由国君直接任免的国相统领百官的朝堂官员体系，在地方上建立了由国君直接任免行政长官的郡县体系，这实际上就是后来秦国借鉴实行的封建中央集权制度。魏文侯任用李悝实行变法，魏国成为战国最早推行变法图强的国家。李悝变法，在经济方面推行“尽地力之教”和“平籴法”。“尽地力之教”就是鼓励农耕，扶持小农经济，增加国家的财政收入。“平籴法”就是由政府控制粮食价格，避免谷贱伤农、谷贵伤民，通过稳定粮价维护社会安定。在政治方面提出“食有劳而禄有功，使有能而赏必行，罚必当”。即选贤能，明赏罚。李悝将无功而食禄者（即世袭贵族）称为淫民，主张“夺淫民之禄以来四方之士”。这是中国历史上第一次对腐朽的世袭制度的挑战。由于废除世袭制度，对国家无用的特权阶层被赶出政治舞台，一些出身一般的人可以因战功或才能而进入仕途，各诸侯国的贤能之士都被吸引到了魏国。李悝还编制了中国历史上第一部系统的封建法典——《法经》。后来李悝的学生商鞅把《法经》带往秦国，秦律即从《法经》脱胎而成，汉律又承袭秦律，后来各代都对《法经》的内容有所沿用，《法经》在中国古代法律史上具有非常重要的地位。李悝在魏国的变法，是中国变法之始，在历史上产生了深远的影响。在当时对其他各国影响很大，从而引发了中国历

魏国货币

史上第一次轰轰烈烈的大规模变法。后来的商鞅变法、吴起变法等，无不受到李悝变法的影响。

魏文侯任用吴起、乐羊为将，吴起率兵进攻秦国，连拔河西五城（今陕西大荔、韩城、合阳一带），到了魏文侯三十八年，魏国完全占据了黄河以西地区，把黄河天险变为魏国的内河，魏国的领土大大扩张。吴起治理西河27年，卓有成效，使秦兵不敢东向。后来魏国在吴起治理西河的基础，将秦国压制在洛水（洛水为渭河的支流，在今陕西省大荔县汇入渭河）以西长达80年，使秦国不得与中原交通。

魏文侯礼贤下士，他把孔子的学生子夏请到西河，拜子夏为师，请子夏在西河收徒讲学。子夏当时在诸侯国的知名度很高，他的学生公羊高、谷梁赤都跟随他来到魏国的西河，逐渐形成了著名的西河学派。魏文侯对田子方、段干木等名士都礼敬有加，各国的名士云集魏国。战国时代各国的招贤养士之风，可以说是受魏文侯礼贤下士的影响。子夏在西河讲学的象征意义重大，使魏国俨然成为中原各国中的文化宗主国。公羊高口授的《春秋》成为后来《春秋公羊传》的蓝本，谷梁赤口授的《春秋》成为后来《春秋谷梁传》的蓝本。

在太行山以东，赵国请求魏文侯派兵帮赵国消灭强邻中山国。在大将乐羊的出色指挥下，训练有素的魏军苦战三年，在魏文侯四十年终于攻破了中山国。派乐羊率部驻守中山，又任命李悝为中山相，辅佐太子击治理中山。

魏文侯四十一年（前405），齐国进攻赵国，赵军战事不利。赵烈侯请魏文侯和韩景侯出兵相助。赵、魏、韩联军与齐军大战，杀死齐军三万人，获取了大量的战略物资。魏文侯四十二年，赵、魏、韩联军大举进攻齐国，一直攻到了齐国的长城，齐国被迫割地求和。

在漳河流域，魏文侯在今河北平原漳水向南最突出的部位设立了邺县（今河北临漳县西），派西门豹治理邺县。西门豹在邺县实行“寓兵于农、藏粮于民”的政策，很快就使邺县民富兵强，成为魏国的东北重镇。赵国当时以中牟（今河南省鹤壁市山城区）为国都，其西不远即为太行山，无发展的空间。邺县处于赵都的东北方不远，使中牟不再适合作为赵国的国都，也影响了赵国向南发展。

魏文侯四十三年（前403），周天子正式册封魏、赵、韩三家为诸侯，魏国从形式上完成了大国的资格认证。实际上魏文侯已将魏国打造成当时最强大的国家。

张 仪

——著名的纵横家、外交家

万荣县秋风楼下的张仪古道

张仪是战国时期有名的纵横家、外交家，以能言善辩著称。张仪是魏国人，他的故里在今山西南部的万荣县，现在万荣县的黄河岸边还有一条道路被称为“张仪古道”。

因为在魏国得不到重用，张仪便带着妻子去了楚国，在楚国的相国门下做门客。有一天，楚国的相国在府中大宴宾客，把一块很名贵的宝玉拿出来给大家看，众人看了都很惊奇，赞叹不已。不久，这块宝玉就不翼而飞了，相国怀疑是穷困潦倒的张仪偷走了宝玉，让手下的人把张仪痛打了一顿。满身伤痕的张仪被人送回家中，他妻子责怪他说：“你如果不去谋着当官，怎么会受这样的委屈？”张仪张开嘴巴问妻子说：“你看看我的舌头还在吗？”妻子笑着说：“舌头当然还在。”张仪说：“只要舌头还在，就不怕没有出头之日。”

张仪在楚国没有待多久，就回到了魏国。苏秦此时在赵国为相，暗中让自己的心腹贾舍人帮助张仪到了秦国。秦惠文王对当初没有任用苏秦十分后悔，听说张仪的才干不在苏秦之下，便很快召见了张仪，拜张仪为客卿。张仪当了官，便先来见贾舍人，要报答他的大恩。贾舍人对张仪说自己要回赵国去了，张仪说：“在我最困难的时候，全靠你的帮助才渡过难关，我还没有报答你的大恩，你怎么就要急着回去呢？”贾舍人笑着说：“你不要感谢我，这一切都是苏相国帮你的。”张仪被他的话搞糊涂了。贾舍人对张仪说：“苏相国想让各国联合起来，就怕秦国攻打赵国，破坏了他的计划。他对我说张先生的才能在他之上。他想让一个可靠的有才能的人去秦国当相国，暗中帮他实现计划。他说这样的人，除了张先生没有第二个。他又怕先生得到个一官半职就满足了，便用了激将法，把先生激怒。苏相国知道你要报复他的话，只能去秦国为官，因为如今天下能和赵国对抗的国家只有秦国。苏相国便让我拿着大量的金钱在秦国替张先生活动，想办法让秦王重用先生。如今先生已经当了客卿，我的事情已办好了，我得回去向苏相国报告了。”张仪听完贾舍人的话，惊讶得瞪大双眼，他说：“苏秦的计谋远在我之上，我一直被他蒙在鼓里。请你转告苏相国，只要他在赵国当相国，我就不会让秦国去攻打赵国，我不会忘记他的良苦用心，你替我谢谢他吧。”

不久，张仪就当了秦国的相国。在此后的十五年内，秦国果然没有和赵国打过仗。

张仪在秦国待了几年，来到东边的魏国。他想说服魏王带头向秦国称臣，给其他国家带个头，魏王没有听从张仪的主张。四年后，魏襄王去世了，他的儿子即位，这就是魏哀王。张仪又劝说魏哀王，也没有成功。于是张仪暗地里通知秦国攻打魏国，魏国战败，第二年，秦国又出兵攻魏，张仪乘机吓唬魏哀王，魏国于是答应不参加六国的合纵抗秦，愿意和秦国结交。张仪破坏六国合纵的目的已初见成效，便又回到了秦国继续当相国。

苏秦去世后6年，燕国发生了内乱，齐国趁乱进攻燕国，燕国的国君和相国都死于战乱，燕国的大半国土都被齐国占领。这样一来，齐国的势力就增强了许多，齐国还和楚国结成同盟。秦国不能容忍齐国的势力壮大，便想出兵讨伐齐国。张仪对秦王说："齐国和楚国两个大国现在结成同盟，对秦国不利，要想办法把齐楚两国的联盟拆散。"秦惠文王便派张仪出使楚国。

当初张仪当了秦国的相国后，给楚国的相国写了一封信说："当年我在你家中喝酒，你诬陷我偷了你的宝玉，让人打了我一顿。你现在好好守着你的国家，我准备偷走你的城邑！"现在，张仪开始实施他的计划了。

张仪到了楚国，对楚怀王说："大王如果能采纳我的建议，和齐国断交，秦国愿意把商于一带六百里的地方献给楚国，两国还可以互通婚姻，长期结为兄弟关系。这样楚国既从秦国得到好处，又削弱了齐国的势力，没有比这更好的事情了。"

楚国的大臣陈轸劝楚王不要和齐国断交，楚王说："我不动一兵一卒就能得到六百里土地，这样的好事为什么不干，得罪一个齐国怕什么？"陈轸说："秦国这么重视楚国，是因为楚国和齐国订立了盟约。如果楚国和齐国断交，楚国成为孤立的国家，秦国还会把六百里土地送给楚国吗？张仪回去后肯定要反悔。到那时，楚国既得罪了齐国，又要受到秦国的进攻，两面受敌。我以为楚国不如表面上和齐国断交而暗地里坚守盟约，派人跟着张仪到秦国。如果秦国真的把六百里土地给了我们，我们再和齐国断交也不迟。万一秦国不给我们土地，我们还有齐国作为同盟，也没有什么可怕的。”

楚怀王是个糊涂虫，他相信了张仪的甜言蜜语，贪图六百里土地，便答应和齐国断交，派了一位使者跟随张仪去秦国要那六百里土地。

张仪回到秦国，假装坐车时不小心摔伤了，连着三个月不上朝。楚王见张仪迟迟没有把土地交给楚国的意思，便和大臣们商议说：“可能是张仪嫌我们和齐国的关系还断绝得不厉害吧。”于是派人到齐国的南边邻国宋国的边界上，朝着齐国人大骂齐王。齐王大怒，派人去秦国和秦王订立盟约，联合起来共同对付楚国。

张仪看到秦、齐联合攻楚的目的已达到，这才出门上朝。他对楚国的使臣说：“这里有我的六里封地，我把它献给楚王。”楚国的使臣说：“楚王让我来秦国接收的是商于一带六百里的土地，怎么变成了六里？”张仪说：“没有这回事，可能是楚王听错了吧！秦国的土地怎么能轻易送人呢？我说的就是自己的封地六里。”楚国的使臣把情况向楚王报告，楚王大怒，要发兵攻秦。

陈轸原来就劝说楚王不要相信张仪的鬼话，但楚王不听劝告。现在陈轸见楚王要发兵攻秦，知道楚国不是秦国的对手，便劝楚王说："进攻秦国不如割一块地方给秦国，这样我们和秦国联合起来对付齐国。虽然我们丢了一块地方，但还可以从齐国那里补回来。"楚王不听劝告，发兵攻秦。秦国和齐国联合对付楚国，楚国被打得大败，主帅阵亡，楚军八万人战死，楚国的汉中、丹阳被秦国占领了。

秦国得到了楚国的丹阳、汉中两个地方，但还不满足，还想得到楚国的黔中这个地方，提出要拿武关外的地方和楚国交换黔中。楚王对秦国的使者说："我不愿意交换地方，如果秦国能把张仪送到楚国，我情愿把黔中送给秦国。"用一个张仪换一大片土地，这样的好事秦王当然高兴坏了，但秦王又不好意思对张仪开口。张仪自己愿意去楚国，秦王说："楚王恨死你了，你到楚国一定会被他们杀死，我不忍心让你去啊！"张仪说："秦强楚弱，我和楚国的大夫靳尚私交很好，靳尚和楚王的夫人关系不一般，楚王很信任夫人郑袖，有他们两个人关照，我想我死不了。况且我是秦国的使者，楚国怎么敢杀我呢？即使楚王杀了我，用我的性命为秦国换来黔中，也是值得的。"张仪便去了楚国。

张仪一到楚国，楚王便让人把张仪囚禁起来，准备杀掉他。靳尚想办法要救张仪，他对楚王的夫人郑袖说："夫人的好日子过完了，你得赶快想办法。"郑袖问靳尚为什么，靳尚说："秦王听说要杀张仪，准备把上庸等六个县的地方送给楚国，还要把秦国的公主嫁到楚国来当夫人，随同陪嫁的还有不少美女，秦王用这些来为张仪赎罪，秦国的公主和美女到楚国后，楚王还会喜欢夫人吗？”郑袖着急地问：“你有什么好办法，能让秦国的公主别来楚国？”靳尚说：“夫人要想办法让大王放了张仪，事情就好办了。”郑袖便在楚王面前啼哭，说：“大王想用黔中交换张仪，现在黔中还没有给秦国，而张仪已经先来到楚国，这是秦国对大王的尊重。大王对张仪不尊重就是对秦国失礼，如今还要杀死张仪，秦王一定会大怒，发兵攻楚，楚国将大难临头。我想带着儿子到江南去避难，免得成为秦军的俘虏。何况人臣各为其主，张仪是秦国的相国，他为秦国谋利也是正常的。大王如果能对张仪友好相待，张仪也会为楚国谋利的。”楚王经不住夫人的鼓动，便把张仪放出来，还送给张仪不少财宝。

张仪从囚牢出来，并不着急回秦国，还想劝楚王和秦国友好。他对楚王说：“六国合纵抗秦，就像赶着一群羊去吃猛虎，羊怎么能对付了猛虎呢？现在大王不和猛虎联合，却和一群小羊站在一块，我认为大王是站错队了。秦国进攻楚国，三个月之内楚国就会亡国。而各国救援楚国，要等半年以后才能赶到。楚国想依靠一群弱国来救援，根本不考虑强大的秦国就在眼前，实在是太危险了。秦国和楚国是邻居，远亲不如近邻。大王如果能采纳我的建议，我让秦王的太子到楚国来当人质，楚国的太子到秦国当人质，两国结为兄弟国家，永远不发生战争。”楚王被张仪的花言巧语打动了，答应和秦国结盟。

楚国的大臣屈原对楚王说：“张仪上次欺骗了大王，这次来到楚国，我认为大王一定会处死他。如今大王饶他一命，还要轻信他的邪说，带头和秦国结盟。一般人对自己的仇人都不会轻易忘记，大王作为一国之君，这样做是要被天下人耻笑的。”楚王不听屈原的劝告，一意孤行。

张仪拆散了楚国和齐国的联盟，接着又去了韩国，劝说韩王和秦国结交。张仪回到秦国后，秦惠文王封给他五座城，封他为武信君。秦王又派他到齐国、赵国、燕国去游说。张仪说服了这几个国君，秦国连横的大计已基本成功，他便准备回秦国。当张仪走到半路时，秦惠文王去世，他的儿子继承王位，这就是秦武王。秦武王当太子时就很讨厌张仪，这时一些大臣乘机在秦武王面前说张仪的坏话，张仪害怕被杀，便对秦武王说：“我有一计，会让秦国得到实惠。”秦武王要他说来听听，张仪说：“我听说齐王对我十分仇恨，我到哪个国家，齐国就攻打哪个国家。大王让我到魏国去，齐国一定会攻打魏国。大王趁他们两国打仗时，发兵攻打韩国。打下韩国后，就可以进入洛阳，周朝的天下

张仪古道标识

就是大王的了。”秦武王便给了张仪30辆车，让他去了魏国。魏王很喜欢张仪，拜张仪为相国。

齐王当初听了张仪的胡说，以为韩、赵、魏几国都已和秦国结盟，才送了礼物给秦国。后来一打听，才知道张仪借着齐国当幌子威胁别的国家和秦国结盟，齐王气坏了。现在齐王听说张仪到了魏国，便发兵攻打魏国。魏王十分着急，张仪说：“大王尽管放心，我派个人去退了齐军。”

张仪派自己的门客冯喜去见齐王，对齐王说：“我听说大王特别恨张仪，那就不应该帮张仪的忙。”齐王说：“我进攻魏国就是为了要抓住张仪，怎么是帮他呢？”冯喜说：“我听说张仪离开秦国是个计，他知道他到了魏国之后，齐国一定会攻打魏国，让秦国趁你们打仗时去进攻韩国，进入洛阳，夺取周朝的天下。如今大王果然要和魏国打仗，不正好中了张仪的计吗？”齐王说：“你不说，我差点又上了张仪的当。”便下令把齐国的军队撤回去了。

魏王一看齐军果然退兵了，便更加重用张仪。张仪在魏国当相国当了一年左右，就因病去世了。

两千多年来，苏秦和张仪一直被说成是战国时代合纵连横斗争中的对手。但1973年出土的长沙马王堆汉墓帛书《战国纵横家书》却表明：苏秦的年龄要比张仪小很多，张仪于公元前310年去世，苏秦的主要活动均在张仪去世之后。有研究者认为，张仪的对手应该是魏国人公孙衍，公孙衍才是合纵之说的倡始者。

赵武灵王“胡服骑射”

——中国古代军事史上的大变革

赵武灵王（约前340—前295）是赵国的第六位国君。他即位的时候，赵国的国势衰落，赵国的北边是燕国，东边有东胡、齐国，西边有秦国、韩国、楼烦，南边有魏国。在赵武灵王即位后的18年时间里，赵国被秦国和魏国进攻了6次，每次都是赵国失败，损兵折将，割地求和。赵国周边的游牧部落东胡、林胡、楼烦号称“三胡”，常以骑兵进犯赵国，对赵国的威胁最大。就连中山那样的邻近小国也经常欺负赵国。

赵武灵王认为，如果再不变革自强，赵国就有亡国的危险。要改变被动局面，必须借鉴胡人的长处，以骑兵对抗骑兵。同时，只有改中原地区宽袖长袍的服装为短衣紧袖的胡服，才能适应骑战的需要。公元前307年，赵武灵王即位后的第19年，赵武灵王准备实行“胡服骑射”。他与大臣楼缓谈到自己的国策：“今中山在我腹心，北有燕，东有胡，西有林胡、楼烦、秦、韩之边，而无强兵之救，是亡社稷也，奈何？夫有高世之名，必有遗俗之累，吾欲胡服。”当时赵国的许多大臣都对“胡服骑射”想不通，朝野一片反对声。朝中的重臣，有的公开反对，有的装病不上朝，阻力很大。赵武灵王的叔叔赵成带头反对，认为“胡服骑射”是“袭远方之服，变古之教，易古之道，逆人之心，畔学者，离中国”。赵武灵王亲自登门做赵成的思想工作：“今吾国东有河、薄洛之水，与齐、中山同之，而无舟楫之用。自常山以至代、上党，东有燕、东胡之境，西有楼烦、秦、韩之边，而无骑射之备。故寡人且聚舟楫之用，求水居之民，以守河、薄洛之水；变服骑射，以备燕、三胡、秦、韩之边。”“先时中山负（依靠）齐之强兵，侵暴吾地，系累（拘押）吾民，引水围鄗，微（无）社稷之神灵，则鄗几于不守也，先君丑之（先君为此感到羞耻）……故寡人变服骑射，欲以备四境之难，报中山之怨，而叔顺（迁就）中国之俗，恶（厌恶）变服之名，以忘鄗事之丑，非寡人之所望也。”赵成被武灵王说得无法再坚持己见，便接受了胡服，第二天穿着胡服去上朝。大多数朝臣都被武灵王说

灵丘县赵武灵王墓（李文涛　摄影）

《胡服骑射》纪念邮票

服，只有王族的赵燕迟迟不穿胡服，赵武灵王严厉责令：“我已穿上胡服，你却迟迟不穿胡服，有意违抗命令，小心我严惩你，把你处以极刑，以示天下执法之严！”赵燕吓得赶快认罪，立即穿上胡服。王族、朝臣都接受了胡服，赵武灵王向全国颁布了“胡服令”，赵国上下都穿上了胡服，军队开始练习骑马射箭。赵国的“胡服骑射”，是把中原地区传统的上衣下裳、宽袍大袖、脚穿鞋子、驾着战车作战，改为短衣小袖、皮带皮靴、骑快马持轻弓、机动灵活的骑兵作战。

“胡服骑射”初期，赵国先攻占了原阳，此地在今内蒙古呼和浩特东南的黑河之南，北面是阴山山脉，南面是茫茫的大草原，牛马遍野，既是一个天然牧场，也是一个理想的骑兵训练场。赵武灵王把原阳作为练习“胡服骑射”的试点，取得经验后在全国推广。赵国很快就建立了一支强大的骑兵部队，骑兵成为赵国军队的主力。“胡服骑射”的第二年，赵军就攻占了胡地榆中（今内蒙古鄂尔多斯黄河北），“林胡王献马”，赵国“辟地千里”，显示了“胡服骑射”的成效。公元前305年，赵武灵王亲率大军进攻中山国，中山献地求和。有了灵活机动的骑兵部队，赵国连年对“三胡”和中山用兵，连战连胜。五年后，赵国的疆域大为扩展，北至燕、代，西至云中、九原。公元前296

年，赵武灵王率20万大军灭掉中山国，解除了赵国的“心腹之患”，从邯郸以北，跨越滹沱河流域和恒山，直至阴山一线，都归入赵国的版图。赵国的国力大增，一跃而成为军事强国。在战国后期，能够和秦国抗衡的只有赵国，其雄厚的军事基础是离不开赵武灵王“胡服骑射”的。

赵武灵王的“胡服骑射”，不仅在赵国建立了一支强大的骑兵部队，还推动了整个中原地区骑射的发展，我国由车战时代进入骑战时代，从而使我国古代的军事战术有了一个很大的革新。骑射的出现，还影响了人们的日常生活，骑马活动大大缩短了空间距离，扩大了人们的活动半径，有益于各地的经济文化交流。对于赵武灵王“胡服骑射”对历史的贡献，梁启超先生有一段话很精彩：“商周以来四千余年，经济、文化落后而惯于军事掠夺的北方少数民族，世代为中原患，华夏族与戎狄战争中劣败者九而优胜者不及一，其稍足为历史之光者仅赵武灵王、秦始皇、汉武帝、宋武帝四人。”“其最足为吾侪子孙矜式者，惟赵武灵！”

廉颇和李牧

——“安边定策”的名将

战国时代，名将如云，赵国的廉颇、李牧，秦国的白起、王翦，被誉为“战国四大名将”。

廉颇以勇猛果敢而闻名于诸侯各国。赵惠文王时，齐国与秦国是东西方强国。秦国要东出扩张势力，赵国首当其冲。为扫除障碍，秦王曾多次派兵进攻赵国。廉颇统领赵军抵抗秦军，迫使秦国改变策略。赵惠文王十四年（前285），秦军在中阳（今山西中阳县西）与赵讲和，秦军联合赵、韩、燕、魏四国之师共同讨伐齐国，大败齐军。廉颇于赵惠文王十六年（前283）率赵军伐齐，长驱深入齐境，攻取阳晋（今山东省郓城县西），威震诸侯，廉颇班师回朝，官拜上卿。因为赵国有廉颇和赵奢抵抗秦军，秦国长期不敢进攻赵国。

公元前262年，秦国进攻韩国的上党。韩国守军孤立无援，上党太守冯亭便将上党献给了赵国。于是，秦赵之间围绕着争夺上党地区发生了战争。廉颇率赵军阻秦军于长平（今山西高平市西北）。当时秦军已南取野王（今河南沁阳），士气正盛。赵军长途跋涉而至，不仅兵力处于劣势，态势上也处于被动不利的地位。面对这一情况，廉颇采取了筑垒固守、疲惫秦军、相机攻敌的作战方针。他命令赵军凭借山险，筑起壁垒。尽管秦军多次挑战，廉颇严令赵军坚壁不出。赵军壁垒森严，秦军求战不得，锐气渐失。秦国无法对付廉颇“固壁不战”的策略，便使反间计。赵王求胜心切，中了秦国的反间计，认为廉颇怯战，让“纸上谈兵”的赵括取代廉颇为将。赵括代替了廉颇的职务后，完全改变了廉颇制定的战略部署，撤换了许多军官。秦国见赵国使用赵括为将，便暗中启用白起率兵攻赵，大败赵军于长平，坑杀赵兵四十余万，赵国元气大伤。

几年后，燕国认为赵国在长平之战中损失严重，“壮者皆死于长平，其孤未壮”，以丞相栗腹为将，出兵攻赵。赵孝成王让廉颇率赵军前往抗击。廉颇大败燕军，斩杀其主将栗腹，深入燕境500里，包围燕都，燕王只好割让5座城邑求和。这次廉颇的抗燕之战，是中国历史上以少胜多的著名战例。因破燕有大功，赵王封廉颇为信平君。

李牧是驻守赵国北部边境的大将，长期驻守雁门，防备匈奴。他根据需要设置官吏，防地内城市的租税都作为军队的经费。他每天宰杀几头牛犒赏士兵，教士兵练习射箭骑马，小心看守烽火台，多派侦察敌情的人员，对战士待遇优厚。李牧向士兵发布军令：“匈奴如果入侵，要赶快收拢人马退入营垒固守，有胆敢去捕捉敌人的斩首。”匈奴每次入侵，烽火传来警报，士兵立即收拢人马退入营垒固守，不去出战。像这样过了好几年，人马物资也没有什么损失。可是匈奴却认为李牧胆小，就连赵国守边的官兵也认为自己的统帅李牧胆小怯战。赵王责备李牧，李牧依然如故。赵王发怒，把他召回，派别人代他领兵。

此后一年多里，匈奴每次来侵犯，赵军就出兵交战。但每次都是赵军失利，损失伤亡很多，边境上的百姓无法耕田、放牧。赵王只好再请李牧驻守雁门。李牧闭门不出，坚持说自己有病。赵王一再命令李牧复出领兵，李牧说："大王一定要用我，允许我还像以前那样做，我才敢奉命。"赵王答应了李牧的要求。

李牧来到边境，还按照原来的办法。匈奴好几年都一无所获，但又始终认为李牧胆怯。边境的官兵每天得到赏赐可是无用武之地，都愿意打一仗。于是李牧就精选战车1300辆，精选战马13000匹，精选敢于冲锋陷阵的勇士5万人，善射的士兵10万人，全部组织起来训练作战。同时让大批牲畜到处放牧，放牧的人满山遍野。匈奴小股人马入侵，李牧就让赵军假装失败，故意把几千人丢弃给匈奴。匈奴首领听到这种情况，就率领大批人马入侵。李牧布下许多奇兵，张开左右两翼包抄敌军，大败匈奴，杀死十多万人马。打败了东胡，收降了林胡，单于逃跑。此后十多年，匈奴不敢接近赵国边境城镇。

汉代时，匈奴经常进犯，汉文帝感叹云："嗟乎！吾独不得廉颇、李牧时为吾将，吾岂忧匈奴哉！"

蔺相如

——智勇双全的外交家

战国后期，魏国、齐国、楚国都接连衰落下去了，只有赵国的军事力量还比较强大，可以和秦国抗衡，秦国便把进攻的矛头指向赵国。

赵国的国君赵惠文王得到了一块世上稀有的宝玉——和氏璧。公元前283年，秦昭襄王派使者带着书信去见赵王，说秦王愿意拿十五座城邑来换这块宝玉。赵王看完信，便和大臣们商量办法，感到左右为难：如果答应了秦王的要求，又怕丢了和氏璧，得不到十五座城邑；如果不答应秦王的要求，又怕得罪了秦王，给秦国攻打赵国提供了借口。一帮人商量来商量去，也没有想出个好办法来，赵王十分着急。这时，宫中的宦官头目缪贤对赵王说：“我家的门客蔺相如既勇敢又有智谋，不妨让他来想想

古县蔺相如塑像（王　彬　摄影）

办法。”

于是赵王把蔺相如召来，问他：“秦王提出来想拿十五座城邑换取我们的和氏璧，可不可以答应他呢？”蔺相如说：“秦国强而赵国弱，不能不答应。”赵王说：“如果秦王拿到和氏璧，不给赵国十五座城邑，怎么办？”蔺相如说：“秦国用十五座城来跟赵国交换和氏璧，赵国不答应，赵国就理亏了；赵国把和氏璧送给秦国，秦国不把十五座城交给赵国，那秦国就理亏了。两种办法相比较，我看还是把和氏璧送到秦国去。”赵王问可以派谁去出使秦国，蔺相如说：“如果实在没有合适的人选，我愿意带着和氏璧去出使秦国。如果秦国真的把十五座城邑划给赵国，那我就把和氏璧留在秦国；如果秦国不给赵国城邑，我就把和氏璧完好无损地带回赵国来。”赵王便派蔺相如带着和氏璧出使秦国。

蔺相如来到秦国，秦王在一个普通的宫殿召见他。蔺相如把和氏璧献给秦王。秦王接过和氏璧，爱不释手，把和氏璧传给左右的大臣看，还传给宫女们看。秦国的大臣们都称赞这是稀世之宝，齐声向秦王道贺。

蔺相如被冷落在堂下，等了很久，也不见秦王提起交给赵国城邑之事。蔺相如看出秦王根本就没有拿城邑交换和氏璧的意思，便走上前对秦王说：“和氏璧上有点小毛病，让我指给大王看。”秦王便把和氏璧还给蔺相如。

蔺相如接过和氏璧，后退几步，靠在柱子上，怒气冲冲地对秦王说：“大王想得到这块宝玉，派人送信给赵王。赵王召集文武大臣商量，大家都认为秦国贪婪，仗着国力强盛，想用几句空话骗取和氏璧。大家都说不要给秦国送来和氏璧。我对赵王说，一般老百姓交朋友还要讲信义，不至于互相欺骗，何况堂堂大国的国王呢？而且为了一块宝玉，和强大的秦国伤了和气，也不划算。赵王听了我的话，这才斋戒了五天，在朝堂上把国书交给我，派我来给秦国送和氏璧。赵王为什么要这样呢？这是他尊重大国的威望，表示特别恭敬啊！我来到秦国，大王只在普通的宫殿接见我，礼节很简单，态度十分傲慢。拿到和氏璧后，甚至传给宫女看，以此来戏弄我。我看大王没有诚意拿出要交换的十五座城邑，所以我又想办法要回了和氏璧。如果大王要强夺，我的头颅今天就和这块和氏璧一起碰碎在这个柱子上！”说完，蔺相如拿着和氏璧，斜视着柱子，准备猛撞过去。

秦王十分惊慌，生怕蔺相如碰坏了和氏璧，连忙向他道歉，又假意让人拿来地图，指点给蔺相如看，说从这里到那里的十五座城邑都划给赵国。蔺相如心中有数，知道秦王又在耍花招，便对秦王说：“和氏璧是天下有名的珍宝，赵王虽然喜爱它，但害怕秦国，不敢不献给秦国。赵王把和氏璧送来时，曾经斋戒了五天，现在大王也应该斋戒五天，在朝堂上举行隆重的仪式，我才能把和氏璧献给大王。”秦王知道不能强夺，只好答应斋戒五天，让蔺相如住在馆舍中。蔺相如料定秦王一定会违背诺言，便让一个随从化装成老百姓，拿着和氏璧回赵国去了。

五天之后，秦王举行隆重的礼仪接见蔺相如。蔺相如来到大殿上，很严肃地对秦王说：“秦国从秦穆公以来，前后有二十多位国君，从来没有一个国君讲过信义。我实在是怕被大王欺骗了，对不起赵王，所以派人把和氏璧送回赵国去了。秦国是强国，赵国是弱国，大王派了一位使者到赵国，赵国立即就把和氏璧送来了。现在如果强大的秦国先把十五座城邑划给赵国，赵国怎么敢不送来和氏璧呢？我知道得罪了大王，请大王治罪吧！”

秦王和大臣们听了蔺相如的话，面面相觑，又气又怒。有的大臣建议杀了蔺相如，秦王说：“现在杀了蔺相如，和氏璧还是得不到，却伤了两国的和气，不如以礼相待，让他回赵国去吧。”

蔺相如回到赵国，赵王认为蔺相如有勇有谋，不辱使命，拜蔺相如为上大夫。

公元前279年，秦昭襄王派使者和赵惠文王相约，在渑池（今河南省渑池县）相会。赵王害怕秦国有阴谋，打算推辞不去。大将廉颇和上大夫蔺相如对赵王说：“大王如果不赴约，反而暴露了赵国软弱胆怯，应该赴约。”赵王接受了他们的建议，前往渑池与秦王相见，由蔺相如随行。廉颇把赵王一行护送到边境，并在边境上部署了军队，以防意外。

赵王和秦王在渑池相会。秦王在宴席上喝了几杯酒，对赵王说：“我听说赵王很善于弹琴，请弹个曲子吧。”赵王只好忍气吞声地弹了一个曲子。秦国的史官当即走上前写道：“某年、某月、某日，秦王与赵王会见，秦王令赵王弹琴。”蔺相如十分气愤，认为这是对赵国极大的侮辱，便走上前对秦王说：“赵王听说秦王善于演奏秦国的乐器，请给秦王献上一只瓦盆，让秦王敲一敲，以此相会娱乐。”秦王大怒，不肯答应。只见蔺相如捧着一个瓦盆，跪在秦王面前请他演奏，秦王还是不肯动手。蔺相如说：“如果大王不演奏，在五步之内，我将把脖子里的鲜血溅到大王身上！”秦王左右的人想杀死蔺相如，蔺相如瞪圆双眼大声呵斥，这些人都被吓退了。秦王没办法，很不情愿地在瓦盆上敲了一下。蔺相如回头让赵国的史官写道：“某年、某月、某日，秦王为赵王演奏。”

秦国的大臣看到蔺相如伤了秦王的体面，很不服气，便挑衅说：“请用赵国的十五座城给秦王祝寿。”蔺相如回敬道：“请用秦国的都城咸阳为赵王祝寿。”秦、赵双方在宴会上你来我往，但直到宴会结束，秦国也没有占了上风。秦王知道廉颇率领的赵军在边境上严阵以待，因而不敢轻举妄动。

赵王从渑池回到赵国，认为蔺相如在宴会上以牙还牙，保住了赵国的尊严，便封蔺相如为上卿，级别比廉颇高。廉颇对此很不满意，对别人说：“我作为赵国的将军，有攻城野战的大功，而蔺相如只不过是动动嘴皮子，职位就在我之上，况且，蔺相如原来出身低贱，我不能忍受职位在他之下这种屈辱！”廉颇扬言：“我碰到蔺相如，一定要羞辱他。”

古县蔺相如墓前甬道（任　斌　摄影）

蔺相如听说了廉颇的话，便不肯与廉颇相遇。每逢上朝，总是推说自己有病，避免与廉颇争高低。有一次，蔺相如外出，远远看见廉颇的车子从对面过来，便让手下的人掉转车头避开。

这样日子一长，蔺相如的门客都不高兴了，他们对蔺相如说："我们远离家乡，投奔到先生门下，是因为仰慕先生的崇高品德。如今您和廉颇同朝为官，廉颇公开说了难听的话，而您却害怕得一直躲避，真是胆小得过分了。就是一个普通人也会为此感到害羞，何况您这样的大官呢！我们这帮人实在不中用，请让我们回家吧。"

蔺相如坚决挽留他们，说："你们看廉颇将军和秦王哪个厉害？"众人都说："自然是秦王厉害。"蔺相如说："像秦王那样不可一世的人，我曾在朝堂上当众斥责他，侮辱他的大臣们。我蔺相如虽然没本事，难道会怕廉颇将军吗？我只是考虑到，强横的秦国之所以不敢对赵国用兵，就是因为有我和廉颇将军在。如果我和廉将军发生矛盾，肯定有一个人要受到伤害，结果只能是给秦国以可乘之机。我之所以这样做，是以国家的安危为重，而不计较自己的恩怨。"

廉颇听到了蔺相如的这些话，十分感动，深感惭愧。他脱了自己的上衣，露着上身，背着荆条，由手下人陪着到蔺相如府上登门谢罪。他对蔺相如说："我是一个粗人，不知道你竟这样宽厚对待我，你应该责打我呀！"蔺相如见廉颇负荆请罪，也十分感动，两人从此结成了同生共死的朋友。

荀　子

——伟大的思想家、文学家

荀子是战国末期赵国人，他的祖先是晋国六卿之一的中行氏（荀林父曾为晋国中行将，故后裔别为中行氏。后来荀寅在与赵鞅的斗争中失败后，中行氏族人为了避祸，又纷纷改回荀氏。）其祖地在今临猗县（一说在今安泽县，一说在今新绛县）。

荀子先后游历了齐、楚、赵、秦等国，在齐国的稷下讲学，担任稷下学宫的学长，学生众多。在先秦儒学中，孔子之后，“儒分八派”。《韩非子》的《显学》篇说：“自孔子之死也，有子张之儒，有子思之儒，有颜氏之儒，有孟氏之儒，有漆雕氏之儒，有仲良氏之儒，有孙氏之儒，有乐正氏之儒。”其中的“孙氏之儒”就是荀子。孔子学说的中心思想是“仁”，孟子学说的中心思想为“义”。荀子改造了孔孟之学，吸收了其他一些学派的学说，尤其是吸收了法家学说，把儒家和法家思想中适合封建统治者需要的部分都继承下来，加以改造，形成了自己的学说。

荀子在政治上提出“礼”“义”“法”并重。荀子说的“礼”，已与孔子所说的含义不同，“礼者，贵贱有等，长幼有差，贫富轻重皆有称者也。”“礼义者，治之始也。”“士以上必以礼乐节之，众庶百姓则必以法数制之。”礼是制度，义是伦

荀 子

理，法是工具。荀子对秦国有所了解后，预言秦将统一全国，但他认为秦之所短在于“无儒”——只重视武力不重视文治，其统治不会长久。荀子的学说在当时影响很大，韩非和李斯都是他的学生。荀子的这一思想对中国古代封建社会影响深远，谭嗣同说：“二千年之学，皆荀学也。”梁启超说：“二千年政治，既皆出于荀子矣，而所谓学术者，不外汉学、宋学两大派，而其实皆出于荀子。然则二千年来，只能谓之荀学世界，不能谓之孔学世界也。”尽管谭嗣同和梁启超的上述言辞是他们青年时期在当时的“排荀运动”时所说，但充分说明了荀子在中国古代思想史上的地位。

在认识论方面，荀子主张人性有恶，强调后天环境和教育对人的影响。荀子认为人都有欲望，人的天性是恶的，要变恶为善，就要学习礼义，培养善性。他认为王公、士大夫的后代，如果不学习礼义，就会变为普通百姓。普通百姓的子弟，如果认真学习礼义，也可以成为士大夫。在学习上，他提出“锲而不舍，金石可镂”，学生可以超过老师，“青，取之于蓝，而青于蓝。”荀子关于学习的许多论述，至今还被人们借鉴。

荀子思想中最有光辉的部分是他对自然界的看法。他否定了商周时期的天神崇拜，“天行有常，不为尧存，不为桀亡。”一切天象上的变化，一切地上的灾异，都是自然界运行的必然表现，并不是有什么神在主宰着。荀子认为，人可以通过自己的努力克服自然界的灾害，“制天命而用之”，即后世所说的“人定胜天”。荀子提出的改造自然、利用自然、掌握自然规律为人服务的观点，在先秦思想史上是划时代的。他关于天人关系的论述，是先秦哲学思想的最高成果，至今也无人超越。

荀子还是杰出的文学家。他的文章论题鲜明，结构严谨，说理透彻，有很强的逻辑性。语言丰富多彩，善于比喻，排比句很多。他的文章标志着我国古代的说理文趋于成熟，对后世的说理文章有一定影响。《荀子》中有《礼论》《乐论》，以“论”为题，成为后世“论”这种文体的鼻祖。《荀子》中的五篇短赋，则开创了以赋为名的文学体裁。

长平之战

——决定赵国命运的大决战

公元前262年，秦国出兵占领了韩国的野王（今河南省沁阳市）。这样就把韩国的国土一分为二，使韩国北部的上党郡（今山西长治一带）和韩国的其他地方完全隔开。韩王大为恐慌，打算把上党郡献给秦国，向秦国求和。

韩国的上党郡郡守冯亭不愿意归秦，他想把上党郡献给赵国，这样可以将秦国的目标引向赵国，减轻韩国的军事压力；另一方面，韩国还可以借此加强与赵国的友好关系，两国联合起来对付秦国。

于是，上党郡郡守冯亭派人给赵孝成王送了一封信，说：“韩国的上党郡已经守不住了，韩国准备把它送给秦国，但上党的百姓不愿意归附秦国，而愿意归附赵国。现在上党一郡共有17座城邑，愿意归附赵国，请赵王定夺。”赵王看了来信十分高兴，向大臣们征求意见。大臣赵豹说：“无故而得利，圣人认为这是祸害。”赵王认为是韩国的百姓自愿归赵，不能说是无故得利。赵豹说：“秦国进攻韩国，把上党郡与本土分开，就是准备不战而取上党。韩国所以打算把上党送给赵国，是要嫁祸于赵国。秦国费了半天劲，却让赵国得到上党郡，怎么会善罢甘休？此事还要慎重考虑。”赵王大怒，说：“赵国的军队以百万之众到处征战，这么多年来没有得到过一座城邑，现在不用打仗就能得到十七座城邑，为什么不要？”赵王于是派赵胜前往上党郡去接收。

秦王听说上党郡归了赵国，大为恼火，派军队向上党进发。赵王派大将廉颇率赵军到长平（今山西省高平市西北）抵抗秦军的进攻。秦军和赵军相比，占有明显的优势。廉颇面对强大的秦军，采取了筑垒固守的策略，一直按兵不动，以逸待劳，消耗秦军的力量。两军相持三年，不分胜负。秦国看到长平久攻不下，便采取了离间计，让人在赵国散布流言说：“廉颇太老了，哪里还敢和秦军打仗啊！要是让名将赵奢的儿子赵括当主将，秦军早就被打跑了。”赵王对廉颇的防守策略早就不满意了，又听信了流言，便召回廉颇，准备派赵括当赵军的统帅。

这时赵奢已去世，蔺相如病重，他对赵王用赵括为主帅很有看法，对赵王说：“你不能只凭赵括的虚名就任用他，赵括只会读他父亲留下来的兵书，不懂得随机应变。”赵王不听劝说，还是坚持让赵括当主帅。

赵括从小就熟读兵书、喜谈军事，认为自己是天下第一的军事家。他曾经与他父亲赵奢谈兵法，有时候他父亲也说不过他。赵奢对儿子夸夸其谈的做派不满意，曾对赵括的母亲说：“战争是关系到许多人生死存亡的大事，赵括把它说得很容易。今后赵国不用他做大将还好，如果让他当赵军的主帅，那断送赵军的一定是他。”

赵括的母亲听说赵王要任用儿子当赵军的主帅，便急忙去见赵王，劝说赵王不要让赵括去统率赵军。赵王问她为什么，她说：“赵括的作风和他父亲完全不同，他父亲做主将时与部下相处很融洽，得到的赏赐都分给部下，一旦接受命令，就一心办事，不再过问家中的事情。而赵括刚当了将军，便盛气凌人，眼睛只往上看，军中没有人敢和他亲近。大王赏赐的东西，他都拿回家中，还趁机买了许多房屋和土地。这种做法和他父亲相比，哪里有半点相似之处？”赵王说：“我的主意已定，不再改变了。”赵括的母亲只好说：“如果赵括出了差错，请大王不要连累我们全家。”赵王答应了赵括母亲的请求。

公元前260年，赵括代替廉颇为主将后，完全改变了廉颇原来的部署，更换了军中的将领，准备向秦军出击。秦王听说赵国换了主将，暗自高兴，悄悄地让秦国名将白起到长平当秦军的主将，并严令秦军不得泄露更换白起为主将的消息。

高平市韩王山——赵括的指挥部所在地

赵括骄傲轻敌，主动出兵进攻，白起让秦军假装败退，另外派两支奇兵迂回到赵军背后，抄袭赵军的后路。赵括自以为是，命令赵军追击，一直追到秦军的大营前。秦军坚守阵地，赵军不能攻入。这时秦军的一支奇兵25000人已经断了赵军的后路，另一支奇兵5000人直指赵军的大本营，赵军被切为两段，运粮的道路也被切断，首尾不能相顾，军心大乱。秦军不时派出骑兵袭击，赵军连连失利，只得临时筑工事防守，以等待援军和粮食。秦王听说赵军的粮道已被切断，亲自到河内征兵，让当地15岁以上的男子都从军，组成秦国的援军，赶往长平，拦截赵国的援兵和粮食。

赵军被秦军重重包围，断粮已有40多天，情况极为严重。赵括组织了四支突围部队，轮番突围，企图打开一条出路，但被秦军层层围住，无法突围。在绝望之下，赵括披挂上马，亲自率精兵突围。不料他刚刚到阵前，就被秦军的弓箭射死。赵括一死，赵军没有了主帅，军心大乱。秦军趁机猛攻，赵军大败，40多万人全部成为俘虏。秦军主将白起怕已投降的赵军造反，仅把战俘中240多位年幼的放回赵国，其余40多万人全部活埋，造成了中国历史上最大的一次惨案。直到现在，在高平古战场的遗址上，还经常会发现当年的箭镞、枯骨。

赵孝成王十分后悔当初没有听从赵豹的建议，贪图上党17座城邑，又误用了只会纸上谈兵的赵括，酿成了亘古以来的大祸。长平之战后，一直到战国末年，赵国的军事力量一天不如一天。

长平之战，赵军全军覆没，秦军也死伤过半，是中国古代史上少有的惨烈战役。长平之战是中国古代历史上的一次决定性战役，这次战役关系到由谁来统一中国。当时军事实力可以称得上一流强国的只有秦国和赵国。如果秦国失败，它在诸侯割据混战中就可能被淘汰出局，而由赵国完成统一大业，所以秦国对长平之战高度重视，倾全国之力以求必胜。秦国在长平之战中取得胜利，大大加快了其兼并战争的步伐。如果赵国在长平之战取得胜利，后来完成统一中国的大业，历史的发展走向就会是另外一个样子，所以说长平之战也是一次决定历史发展走向的重大战役。

汉魏风流

HANWEIFENGLIU

汉魏风流 3

HANWEIFENGLIU

白登之战

——影响汉王朝国策的一次战役

匈奴是中国古代北方的一个古老的少数民族，属于“北狄”系。在战国时期，匈奴的势力就开始逼近今大同一带，这里当时属于赵国的地盘。为了防御匈奴的侵扰，赵国在今大同一带修筑了一道长城，派大将防守。秦统一中国后，秦始皇派大将蒙恬率30万大军北击匈奴，又把原来赵、秦、燕修筑的长城连接起来，形成了西起临洮，东至辽东，绵延万余里的长城，以此防备匈奴的南下。秦汉之际，匈奴趁中原王朝无暇北顾，大规模南下，越过长城，威逼中原。

公元前200年10月，汉高祖刘邦为了解除匈奴的威胁，亲率30多万大军北征匈奴，在今太原、代县、宁武等地大败匈奴军队，匈奴军队退往代谷。匈奴首领冒顿单于采用“诱敌深入”之计，把匈奴的精兵强将都隐蔽起来，用一些老弱残兵引诱汉军北上追击。刘邦求胜心切，不顾大臣娄敬的劝说，率兵北上。刘邦率领的先锋部队先到达平城（今大同市东北），后续的步兵尚未赶到，匈奴的30多万骑兵突然对先到达平城的汉军实施包围，汉军经过一番抵抗，才得以占据平城附近的白登山坚守待援。30多万匈奴大军把刘邦的汉军重重包围了七天七夜，后来由陈平用计侥幸脱险，这就是历史上的“白登之战”。

刚立国不久的刘邦心高气盛，本想在塞北地区重创匈奴，没想到大败于平城，差点丢了性命。经过“白登之战”的较量，刘邦知道匈奴势力正强，一时无法打败他们，便改变了策略，让樊哙率军队驻守在代地，防备匈奴。回到长安不久，刘邦又采纳了娄敬的建议，把亲侄女嫁给匈奴单于“和亲”。“白登之战”后，汉军和匈奴的军队还不时有小规模的战事，但一直到汉武帝派卫青、霍去病北伐匈奴之前的70多年间，汉军在塞北地区一直处于守势。而汉朝的“和亲”政策，则是“白登之战”的直接后果。可见，汉初的“白登之战”在汉朝历史上影响重大，这一战役直接影响了汉王朝的北伐策略。而从秦汉以后两千多年的历史来看，“白登之战”也是中原王朝和北方游牧民族较量时第一次遭受的重大挫折。

大同市附近的白登山（张志云　陈宁烨　摄影）

卫青、霍去病

——西汉北伐匈奴的名将

汉武帝时，汉朝国力增强。汉武帝改变了原来“和亲”的国策，开始北伐匈奴。从公元前133年至前119年，汉武帝派兵和匈奴进行了多次作战。其中决定性的战役有三次：河南之战、河西之战和漠北之战。在汉朝对匈奴的战争中，战功最大的是卫青和霍去病两位大将，他们都是河东平阳（今山西临汾）人。

卫 青

卫青虽然出身低微，但他善骑射，对士大夫以礼相待，对部下常常关照，大家都乐于听他指挥，汉武帝认为卫青有将帅之才。公元前129年，匈奴出兵南下，直指上谷（今河北省怀来县）。汉武帝分派四路汉军出击：车骑将军卫青出上谷，骑将军公孙敖出代郡（今山西大同、河北蔚县一带），轻车将军公孙贺出云中（今内蒙古托克托东北），骁骑将军李广出雁门（在今山西右玉县东南）。四路将领各率一万骑兵。

卫青率军直捣匈奴祭天圣地“龙城”，斩杀匈奴700人，取得胜利，史称“龙城之捷”。另外三路，两路失败，一路无功而返。汉武帝看到只有卫青凯旋，封卫青为关内侯。“龙城之捷”是汉初以来与匈奴作战的首次胜利，打破了70年来“匈奴不可战胜”的神话，具有极大的鼓舞性，在汉军的心理上影响颇大。公元前128年，卫青率3万骑出雁门伐匈奴，斩杀数千人。公元前127年，匈奴南下进犯上谷、渔阳，卫青率大军出云中以西到陇西，进攻匈奴盘踞的河南地（黄河河套地区）。汉军俘虏匈奴士兵数千人，获得牲畜百万头，匈奴首领白羊王、楼烦王逃走。汉朝控制了河套地区，解除了匈奴对长安的威胁。公元前124年，卫青率3万骑出高阙伐匈奴，还有几路大军共10多万人。卫青的部队出塞六七百里，包围了匈奴右贤王的驻地，俘获匈奴15000人。汉武帝派使者持大将军印到卫青的军中，封卫青为大将军，各路大将皆归卫青指挥。

公元前123年，17岁的霍去病被汉武帝任命为骠姚校尉，随卫青击匈奴于漠南，斩获敌人2000多人，俘虏了单于的叔父，勇冠全军，被封为冠军侯。公元前121年，19岁的霍去病被任命为骠骑将军，率军出击河西。霍去病率领一万骑兵，从陇西出发，越过焉支山（今甘肃山丹县境内）追击匈奴，斩获匈奴近9000人。几个月后的第二次河西战役，霍去病一直打到祁连山麓，斩杀匈奴3万余人，俘虏匈奴贵族2500余人。匈奴为此悲歌：“失我焉支山，令我妇女无颜色；失我祁连山，使我六畜不蕃息。”公元前119年，卫青与霍去病各率领5万骑兵，步兵和运输物资的军队10万余，兵分两路，跨漠长征出击匈奴。卫青的大军出塞一千多里，与匈奴单于主力遭遇。卫青下令把战车排成环形营垒，又命5000骑兵纵马奔驰，抵挡匈奴。匈奴也有大约一万骑兵奔驰而

祁连山风光

来。恰巧太阳将落，刮起大风，两军都无法看见对方，卫青又命左右两翼包抄单于。单于看到汉朝军队很多，若交战对匈奴不利，在傍晚时率几百名壮健的骑兵，冲开汉军的包围圈，向西北奔驰而去。汉军听说单于在天未黑时已离去，于是派出轻骑兵连夜追击，匈奴的兵士四散奔逃。直到天快亮时，汉军已行走200余里，未追到单于，俘获和斩杀敌兵19000余人。霍去病率领5万骑兵，从代郡、右北平出兵1000余里，遇上匈奴左贤王的军队，斩获敌兵的数量达7万多人，霍去病翻越离侯山，渡过弓闾河，在狼居胥山祭天，在姑衍山祭地，并且登上高山以望大沙漠，这就是“漠北之战”。“漠北之战”击溃了匈奴的主力，从此大漠之南无匈奴，匈奴向西北迁徙，再无能力南下窥视汉朝。

卫青与霍去病的多次征战，收复了故土，开拓了汉朝的北疆。可以说，是卫青、霍去病的赫赫战功让大汉的威名远播四方。

霍去病少言寡语，有气魄，敢作敢为。汉武帝想让人给霍去病讲解孙、吴兵法，霍去病回答：“打仗只看策略如何就够了，用不着学古代兵法。”汉武帝为他修盖好府第，让他去看，他说：“匈奴未灭，何以家为也。”

一曲秋风传千古

——汉武帝汾阴祭后土

秋风起兮白云飞，
草木黄落兮雁南归。
兰有秀兮菊有芳，
怀佳人兮不能忘。
泛楼船兮济汾河，
横中流兮扬素波。
箫鼓鸣兮发棹歌，
欢乐极兮哀情多。
少壮几时兮奈老何！

上面这首古诗是雄才大略的汉武帝的作品《秋风辞》，是汉武帝在元鼎年间到河东的汾阴县（今万荣县）祭祀后土时所写。

汉文帝十六年（前164），汉文帝派遣官吏在汾阴县的黄河岸边修建后土庙。汉武帝元鼎四年（前113），汉武帝在雍县（今陕西凤翔县南）祭天时，对大臣们说："今上帝朕亲郊，而后土无祀，则礼不答也。"汉武帝认为祭祀了天神上帝而不祭祀大地之神后土，于礼不合。他让大臣们讨论祭祀后土事宜。太史

后土祠中的秋风楼

令司马谈和祠官宽舒建议在汾阴县祭祀后土，汉武帝便“立后土祠于汾阴”，在公元前113年初冬，渡过黄河，到汾阴县的河、汾交汇处祭祀后土，“亲望拜，如上帝礼”，按照祭天的礼仪祭祀后土。太史令司马谈是《史记》作者司马迁的父亲，他的家乡与汾阴相隔不远，他建议汉武帝到汾阴祭祀后土。汾阴祭祀后土的活动在汉武帝以前就有很久的历史了，司马谈作为史官，熟悉历史上的祭祀情况和汾阴县的风土人情，所以向汉武帝提出了这样的建议。

汉武帝在完成祭祀后土的仪式之后，泛舟于河、汾之间，同群臣欢宴于船上。极目四望，秋风萧瑟，草木落黄，鸿雁南归。武帝即景生情，吟出了千古流传的《秋风辞》。这次汾阴之行时，汉武帝44岁，已经当皇帝27年，北方的匈奴已被打败，汉武帝正筹划平定南方的南越，西汉王朝的军事、经济、文化都开始进入全盛时期。汉武帝在作品中流露出人生易老、岁月流逝的感叹。此诗语言清丽，音韵流畅，节奏明快，情景交融，意境优美，在艺术风格上有楚辞遗韵，是中国文学史上“悲秋”的名作。鲁迅在《汉文学史纲要》中评价说：“缠绵流丽，虽词人不能过也。”

后来，汉武帝又在元封四年（前107）、元封六年（前105）、太初二年（前103）、天汉元年（前100）先后4次到汾阴祭祀后土，并在后土祠建造了一座万岁宫。汉宣帝在神爵元年（前61）、五凤三年（前55）两次到汾阴祭祀后土。汉元帝在初元四年（前45）、永光五年（前39）、建昭二年（前37）3次到汾阴祭祀后土。汉成帝在永始四年（前13）三月，率群臣渡过黄河，到汾阴祭祀后土。其后，汉成帝又先后在元延二年（前11）、元延四年（前9）、绥和二年（前7）3次到汾阴祭祀后土。东汉建武十八年（公元42），光武帝率群臣到汾阴祭祀后土。这是汉朝皇帝最后一次到汾阴祭祀后土。从史书记载来看，两汉时期，皇帝到汾阴祭祀后土共15次。

汉成帝初年，丞相匡衡和御史大夫张谭向汉成帝上奏章，认为到汾阴祭祀后土，要“渡大川，有风波舟楫之危”，“郡县治道共张，吏民困苦，百官烦费。劳所保之民，行危险之地，难以奉神灵而祈福佑，殆未合于承天子民之意”。（《汉书·郊祀志》下同）他建议把对后土的祭祀活动改在长安北郊，把祭天的活动改在长安南郊。汉成帝采纳了他们的建议，暂把祭天和祭地的活动改在长安近郊举行，不再到汾阴祭祀后土了。过了两年，匡衡因为别的事情被罢了官，朝野上下都认为这是对匡衡的报应，认为他不应该建议皇帝轻易改变祭祀天地的地方。大臣刘向对汉成帝说："甘泉、汾阴及雍五畤始立，皆有神祇感应，然后营之，非苟而已也。武、宣之世，奉此三神，礼敬敕备，神光尤著。祖宗所立神祇旧位，诚未易动。"刘向认为汉武帝时期在汾阴祭祀后土并不是随意而为之事，是有所依据的，不要轻易改变祭祀后土的地方。汉成帝十分后悔当初听了匡衡的建议。汉成帝永始三年（前14），汉成帝的母亲看到皇帝久无子嗣，便以皇太后的名义下了一道诏令："盖闻王者承事天地，交接泰一，尊莫著于祭祀。孝武皇帝大圣通明，始建上下之祀，营泰畤于甘泉，定后土于汾阴，而神祇安之，享国长久，子孙蕃滋，累世遵业，福流于今。今皇帝宽仁孝顺，奉循圣绪，靡有大衍，而久无继嗣。思其咎职，殆在徙南北郊，违先帝之制，改神祇旧位，失天地之心，以妨继嗣之福……其复甘泉泰畤、汾阴后土如故。"皇太后认为汉成帝即位以来，没有什么大的过错，但却一直没有皇子，想来想去是因为汉成帝当初把祭祀天地的地方换在长安南北郊，得罪了皇天、后土，失天地之心，天地之神降罪，以致皇帝久无子嗣。皇太后决定恢复皇帝到汾阴祭祀后土的"先帝之制"。第二年，汉成帝永始四年（前13）三月，汉成帝率群臣渡黄河，到汾阴祭祀后土。汉成帝这次祭祀后土，有在后土祠求子之意，祈求神灵原谅自己，保佑自己后继有人，这应该是皇帝第一次在后土祠求子。《汉书·扬雄传》说："孝成帝时，客有荐雄文似相如者，上方郊祠甘泉泰畤、汾阴后土，以求继嗣，召雄待诏承明之庭。"

霍 光

——匡扶国家、安定社稷的汉代政治家

霍 光

霍光是名将霍去病的弟弟，西汉著名的政治家。班固在《汉书》中评价霍光说：“受襁褓之托，任汉室之寄。当庙堂，拥幼君，摧燕王，仆上官，因权制敌，以成其忠。处废止之际，临大节而不可夺，遂匡国家，安社稷。拥昭立宣，光为师保，虽周公阿衡，何以加此！”“拥昭”是指他拥戴、辅佐年幼的汉昭帝，“立宣”是指他废掉已经即位而淫乱的昌邑王刘贺，另立汉宣帝。与周朝的周公辅佐成王、商朝的伊尹（阿衡）放逐太甲相比，霍光一人做了前朝两个人做过的大事，所以班固称赞霍光“虽周公阿衡，何以加此”。

霍光作为汉武帝亲信的大臣，在汉武帝左右20余年。公元前91年，年事已高的汉武帝计划传位给幼子刘弗陵，就命人画了周公辅佐成王见诸侯的图送给霍光，表达自己的用意。公元前87年，武帝临终前又交代霍光以大司马、大将军的身份“立少子，君行周公之事”。同时接受遗命辅政的还有上官桀、金日磾、桑弘羊。汉昭帝即位时年仅8岁，一切朝政都由霍光代为处理。所

以班固说霍光“受襁褓之托，任汉室之寄”。

辅政大臣中，金日磾去世早，上官桀、桑弘羊和昭帝的姐姐长公主，都因为个人的私欲没有得到满足而对霍光不满。他们知道汉昭帝的哥哥燕王对昭帝继位心怀不满，想自己做皇帝，便联合燕王结成了反对霍光的同盟，准备除掉霍光，废掉昭帝，拥立燕王为帝。他们诬陷霍光谋反，昭帝当时14岁，年纪虽小却看出了上官桀、桑弘羊等人的险恶用心，说：“大将军是忠臣，如果谁敢诬陷他要追究责任。”公元前80年，他们密谋在宴会上杀死霍光，废掉昭帝，立燕王为皇帝。事情败露后，霍光诛杀上官桀和桑弘羊，长公主和燕王被迫自杀。在霍光的主持下，彻底粉碎了一次严重的政变，避免了武帝之后的政局动荡，霍光威震朝野。所以班固说霍光“摧燕王、仆上官，因权制敌，以成其忠”。

汉昭帝在其21岁时去世，由于昭帝没有儿子，大臣们经过商议决定迎立汉武帝的孙子昌邑王刘贺为帝。没想到这个刘贺很不成器，即位以后，在宫里搞些污七八糟的事情。霍光认为刘贺“行昏乱，恐危社稷”，便与大臣田延年等商议废掉刘贺。霍光以自己的威严取得众大臣的支持，废掉刘贺，对刘贺说：“臣宁负王，不敢负社稷。”霍光另立汉武帝的皇曾孙刘病已为皇帝，即汉宣帝。霍光以大臣的身份，面对很不成器的皇帝，采取果断措施，主持废立皇帝之大事，只有商朝的大臣伊尹放逐皇帝太甲可以相比。班固认为霍光的举措稳定了社稷，所以说他“处废止之际，临大节而不可夺，遂匡国家，安社稷”。

汉武帝时连年征战，经济衰退，国库空虚。汉书说，天下“承孝武奢侈余敝师旅之后，海内虚耗，户口减半”。霍光执政之初，采纳大臣的建议“修孝文时政”，减轻百姓负担，重视民生，纠正汉武帝遗留下来的弊病。汉代著名的“盐铁会议”就是在霍光的支持下召开的，这次会议的主题是研究汉武帝以来的盐铁专卖政策的利弊得失，以便缓和社会矛盾，实际上会议涉及的内容远远超越了这个主题。这次会议进行了半年之久，最后形成了会议纪要——《盐铁论》60卷。“盐铁会议”之后，政府取消了酒类专卖和部分地区的铁器专卖。这次“盐铁会议”具有重大的历史意义，这是中国古代历史上第一次由政府组织、政府官员和民间代表共同参加的一次大型专题会议，会议形成的《盐铁论》是研究西汉经济的重要史料。霍光根据形势，“轻徭薄赋，与民休息”，在汉昭帝始元、元凤之间，“百姓充实，稍复文景之业”。司马光在《资治通鉴》中批评汉武帝晚年的政策：“孝武穷奢极欲，繁刑重敛，内侈宫室，外事四夷，信惑神怪，巡游无度，使百姓疲敝，起为盗贼，其所以异于秦始皇者无几矣。然秦以之亡，汉以之兴者，孝武能尊先王之道……晚而改过，顾托得人，此其所以有亡秦之失而免亡秦之祸乎！”司马光认为汉武帝晚年的汉帝国几乎和秦始皇时的秦国一样，有亡国的危险，只

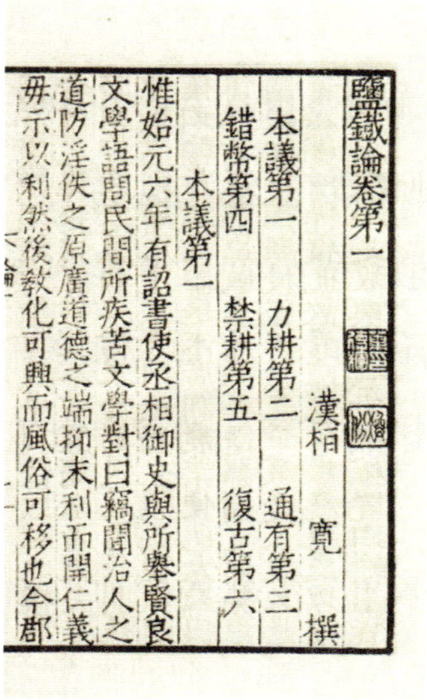
鹽鐵論卷第一
漢桓寬撰
本議第一 力耕第二 通有第三
錯幣第四 禁耕第五 復古第六
本議第一
惟始元六年有詔書使丞相御史與所舉賢良
文學語問民間所疾苦文學對曰竊聞治人之
道防淫佚之原廣道德之端抑末利而開仁義
毋示以利然後教化可興而風俗可移也今郡

《盐铁论》书影

是汉武帝最后几年纠正了一些政策失误，临终前把幼子和朝政大权托付给霍光，“顾托得人”，霍光执政时纠正了武帝晚年的失误，让百姓休养生息，才使汉朝转危为安，避免了像秦国一样很快亡国。

公元前72年，匈奴多次侵犯汉朝边境，又西攻乌孙。乌孙王及乌孙王后——汉宗室女解忧公主请求汉朝相救，霍光派田广明、赵充国等分5路率兵16万出击匈奴。匈奴大恐，驱赶牲畜远逃。乌孙王率领5万骑兵与汉校尉常惠从西方进攻匈奴，深入匈奴境内2000里，俘虏匈奴4万人，牲畜70余万头。之后数年，乌孙和丁零、乌桓三面围攻匈奴，令匈奴户口折损三成，畜产折损五成，匈奴国力大衰，附庸属国纷纷独立。在霍光的部署下，汉朝积蓄十余年国力出击匈奴，给匈奴以重创，使北疆边塞再无虏患，打通了汉朝通往西域的商路，保障了“丝绸之路”的畅通，完成了汉武帝当年派张骞通西域“断匈奴右臂”的大战略。

常 惠

——出使西域、显扬汉威的外交家

常惠是西汉时太原人，年轻时家里贫寒，自告奋勇响应朝廷招募，随苏武出使匈奴，与苏武同被匈奴拘留19年，汉昭帝时才回到汉朝。苏武等人得以摆脱匈奴的扣押，是靠了常惠的机智。汉武帝时，苏武等人出使匈奴，被扣押在北海苦寒之地。汉昭帝时，汉朝派使者出使匈奴，要求匈奴释放苏武，匈奴单于谎称苏武已死。常惠暗地告诉汉使事情的真相，并给他出主意让他对匈奴说：汉皇在上林苑射下一只大雁，这只雁足上系着苏武的帛书，证明他确实未死。匈奴单于以为汉朝真的知道苏武的情况，只得把苏武等人放回汉朝。朝廷为表彰常惠的辛劳，拜授他为光禄大夫。常惠的智慧，使得被匈奴拘押19年的苏武等人回到汉朝，由此而留下了“鸿雁传书”的典故。

《鸿雁传书》 邮票

汉昭帝在位后期，匈奴又不时侵扰。当时，嫁给乌孙的汉室公主解忧公主上书说：“匈奴出动骑兵在车师围猎，车师与匈奴勾结在一起，共同侵略乌孙，请天子救我们。”汉朝准备进攻匈奴，正遇上汉昭帝去世，汉宣帝即位。公元前72年，汉宣帝派遣常惠出使乌孙。解忧公主与乌孙王又派遣使臣，通过常惠向汉朝求援说：“匈奴接连出动大部队进攻乌孙，抢掠百姓，派使者威胁求娶公主，想断绝乌孙与汉朝的关系。乌孙愿意出动全国的一半精兵，自己供给5万人马，全力进攻匈奴。恳请天子出兵援救！”第二年，汉朝大规模出动16万军队，分几路出发，进攻匈奴。汉宣帝又任命常惠为校尉，手持节杖护卫乌孙军队。乌孙王率5万多骑兵，从西方进攻匈奴，俘获匈奴4万人，缴获牲畜70万头。当时进攻匈奴的汉朝五位将军都没有大的战功，汉宣帝因常惠奉命出使乌孙能够获胜，于是封常惠为长罗侯。汉宣帝又派遣常惠返回乌孙，赏赐有功的乌孙贵族。常惠上奏汉宣帝说：“龟兹国曾杀害汉朝校尉，没有受到惩处，请求顺路进攻龟兹。”汉宣帝没有同意。大将军霍光指示常惠根据实际情况，见机行事。

西北地区的古代烽燧遗迹

常惠与官兵500人一同到达乌孙，返回时经过龟兹，调动龟兹西边国家的军队2万人，命令副使调动龟兹东边国家的军队2万人，调动乌孙军队7000人，从三面进攻龟兹。

军队还未交战，常惠先派人指责龟兹此前杀害汉朝校尉。龟兹王谢罪说：“那是我父王误听贵族姑翼的话造成的错误，我是无辜的。”常惠说：“既然如此，那就把姑翼抓来，我放过你。”龟兹王将姑翼逮捕，送交常惠，常惠杀死姑翼后回国。

后来常惠接替苏武担任典属国（典属国是汉代职官名称，主要负责对外事务，当时同周边少数民族各国具体交往由典属国执行），由于他熟悉外国事务，又勤奋努力，屡次立功。公元前52年，将军赵充国去世，汉宣帝让常惠担任右将军，仍旧兼任典属国。

常惠是活跃在汉武帝、汉昭帝、汉宣帝三朝的外交活动家。常惠出使西域，带领乌孙击败长期控制西域的匈奴，在西域引起震动，又调动大军威慑龟兹，惩处杀害汉朝官员的龟兹贵族，促成了龟兹与汉朝的联系，使“丝绸之路”进一步畅通。公元前60年，匈奴的日逐王率众归汉，天山以北也归属于汉，匈奴势力从此退出西域。同年，西汉政府在龟兹东边的边防重镇乌垒（今轮台东）设置西域都护府，正式在西域设官、驻军，开始行使国家主权。西域都护府的设立，是与常惠之前的功劳分不开的。

郭 泰

——德才兼备的东汉第一名士

郭泰是东汉时介休人。家世贫穷，幼年丧父，与母亲相依度日。母亲想让他到县衙去做事，但他认为“大丈夫焉能处斗筲之役乎？”——在县衙里当差岂是大丈夫做的事？于是长途跋涉到河南成皋在屈伯彦门下学习。经过三年的刻苦学习，终于博通《三坟》《五典》等古籍。

郭泰学成后，游学于京师洛阳。大学者河南尹李膺对郭泰评价很高，认为他是少见的博学高雅之士。年轻的郭泰受到李膺的赏识，众儒生自然对他刮目相看，郭泰一时名震京师。然郭泰无意仕途，向李膺辞行还乡。当时，黄河岸上为郭泰送行的车马竟有好几千辆。郭泰与李膺同舟共济，众人望之，认为二人风度若神仙。

郭泰曾在河南陈、梁间路途遇雨，头巾被淋湿，郭泰把头巾的一角折垫起来，当地的人也学着他的样子故意折巾一角，叫作“林宗巾”（郭泰字林宗），可见郭泰为人所敬慕的程度。有人问名士汝南人范滂说：“郭林宗是怎样一个人呢？”范滂说：“他隐居不违反母亲的意旨，忠贞而不矫情绝俗。天子不得以他为臣，诸侯不得以他为友。其他的我就不得而知了。”

司徒黄琼征召天下名士入仕，太常赵典推荐了郭泰，郭泰坚辞不受。有朋友劝他应该进入仕途，他婉言谢绝。郭泰虽淡于利禄，却有明确的政治见解。东汉后期，宦官集团操纵朝政大权，胡作非为，郭泰认为“天之所废，不可支也”，认识到朝政败坏，已难以挽回。但他并没有放弃抗争，在洛阳以交游、会友等方式，发动太学生与作恶多端的宦官集团做斗争。当时，太学生褒贬朝政，造成强大的舆论声势，被称为“清议”。在太学生中，郭泰被视为领袖人物，为“八顾”之首。宦官们对太学生们的活动恨之入骨，诬称太学生与一些官员结为朋党，图谋不轨，制造了惊人的“党锢之祸”。

“党锢之祸”致使1000多名太学生被捕，李膺、范滂、杜密等百余人死于狱中，各地被牵连者成百上千。郭泰虽为太学生领袖之一，因没有公开得罪宦官，故幸免于难。司马光对这段历史有如下的议论：“天下无道，君子囊括不言以避小人之祸，而犹或不免。党人生昏乱之世，不在其位，四海横流，而欲以口舌救之，臧否人物，激浊扬清，撩虺蛇之头，践虎狼之属，以至身被淫刑，祸及朋友，士类歼灭而国随以亡，不亦悲乎！”他认为在无道的昏乱之世，士人欲以口舌救之，只能是“身被淫刑”。“党锢之祸”后，郭泰回到家乡，闭门讲学，有弟子数千人。

郭泰很善于观察品评人，乐于奖掖才德之士，循循善诱，使不少人受益。对于一些有过错的人，郭泰劝其改过自新。扶风人宋果，性格强悍，喜欢报复，被当地人痛恨。郭泰用规矩法度教导他，使他对自己的行为感到惧怕，于是改过自新。后来宋果以

郭 泰

刚烈之气闻名于世，先后做过侍御史、并州刺史。贾淑是郭泰的同乡人，在乡里有恶名。郭泰的母亲去世，贾淑前去凭吊。前来凭吊的钜鹿人孙威直看到郭泰这样的大贤士接受恶人的凭吊，心中责怪他，就没有进门而离开了。郭泰追出，对孙威直说："贾淑的名声确实不好，但他决心洗心革面，所以我接受了他的凭吊。"贾淑听到后，改过自新，终于成为一个善士。同乡人遇到困难，贾淑都竭尽全力相助，为乡人称道。

郭泰品评人物往往很准确，所以在当时就名闻天下。召陵县人谢甄与陈留人边让都善于高谈阔论，皆有盛名。郭泰对门人说："此二人英才有余，而并不入道，可惜了！"果然，谢甄后来因不拘小节被人讥讽，边让因轻侮曹操被杀。陈留人史叔宾，少有盛名，郭泰观察后对人说："墙高基下，虽得必失。"后来果然因为议论人物有失公允而坏了名声。济阴人黄允以俊才闻名，郭泰见他后说："你有过人之才，可以有一番作为。但恐怕不能笃守正道，将会受影响。"后来黄允想给司徒袁隗当女婿，准备休了妻子夏侯氏。夏侯氏对婆婆说："我要离开黄家了，想见见黄家的各位亲属，与大家告别一下，也算亲属一场。"黄家大会亲朋300余人，夏侯氏当众历数黄允不为人知的丑事15件，说完便登车而去。黄允身败名裂。

郭泰42岁时在家乡去世，自弘农函谷关以西，河内汤阴以北，“二千里负笈荷担弥路”，有一万多人到介休为郭泰送葬。大家商议为郭泰立碑，由文学家、书法家蔡邕撰写碑文。蔡邕感慨地对涿郡人卢植说：“吾为碑铭多矣，皆有惭德，唯郭有道无愧色耳！”蔡邕认为他给别人撰写的碑文，都免不了有名不副实的溢美之词，只有给郭泰撰写的碑文是名实相符的。蔡邕碑已不存，清初大书法家傅山书写的碑刻尚存。

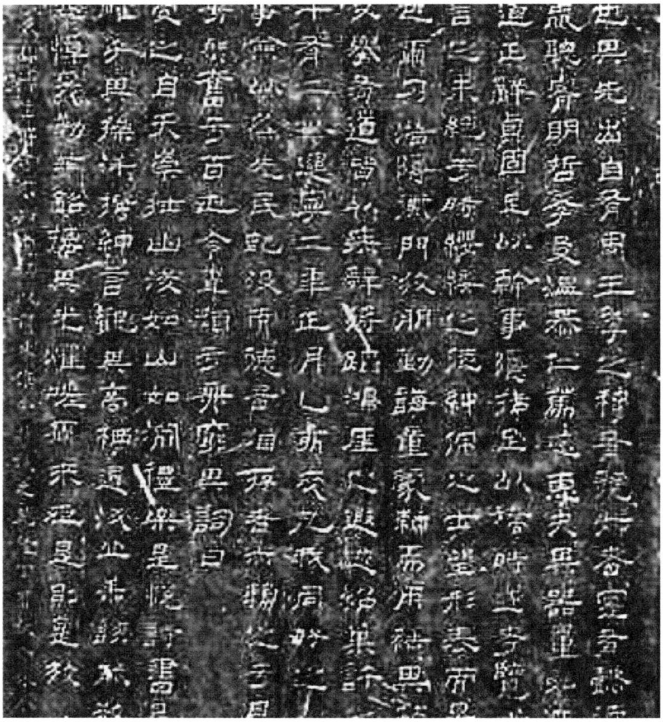

傅山书《郭泰碑》（局部）

关　羽

——义薄云天、威震华夏、祠庙遍九州的武圣

关羽是三国时的名将，河东郡解县（今运城市盐湖区解州镇）人。早期跟随刘备辗转各地，与刘备、张飞情同手足。他知恩报恩、忠义神勇，后世皆以他为忠义的楷模。

公元196年，刘备被袁术、吕布夹攻，关羽便跟随刘备一起投奔曹操。公元198年，刘备与曹操共擒吕布于下邳，关羽与刘备便跟随曹操班师回许昌。次年，刘备与袁绍联合对抗曹操。公元200年，曹操东征刘备，刘备兵败，关羽被俘。曹操对关羽礼遇有加，拜关羽为偏将军。袁绍派大将颜良进攻东郡的白马，曹操派关羽和张辽为先锋迎战。关羽勇冠三军，斩袁绍的大将颜良于万众之中，解白马之围，曹操封关羽为“汉寿亭侯”。曹操敬佩关羽的为人，曾让张辽试探关羽，想让关羽一直留在自己手下。关羽说：“我知道曹公待我不薄，但我受刘将军厚恩，要与他同生死，我不能违背。我最终是要离开的，但我要报答曹公的礼遇之后才离开。”曹操听说后，感叹说：“（关羽）不忘其本，天下义士

运城市解州关帝庙

关帝庙崇宁殿

也。”关羽斩杀颜良，曹操知道关羽就要离开了，便重加赏赐。关羽把曹操的赏赐封存好，留下一封告辞信，去找刘备了。曹操的手下准备追击关羽，曹操说：“各为其主，不要追了。”史学家裴松之评价此事云：“曹公知羽不留而心嘉其志，去不遣追以成其义。”

公元219年，关羽率兵攻曹仁于襄樊，曹仁派于禁、庞德屯兵于襄樊北。适逢大雨不止，汉水暴涨，平地水高数丈，于禁的大军被汉水所冲，关羽的部队乘大船进攻，于禁走投无路，向关羽投降。关羽又斩杀了曹操的大将庞德。曹操所置荆州刺史胡修、南乡太守傅方也都投降关羽。而此时陆浑民孙狼等聚众起兵反曹，南附关羽，遥受关羽指挥。当时许昌以南，大都归附关羽，关羽的声势一时威震华夏，曹操甚至准备迁都以避其锋芒。

从宋朝开始，各朝皇帝都以关羽为忠义的化身，不断对关羽进行加封，“侯而王，王而帝，帝而圣”。民间的关帝崇拜也很广泛，全国到处都有关帝庙，海外的关帝庙也有不少。

明代有一首歌咏关羽的诗作《谒解庙》：“夜分亹亹阅春秋，蜀汉英雄第一流。刃绝文颜威大振，计吞吴魏志难酬。当时义勇倾三国，万古祠堂遍九州。阶下苍松高百尺，气冲霄汉未能休。”高度概括了明代人们对关羽的景仰之情。

裴 秀

——中国科学制图学之父

裴秀是魏晋时期名臣，我国著名的地图学家。他出身著名的大族——河东闻喜裴氏，少年时便很有名气，8岁就能写文章，“孝友著于乡党，高声闻于远近”。当时人们作谚语称赞裴秀：“后进领袖有裴秀。”魏帝曹髦有文才，多次请裴秀和王沈一起谈论学问，切磋文章，称裴秀为“儒林丈人”。

在裴秀之前，人们制图时“不设分率，又不考证准望，亦不备载名山大川。虽有粗形，皆不精审，不可依据”。既不采用适当的比例尺，也不考证详细的方位，地图的实用性很差。裴秀绘图时采用了适当的比例尺，真实感很强，使查阅的人“可以不下堂而知四方”。

裴秀绘制《禹贡地域图》十八篇，“考《禹贡》山海川流，原隰陂泽，古之九州，及今之十六州，郡国县邑，疆界乡陬，及古国盟会旧名。”图上古今地名相互对照，不仅是当时最完备、最精确的地图，而且更重要的是它采用了科学的绘制方法。《禹贡地域图》很早就失传了，但隋朝的建筑学家宇文恺曾提到裴秀的“舆图”采用“二寸为千里”（大致1∶9000 000）的比例尺，此“舆图”很可能就是《禹贡地域图》的残卷。裴秀开创了中国古代地图绘制学，国际著名科学技术史专家李约瑟称他为“中国科学制图学之父”，与古希腊著名地图学家托勒密齐名。

裴秀在地图学上的主要贡献，在于他明确提出了地图的绘制理论。他总结中国古代地图绘制的经验，提出了具有划时代意义的制图理论——“制图六体”，即绘制地图时必须遵守的六项原则：“制图之体有六焉。一曰分率（比例），所以辨广轮之度（面积、长宽的比例）也。二曰准望（方位），所以正彼此之体也。三曰道里（距离），所以定所由之数也。四曰高下（高度），五曰方邪（起伏），六曰迂直（弯曲度），此三者各因地而制宜，所以校夷险之异也（校正由地面起伏、道路迂回而引起的水平直线距离的误差）。有图像而无分率，则无以审远近之差；有分率而无准望，虽得之于一隅，必失之于他方；有准望而无道里，则施于山海绝隔之地，不能以相通；有道里而无高下、方邪、迂直之校，则径路之数必与远近之实相违，失准望之正矣，故以此六者参而考之。然远近之实定于分率，彼此之实定于道里，度数之实定于高下、方邪、迂直之算。故虽有峻山钜海之隔，绝域殊方之迥，登降诡曲之因，皆可得举而定者。准望之法既正，则曲直远近无所隐其形也。”

“制图六体”的大意：

制图的原则有六条：一是分率（比例尺），是用来分辨范围的大小的。二是准望（方位），是用来确定彼此间的位置关系的。三是道里（道路里程），是用来测定相互间的距离的。四是高下（地势高低），五是方邪（起伏），六是迂直（弯曲度），这三方面都要因地制宜，目的是为了正确测定弯曲、起伏的道路的水平直线距离。如果只有图像而不讲比例尺，那就没有办法区别远近。有了比例尺而不注意方位，那么即使在一个方向画准确了，其他方向必定会出差错。注意了相互的位置而没有具体的道路里程，那么对于在山中或海滨这样的闭塞地点之间，就不可能连接起来。有了具体的道路而不能注意从地势高低、起伏和弯曲度三方面加以校正，那么道路的里程必定不符合水平直线距离，也会偏离正确的方位。所以只有参考这六方面的原则，然后才能通过比例尺来确定实际距离，通过方位来确定彼此间的准确关系，通过道路里程来确定相互连接的具体路线，通过对地势高低、起伏和弯曲度的测算得出水平直线距离。因而虽然有高山大海的阻隔，边疆异国的巨大差异，地势高低和道路曲折的复杂性，都可以根据这些原则来确定。一旦有了确定方位的办法，那无论道路的曲直、距离的远近，任何地点都不可能定错位置了。

裴秀的“制图六体”对后世的地图绘制影响十分深远，在17世纪西方的地图投影方法传入之前的1400年间，中国历代的地图绘制都一直遵循着这一理论。

裴秀故里——闻喜县裴柏村

刘 渊

——第一位在中原建立政权的少数民族首领

东汉初年，匈奴因争夺王位发生内乱，分裂为南北二部。南部匈奴首领日逐王比率八部匈奴万余人依附东汉称臣，被汉朝安置在河套地区。不久，因南匈奴在与北匈奴作战中失败，汉朝又允许南匈奴入居沿边八郡。汉朝设立匈奴中郎将对其进行监护，并每年给归附的南匈奴一定的粮食、丝帛等物资，南匈奴则协助东汉政府共同抵御北匈奴的侵扰。东汉中晚期，不少北匈奴部众归附南匈奴，使南匈奴势力大增，人数达到20多万。因部族成分复杂，难以驾驭控制，多次发生反叛事件，入寇东汉边塞。东汉永和年间，南匈奴内部再次发生变乱，攻掠并、凉、幽、冀四州。东汉政府用了几年时间平息了叛乱，但大批南匈奴部众由沿边八郡逐渐深入到并州诸郡，即今天的山西汾河流域，南匈奴的王庭也迁移到今离石北边的左国城。公元187年，南匈奴又发生内讧，南匈奴一部参加了农民军的活动，主要活动区域在今河南省黄河以北、山西省南部地区。公元195年，南匈奴参与了中原军阀的混战，占据了黄河流域诸多郡县。

公元202年，南匈奴首领归附曹操。公元216年，曹操将南匈奴分为五部，即左、右、南、北、中，分别安置在今陕西、山西、河北一带。每部择立贵族为帅，另选汉人为司马对其进行监督。西晋初年，又有大批匈奴部落内迁，这些内迁的匈奴主要集中在今太原、吕梁一带，史书上称他们为“并州之胡”。

西晋末年，针对大量少数民族深入内地居住的问题，一些官员提出将少数民族迁回原地的观点，以元康九年（299）江统的《徙戎论》最著名。其中专门说到居住在今山西的匈奴，“今五部之众，户至数万，人口之盛，过于西戎。然其天性骁勇，弓马便利，倍于氐、羌。若有不虞风尘之虑，则并州之域可为寒心。”其实当时少数民族内迁已久，再要强迫他们回到本土去，已经没有任何可能性了。

刘渊是南匈奴左部帅刘豹的儿子。279年，刘渊的父亲刘豹去世，西晋朝廷任命刘渊为左部帅。287年，晋武帝任命刘渊为北部都尉。刘渊在任期间，严明刑法，广施部众，匈奴五部的豪杰都纷纷投奔到他的帐下，就连幽州、冀州知名的儒生，都不远千里去结交他。

西晋末年，“八王之乱”爆发。匈奴贵族蠢蠢欲动，他们劝刘渊说：“司马氏父子兄弟互相残杀，这是上天厌恶晋朝的德行，将天下授予我们。单于积德在身，连晋人都佩服，现在正应该振兴我们的民族，恢复祖先的基业。上天要借我们的手来消灭晋朝，不能违背天意。违背天意就不吉祥，违背众人的意愿就不能成就事业。上天赐予了而不接受，反过来就会受到上天的责备。希望单于不要迟疑了！”刘渊早有异志，接受了匈奴贵族的建议，但他认为不仅要恢复祖先的基业，还要做更大的事。

他为自己起兵寻找理论依据，说：“帝王岂有常哉！大禹出自西戎，周文王出生在东夷，该谁做帝王，只是按德行的高低授予。现在，我们有兵众十多万，皆以一当十，如果我们击鼓进军，摧垮晋朝，必将如同摧枯拉朽。这样，最理想的可以成就汉高祖一样的事业，最差也不失做一个魏氏。但是晋朝的百姓不一定赞同我们。汉朝统治天下的时间久长，他们的恩泽深入人心，所以刘备仅在一州的土地上奔驰，就可以与天下相抗衡。我又是汉朝刘氏的外甥，我们的祖先曾与汉朝相约为兄弟，兄长灭亡了，弟弟来继承，不也是应该的吗？况且，我们还可以称汉，尊奉后主刘禅，以此来使天下的人归向我们。”于是，刘渊迁都到左国城。不久，各地来归附的人达到数万。

左国城遗址（冯　路　摄影）

304年10月，刘渊在左国城南郊筑坛设祭，自称汉王，建立汉国（后改为赵，亦作汉赵）。308年，刘渊在蒲子（今临汾市隰县）正式称帝。因为蒲子地域狭小，不可长久安身，不久又迁都平阳。

刘渊在山西建立的匈奴汉国政权，是历史上北方少数民族在中原建立的第一个政权。在西晋末年的“八王之乱”之际，匈奴的汉国政权建立，进一步把中原推向战争和动乱。311年，匈奴军队攻入洛阳，西晋走向灭亡。从以后的历史发展来看，也可以说刘渊在山西建立的匈奴汉国政权，是第一张倒下的持续270多年的南北分裂战乱的多米诺骨牌。

刘 琨

——坚守晋阳孤城10年、胡笳退敌的大将军

刘琨，西晋中山魏昌人，青年时期与范阳的祖逖俱以雄豪著名，“闻鸡起舞”就是他们二人的故事。刘琨工于诗赋，颇有文名，是当时洛阳的“二十四友”之一。

晋怀帝永嘉元年（307），刘琨被任命为并州刺史、振威将军，领匈奴中郎将。刘琨在赴任途中上表说：“九月下旬启程赴并州，崇山峻岭，到处是敌人，我们只能以少敌众，冒危险而进军。我们备尝艰辛，即日到达壶口关。自从进入并州地界，看到无法生存的百姓四处逃亡，十家剩不到两家，他们扶老携幼，络绎不绝地奔波在流亡的路上。那些没有离家的人，卖妻卖子，处在死亡的威胁之下。野外到处是白骨，那哀哭之声，令人悲伤。胡兵遍布四山之中，人们迈开脚上路，就马上会遭到抢劫，人们一睁开眼，看到的便是强盗……我们守着一座孤城，得不到粮草供给，耕牛已被杀尽，也找不到农具从事屯垦。此州虽地处偏远朔方，但也靠近皇都，南通河内郡，东达司、冀二州，北边抗击着异族，西方防御着强大的敌寇。这里是出产宝弓骏马、产生壮士猛将的地方。朝廷应当给予一些资助，以成全我们完成使命。”

当时司马腾从晋阳移镇邺城，并州由于土地荒废，百姓跟随司马腾南迁，留下来的还不到两万户。由于盗贼四起，以致道路阻绝无人行走。刘琨招募了一千多人，边走边打来到晋阳。晋阳城内，府衙焚毁已尽，满城荆棘丛生。刘琨率人清除荆棘，收葬尸骨，建造房屋。不时有敌人来侵袭，他们经常以城门作为战场。百姓们耕田时带着盾牌，锄草时背着弓箭。刘琨亲自安抚返回家园的民众，得到人民的拥护。匈奴首领刘渊当时率部驻扎在离石，与晋阳相隔仅有300里左右。刘琨派人悄悄地潜入离石，离间不同种族部落之间的关系，拆散其联盟，前来归降的有万余人。刘渊非常惊慌，离开离石，在蒲子建城而居。刘琨任并州刺史不到一年，流亡他乡的人又回来不少，村落之间又可听到鸡犬之声了。刘琨善于怀柔安抚，但不善于管理控制，一天之中，虽然来投奔的人有时上千，可离去的人也接连不断。当时今山西、河北一带被石勒、刘聪占据，只有刘琨坚守晋阳孤城。刘琨在上表中说："东北八州，勒灭其七，先朝所授，存者唯臣。""臣与二虏，势不并立，聪、勒不枭，臣无归志。"

建兴三年（315），西晋朝廷派人到晋阳，拜刘琨为司空，都督并、冀、幽三州诸军事。刘琨准备与鲜卑首领拓跋猗卢共同讨伐匈奴首领刘聪。不料鲜卑族发生内讧，部落人马四散。刘琨的儿子刘遵先前在猗卢处当人质，这时无主的民众士兵都归附了刘遵。这样，刘遵等人率领原猗卢的3万人归附刘琨。当时石勒攻打乐平（今昔阳县），刘琨准备以其新得的兵力威逼石勒。猗卢原来的部下箕澹劝阻刘琨的行动，刘琨不接受，把这些人全部调遣出去，命令箕澹率领2万步兵、骑兵作为前锋，刘琨也率部离开晋阳为他们声援。石勒部署军队占据险要之地设伏，箕澹的军队进入伏击圈，石勒前后夹击，大败箕澹，并州一带为之震惊，晋阳城中的司空长史李弘率部向石勒投降。这样刘琨失去大本营，进退两难。幽州刺史鲜卑人段匹磾派使者邀请他，316年，刘琨率领部众从飞狐道奔往蓟城（今北京）。段匹磾见了刘琨，非常敬重他，与他结拜为兄弟。

建武元年（317），刘琨与段匹磾约定讨伐石勒，段匹磾的从弟段末波接受了石勒的贿赂，破坏了这次计划。段匹磾的哥哥去世，他前去奔丧，刘琨派长子刘群护送段匹磾，而段末波则带兵在途中袭击他们，段匹磾逃走了，刘群却被俘。段末波盛情礼遇刘群，许诺让刘琨任幽州刺史，共同结盟来对付段匹磾。他派人带着刘群的书信来找刘琨，请刘琨为内应，送信使者被段匹磾的巡逻骑兵抓获。刘琨不知道这事，段匹磾将刘群的书信拿给刘琨看，对刘琨说：“我并不是怀疑你，是将此事告诉你。”刘琨回答：“我与你结为同盟，志在辅佐王室，倚仗你的威望和力量，希望能雪洗国家之耻。如果我儿子的书信秘密送到我手里，我也不会因一个儿子的缘故而忘义背叛。”段匹磾敬重刘琨，开始并没有加害之意，准备让他返回驻地。段匹磾的一位部下说：“我们是胡人，能够被晋人尊重，是因为他们害怕我们势力大。现在我们骨肉兄弟自相残杀，正是晋人起事的好时机，如果有人推举刘琨起兵攻打我们，我们就危险了。”刘琨知道自己必死无疑，神色自如，作五言诗一首赠给卢谌，诗中有云：“何意百炼刚，化为绕指柔。”把英雄末路的百般感慨表达得感人至深。

刘琨从小就胸怀大志，他和范阳的祖逖是好朋友，听说祖逖被朝廷任用，在给亲友的书信上写道：“我每日枕戈待旦，立志剿灭逆贼，常常担心祖逖赶到了我前面。”在晋阳时，曾被胡人的骑兵包围，城中无计可施，刘琨乘着月色登上城楼，高声清啸，城下的敌人听到后，都为他凄然长叹。半夜时刘琨又吹奏胡笳，敌人听到都流泪叹息。天亮时刘琨再次吹奏胡笳，敌军撤围而去。

刘琨在四面受敌的情况下，坚守晋阳城达10年之久，晋阳城是西晋政权抗击匈奴的最后一个堡垒，可见晋阳城在当时的重要军事价值。刘琨在316年败退出晋阳城，标志着汉族的军事力量完全退出了北方，也标志着汉族政权在历史上第一次彻底败给了由北方南下的游牧民族政权，游牧民族开始了对北方地区长达270多年的统治，具有特殊的历史意义。

石　勒

——中国历史上唯一的奴隶出身的皇帝

石勒，上党武乡（其故里在今晋中市榆社县）人，羯族，十六国时期后赵的建立者，是中国历史上唯一的奴隶出身的皇帝。

石勒少年时就显示出非同一般的能力，14岁时随同邑人到洛阳做小生意谋生。他善于骑射，又有管理才能，父亲常常让他去代为管理所部胡人，石勒很得人心。西晋太安年间，并州一带发生饥荒，社会动荡不安。并州刺史司马腾把各部胡人抓到山东卖掉以换取军饷，石勒也在被掠卖者之中。到山东后，石勒被卖与茌平（山东茌平）人师欢为奴。师欢的家邻近牧马场，和魏郡的贩马头目汲桑常相往来。石勒以擅于相马而结交汲桑，不久就被免除奴隶的身份。后来他召集到一帮人骑马抢掠，维持生计，号称“十八骑”。“八王之乱”时，石勒以这十八骑为基本力量，招收亡命之徒，跟随汲桑起兵反晋。307年，汲桑自号大将军，讨伐东海王司马越、东嬴公司马腾，以石勒为先锋，屡有战功。不久兵败，石勒率残部投奔匈奴政权刘渊。309年，刘渊封石勒为安东大将军，石勒攻克冀州许多郡县，部队增加到10多万人。310年，石勒南渡黄河，攻克白马，进犯徐州、豫州、兖州。很快又北渡黄河，攻打冀州各郡，9万多百姓归附石勒。石勒向南进攻襄阳，有割据江汉之志。

314年，石勒占据了今河北、山东的大部分地方。316年，西晋在北方的最后一支武装力量刘琨被石勒击垮。石勒一时威震中原。石勒在319年称赵王，建都于襄国（今河北邢台）。330年，石勒称帝，先后消灭了其他割据政权，其辖地“南逾淮、海，东滨于海，西至河西，北尽燕、代”，几乎占领了整个中国北方。

石　勒

据《晋书·石勒载记》，有一天，石勒问大臣徐光：“我和自古以来的哪一个君王可以相比？”徐光想了一会儿说：“您的神武谋略超过汉高祖，卓越的本领又赛过魏朝的始祖，从三王以来没有一个人能比得上您，您恐怕是轩辕黄帝第二吧！”石勒听后笑着说：“人怎么能没有自知之明？你说的也太过分了。我如果遇见汉高祖刘邦，一定做他的部下，和韩信、彭越争个高低；假使碰到光武帝刘秀，我就和他在中原一块较量较量，未知鹿死谁手？”可见石勒是想和汉高祖刘邦一样一统天下。

石勒虽然不识字，但经常让人读史书给他听，以提高自己的见识，每听到精彩之处，高声叫好。他曾让人给他读《汉书》，听到郦食其劝汉高祖分封战国时的六国之后，大惊说：“此法大错，如何能得天下？”后来听到张良谏止了这一措施，才说：“多亏了张良的劝谏。”可见石勒本人十分愿意学习汉族文化，并有自己的见解。

慧　远

——中国佛教历史上里程碑式的大师

慧远，俗姓贾，雁门人。21岁时，听道安法师讲佛教《般若经》，豁然大悟，叹曰：“儒道九流，皆糠秕耳。”遂出家，致力佛教。

慧远师从道安仅三年，便开始为人讲解佛经。他在讲经时尝试用佛典之外的中国传统文化来说明佛理，他的这种尝试得到道安法师的认可，对于中国佛教的发展，意义非同寻常。

365年，慧远随同道安到襄阳传播佛教。381年，为躲避战乱，慧远欲往广东罗浮山，路经江西，见庐山峰林清静，遂定居于庐山，建造龙泉寺。各地高僧名士望风而至者日益增多，龙泉寺不敷使用，又在庐山东面重新建立寺院——东林寺。东林寺四面环山，寺前有虎溪，香炉峰在其南，尽林壑之美，慧远在此修行30余年。东林寺是中国佛教净土宗的发源地。

402年，各方名僧雅士不期而至庐山者达120多人，他们在佛前立誓，祈祷在西方极乐世界再生。慧远在举行仪式之前，率众于东林寺前凿池种植白莲，所以中国佛教史上称此次活动为“结白莲社”，或简称“结莲社”，并确认为中国佛教净土宗之始，而净土宗也因之又称“莲宗”。

慧远定居庐山之时，佛教在江南已广泛传播。当时佛教的思想体系比较混乱，佛教界风气不正，戒律松弛，“或商旅博易，与众人竞利；或矜恃医道，轻作寒暑；或机巧异端，以济生业；或占相孤虚，妄论吉凶。”尤其是一些上层僧侣，趋炎附势，竞相奔走于权贵之门。慧远目睹这种状况，非常忧愤。他指出：“佛教陵迟，秽杂日久，每一寻思，愤慨盈怀。”慧远在庐山身体力行，足不出山，迹不入俗，维护佛法。慧远积极翻译佛经，制定了一些规范佛教信徒的规定，以整肃佛门。

北宋·张激《白莲社图》（局部）

慧远在翻译佛经时进行了加工修改，使之更加适合中国人的语言思维习惯并形成了自己的佛学思想体系。当时佛教徒称佛学是内学，把儒、玄叫作外道。慧远努力用佛学来融合儒学和玄学，主张“内（佛）外（儒、玄）之道，可合而明”，为佛教在中国的广泛传播做出了重大贡献。

当时有一场关于“沙门该不该礼敬帝王”的论战，作为佛教界领袖的慧远积极参加了这场论战，撰写了《沙门不敬王者论》，阐述了僧人不礼拜帝王的道理：“凡在出家，皆隐居以求其志，变俗以达其道。变俗，则服章不得与世典同礼；隐居，则宜高尚其迹。”“袈裟非朝宗之服，钵盂非廊庙之器，沙门尘外之人，不应致敬王者。”慧远在论战中，以佛教理论为核心，运用大量的儒道经典资料予以论证说明，具有浓郁的中国文化气息，在理论上保证了佛教在中国的合法地位，也奠定了中国佛学的基本准则。论战之后，当时刚称帝不久的桓玄，下诏书确立僧人不礼敬帝王的规定，自此便成为中国古代的惯例。

中国传统的伦理社会，是以宗族血缘为纽带建立起来的，“百事孝为先”是传统社会所重视的基本伦理准则。外来的佛教对家庭观念十分淡薄，必然要和中国传统文化在观念上发生冲突，这实际上也是当时佛教在中国传播时遇到的一个障碍。不可一世的桓玄曾到庐山拜访慧远，见面第一句话就想给慧远一个下马威，他问慧远：“不敢毁伤，何以剪削？”慧远答曰：“立身行道。”桓玄的问难基于《孝经》中“身体发肤，受之父母，不敢毁伤”，以此非难慧远剃发为僧的行为，置慧远于“不孝”的地位。慧远回答的“立身行道”，也是语出《孝经》“立身行道，扬名于后世，以显父母，孝之终也”。言简意深，令桓玄十分佩服。慧远以自己的博学，对佛学与儒道、佛教与名教、礼仪与戒律等十分棘手的问题给出了解决方案，他强调两种文化的一致性，使佛教文化逐步融入中国文化，成为中国佛教史上一位里程碑式的大师。

明·沈周《庐山高》（局部）

慧远在文学上也有很大贡献，他的《庐山诸道人游石门诗序》，写于东晋隆安四年（400），其手法采取了分类描写，分别描绘出石门涧的山、水、石、树之美，宛如一幅美丽的山水画卷。“仲春之月，因咏山水，遂杖锡而游”。“咸拂衣晨征，怅然增兴。虽林壑幽邃，而开途竞进。虽乘危履石，并以所悦为安。既至，则援木寻葛，历险穷崖，猿臂相引，仅乃造极。于是拥胜倚岩，详观其下。始知七岭之美，蕴奇于此。双阙对峙其前，重岩映带其后，峦阜周回以为障，崇岩四营而开宇。其中则有石台、石池、宫馆之象，触类之形，致可乐也。清泉分流而合注，渌渊镜净于天池。文石发彩，焕若披面；柽松芳草，蔚然光目，其为神丽，亦已备矣……游观未久，而天气屡变：霄雾尘集，则万象隐形；流光回照，则众山倒影。开阖之际，状有灵焉，而不可测也……俄而太阳告夕，所存已往。乃悟幽人之玄览，达恒物之大情，其为神趣，岂山水而已哉！于是徘徊崇岭，流目四瞩，九江如带，丘阜成垤。因此而推，形有巨细，智亦宜然。乃喟然叹宇宙虽遐，古今一契。灵鹫邈矣……感良辰之难再，情发于中，遂共咏之云尔！”

慧远在文中从“拂衣晨征”的早晨写起，至“太阳告夕”的傍晚为止，记述了一天的游览经过。不仅写了登山时的林壑幽邃，“援木寻葛，历险穷崖”，攀援历险的情景，也写出了“拥胜倚岩，详观其下，始知七岭之美”，登高望远的感受。“九江如带，丘阜成垤”，流光回照、众山倒影、清泉分流、渌渊如镜，美景尽收眼底。作品即景抒情，情景交融，是我国文学史上最早的、最完整的一篇山水游记，对我国山水散文的发展产生了深远的影响。

法　显

——中国古代第一位赴海外取经求法的大师

法显，东晋平阳郡武阳（今山西临汾）人，一说是上党郡襄垣（今长治市襄垣）人。他是中国佛教史上的一位名僧，中国第一位到海外取经求法的大师，杰出的旅行家和翻译家。

法显取经，历时14年，经过了30多个国家，在他将近80岁时回到国内。法显将其所经历国家的山川地貌、风土人情撰成《佛国记》。《佛国记》又称《法显传》，书中记述的地域十分广阔，是中国古代关于中亚、印度、南洋的第一部完整的旅行记。法显是中国经陆路到达印度并由海上回国而留下记载的第一人。

西北地区的荒漠景观

法显3岁时被送到佛寺出家做小沙弥，20岁受戒。399年，法显65岁时从长安（今西安）出发，经河西走廊，西出阳关，穿越塔克拉玛干大沙漠，翻越葱岭，到达北天竺（今巴基斯坦北部），翻越小雪山，进入中天竺，学习梵书梵语，抄录佛经，后又游历南天竺、东天竺。一路历尽千辛万苦，有的路段“上无飞鸟，下无走兽，遍望极目，欲求度处，则莫知所拟，唯以死人枯骨为标识耳”。法显达到了取经求法的目的，便坐上商人的大船，循海东归。先到达今天的斯里兰卡，法显在这里停留了两年。接着又乘商船回国，航行不久即遇暴风，船破水入。幸遇一岛，补好船又继续前行。在海上漂泊了一百多天，到达了今印度尼西亚的苏门答腊岛，法显在这里住了几个月，又转乘另一条商船向广州进发。不料中途又遇大风，船只迷航，随风漂流，漂到今山东青岛的崂山海边。

法显由海路回国，先从印度泛海南下，到达今天的斯里兰卡，航船凭借印度洋的东北信风——“于是载商人大舶，泛海西南行，得冬初信风，昼夜十四日。”由斯里兰卡至印度尼西亚，航船凭借印度洋的西南信风——“得好信风，东下二日，便值大风。船漏水入。”“如是大风昼夜十三日，到一岛边。潮退之后，见船漏

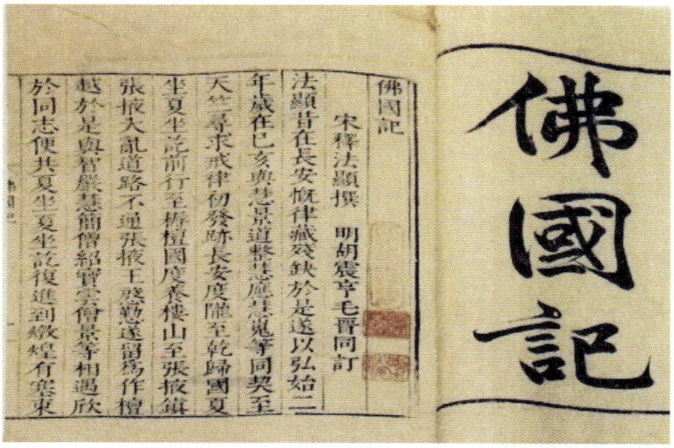
佛國記
宋釋法顯撰　明胡震亨毛晉同訂
法顯昔在長安慨律藏殘缺於是遂以弘始二
年歲在己亥與慧景道整慧應慧嵬等同契至
天竺尋求戒律初發跡長安度隴至乾歸國夏
坐夏坐訖前行至耨檀國度養樓山至張掖鎮
張掖大亂道路不通張掖王殷勤遂留爲作檀
越於是與智嚴慧簡僧紹寶雲僧景等相遇欣
於同志便共夏坐夏坐訖復進到敦煌有塞東

佛國記

《佛国记》书影

处，即补塞之。”从印度尼西亚回国，航船凭借南海上的东南信风。法显在《佛国记》中系统地记录了信风与航行的情况，是古代文献中关于信风的较早记录。《佛国记》也是我国有关南海交通史的最早记录。

中国西北地区的鄯善、于阗、龟兹等古国，消失已久，传记无存，法显在《佛国记》中所记载的这些地区的情形，可以弥补史书的不足，是研究当时西北历史的极为重要的历史资料。

法显去印度时，正是印度史上的黄金时代——超日王在位的时代，但印度历史对这一时期缺乏系统的文献记载，超日王时的历史只有依靠《佛国记》来补充。印度史学界认为：“如果没有法显、玄奘和马欢的著作，重建印度历史是不可能的。”

法显所处的时代，佛教拥有极大的特权，佛教戒律的松弛导致佛教徒的不法行为有增无减，“德不称服，行多违法”，造成了世俗社会与佛教之间很大的矛盾。当时的佛教领袖慧远对这种情况也深感忧虑，“愤慨盈怀”“忘寝与食也”。慧远、法显等正直的佛教人士担心这些不法行为葬送了整个佛教。正是为了从根本上解决这些问题，从佛教的发源地学到系统的戒律，为中国的佛教徒建立一套行动准则，法显才不顾年迈，历尽艰辛，赴印度取经。法显取经带回的佛教戒律，是正统的律藏，对中国佛教建立完善的规范起了很大的作用，缓解了当时世俗与佛教的矛盾，促进了佛教与中国传统文化的融合，为中国佛教的发展做出了极大的贡献。

郭 璞

——两晋时期著名文学家、博物学家

郭璞，河东闻喜人，博学多才，他喜好古文奇字，精通阴阳术数及历法算学。西晋末年“八王之乱”之际，郭璞预感到河东将受到匈奴的冲击，便联络了亲朋数十家，避难江南。不久，郭璞任尚书郎。他数次向朝廷上书，建议减轻赋役、减少刑狱，对朝政多有裨益。晋明帝为太子时，郭璞和温峤、庾亮等人因才学而被重视。

324年，王敦将要叛乱，让郭璞占卜，郭璞说如果起兵，一定会失败。王敦怀疑郭璞曾劝温峤、庾亮反对自己，又听郭璞占卜的是凶卦，便对他说：“你再为我占一卦，看我寿命长短。”郭璞回答：“根据刚才的卦，你若是起兵，不久就有大祸，若是镇守武昌，则可以长寿。”王敦大怒道：“你的寿命如何？”郭璞说：“我会死在今天中午。”王敦恼怒，便命令把郭璞押到郊外处死。

郭璞在中国古典文学史上具有重要地位，是东晋初年的重要作家，他的诗赋在东晋首屈一指。其作品《江赋》，文辞瑰丽，把长江壮丽的风光描写得淋漓尽致，颇为世人称道。郭璞的“游仙诗”在诗歌史上影响很大。他借游仙以咏怀，有一定的现实内容，并非描写神仙幻境，其文采飞扬，慷慨陈词，有很高的艺术

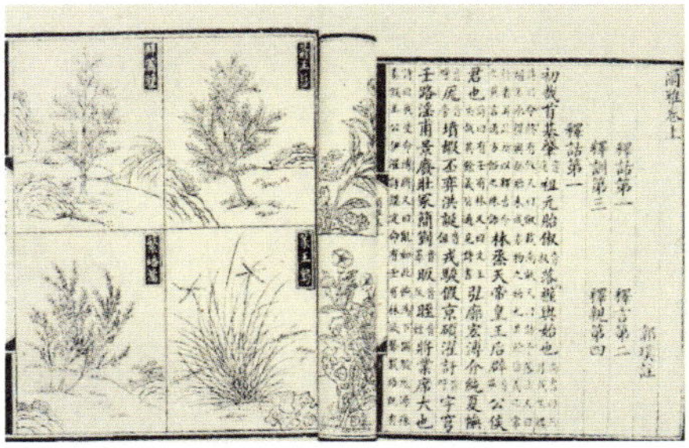
《尔雅》书影

性。《文心雕龙》称“景纯艳逸，足冠中兴，《郊赋》既穆穆以大观，《仙诗》亦飘飘而凌云矣”。南朝钟嵘的《诗品》评价郭璞的诗作：“始变永嘉平淡之体，故称中兴第一。”清人陈沆的《诗比兴笺》评价说：“景纯《游仙》，振响两晋。”郭璞的游仙诗，对唐代的李白、杜甫都有一定的影响。

郭璞一生不仅写了许多优美的文学作品，而且做了大量注解古籍的工作，是我国当时训诂学的集大成者。他所注解的古籍主要有《山海经》《穆天子传》《尔雅》《楚辞》《方言》等。《山海经》和《穆天子传》，是我国古代神话的渊薮，包含着丰富的地理、交通、民族、动植物、矿物等内容，郭璞为这两本书做注解，贡献很大，他是中国历史上第一位真正认识到《山海经》和《穆天子传》价值所在的学者。郭璞的学术贡献，主要体现在对《尔雅》的注解。《尔雅》是中国古代最早的一部博物学工具书，是后人学习和研究动植物的重要著作。《尔雅》成书较早，文字古奥难懂。郭璞研究和注解《尔雅》历时18年，丰富和发展了《尔雅》对各种动植物的具体描述。郭璞以当时通行的名称，解释了古老的动植物名称，并为之注音、作图，使《尔雅》成为历代研究本草的重要参考书。郭璞为《尔雅》作图，开创了动植物分类研究的图示法，这是我国动植物分类学史上的一个重大贡献。

安邑卫氏

——名冠全国的书法世家

在魏晋南北朝时期，河东安邑卫氏（其故里在今运城市盐湖区）一门的书法影响极为深远，大江南北皆受其影响。

卫觊是卫派书法的“祖师”，其书法当时与钟繇齐名。卫觊以才学著称，其书法篆、隶、草，无所不善。近代学者康有为认为，中国古代书法“钟派盛于南，卫派盛于北”，“后世之书，皆此二派”。

卫瓘是卫觊的儿子，是魏晋时期卫氏书派的关键人物，在这个书法世家中起着承前启后的作用。卫瓘的书法，以草书贡献最大。他的草书，“采张芝草法，取父书参之”，创新出一种介于草、行之间的书体——“行草”。卫瓘的草书与当时另一著名书法家索靖齐名。魏晋时期流行的草书是具有一定程式化的、讲究章法的“章草”，其特点是草法的规则比较严格，字中有连笔，字与字之间不牵

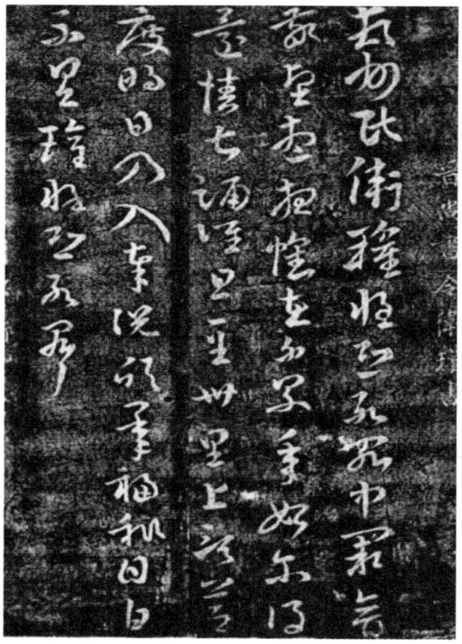

卫瓘书法

连，保留隶书的特点。卫瓘的草书，是“章草”的一种简省写法。正是他的这种简省写法的“行草”，形成了草书写法上的变革。其显著特点是把章草书写“横展”的笔势变为“纵引”，改变了章草的笔法，也使草书的形态发生了变化，与流行的章草体势迥然不同。而卫瓘的官员身份，无疑对草书在当时社会上的传播起了很大的作用。有研究者认为，后来王羲之的“今草”，其灵魂也是笔势的“纵引”，则卫氏、王派的草书存在着继承关系。

卫恒是卫瓘的儿子，和其父亲一样善草书，兼学隶、篆，所以他的草、隶、篆都写得极好。他著有《四书体势》一书，是晋代最为重要的书学著作，也是研究中国书法历史的重要资料。

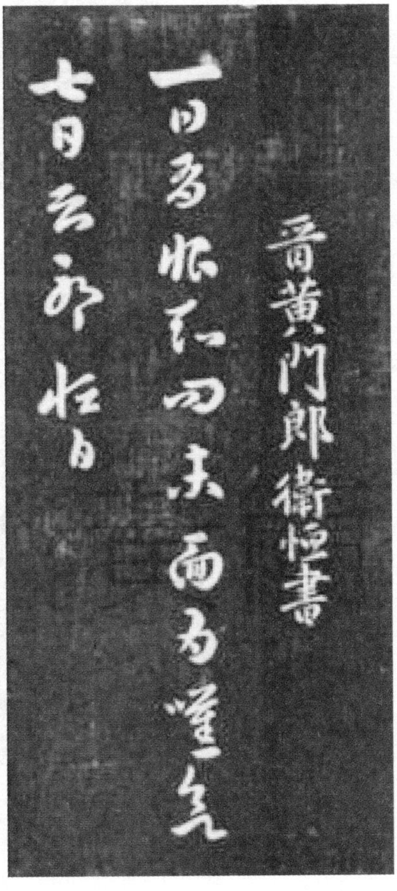

卫恒书法

卫夫人，即卫铄，是出身于河东卫氏家族的一位才女。她秉承家学，又博采众长，诸体兼精。她曾师法钟繇，善楷书，尤善隶书，后世赞其书法“如插花舞女，仙娥弄影”。唐人比喻她的字为“碎玉壶之冰，烂瑶台之月，宛然芳树，穆若清风”。卫夫人是大书法家王羲之的启蒙老师。因为卫夫人在卫氏书风的基础上又传承钟繇笔法，并以此教授王羲之，这为后来王羲之书法的发展创造了有利条件，因而卫夫人是卫氏一族中最为有名的书法家。

卫恒的儿子卫璪、卫玠，也是著名的书法家。

卫氏一门四代，前后传承一百余年，每代皆有名冠全国的书法家，这在历史上绝无仅有。

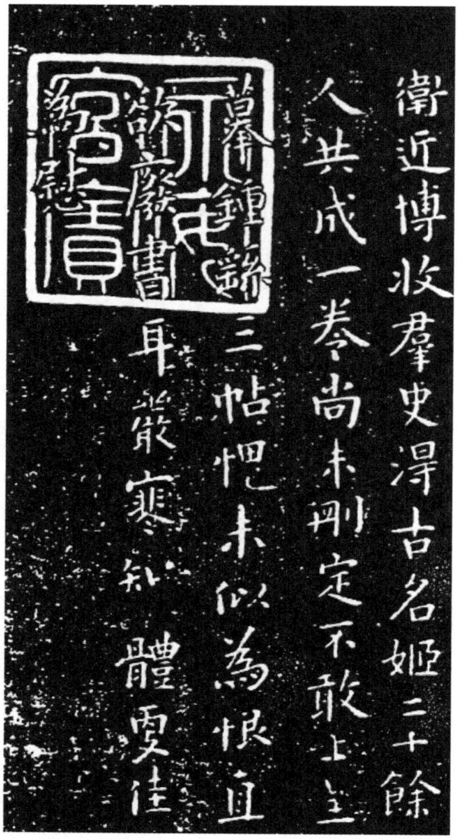

卫夫人书法

北朝雄风

BEICHAOXIONGFENG

北 朝 雄 风 4

BEICHAOXIONGFENG

平　城

——公元5世纪中国北部的政治中心

北魏是鲜卑族建立的政权。鲜卑族属于东胡，因世居鲜卑山，故称鲜卑。东汉初，匈奴强盛，鲜卑依附匈奴。从永初年间（107—113）开始，鲜卑和乌桓、南匈奴不断侵扰今大同一带，鲜卑的势力不断壮大，有“控弦之士数万骑”。到了汉灵帝熹平年间（172—177），鲜卑南下侵扰几乎每年都有发生，有时甚至一年就要南下30多次，雁门以北几乎成为鲜卑的天下。直到建安二十三年（218），曹彰北伐乌桓，鲜卑族首领柯比能看见曹彰的军队所向披靡，才表示愿意臣服于中原政权，但雁门关以北，基本上都在鲜卑的控制之下。

西晋末年，并州刺史刘琨率兵进攻匈奴，请鲜卑出兵相助，刘琨与鲜卑首领拓跋猗卢结为兄弟，并请晋怀帝封拓跋猗卢为代公，以代郡（今河北蔚县）为封邑。拓跋猗卢认为代郡与他们的居住地相隔太远，便要求把陉岭（即雁门山）以北的地方作为封地，鲜卑在雁门关以北的势力日益强盛。公元313年，拓跋猗卢在平城（今大同）建南都。公元338年11月，拓跋什冀犍继位为代王，改元建国，鲜卑族在统治形式上开始汉化。公元386年，拓跋珪即代王位，改元登国，不久便改代王为魏王，史称北魏。

十年后，拓跋珪改元皇始，率大军南下占领了太原。公元398年7月，拓跋珪下诏迁都平城。北魏定都平城后，把以平城为中心方圆千里的地方定为封畿。同年12月，拓跋珪在平城自称皇帝，改元天兴。从公元398年拓跋珪迁都平城，到公元494年，孝文帝拓跋宏从平城迁都洛阳为止，近一百年间，平城是中国北部的政治、军事重镇。北魏在公元439年统一了中国北部，在迁都洛阳之前的半个多世纪中，平城是当时中国北部的政治军事中心。北魏在以平城为都的近百年时间里，为了巩固其统治，多次从其他地方向平城移民，这些迁往平城的多为汉族人士，所以这一时期的大同是中国北部的民族融合中心。

大同市出土的北魏武士俑

423年，16岁的拓跋焘即位，即北魏太武帝。拓跋焘多次出兵北击柔然，于429年彻底击溃柔然。431年消灭胡夏，尽得关中之地。433年，北魏又攻占西北地区的仇池国。436年，消灭北燕。439年，北魏从平城发兵，消灭了北凉（在今甘肃一带），

大同市出土的希腊风格鎏金高足铜杯

统一了北方，西晋末年以来130多年的十六国分裂局面宣告结束。450年，北魏军队饮马长江。至此，北魏统一了北方，从而与南方的刘宋政权并立，形成南北对峙的格局。史称北魏太武帝“扫统万，平秦陇，翦辽海，荡河源，南夷荷担，北蠕削迹，廓定四表，混一戎华”。

北魏太武帝拓跋焘在位时期，西域地区有十六国遣使到平城朝贡。在437年之后，向北魏朝贡的西域各国使者“相继而来”，“每岁朝贡不绝”，北魏也十余次遣使出使西域，从西域到平城的“丝绸之路”上商贾盈路。近年来在大同市附近出土的一些具有中亚、西亚风格的文物，就可显示出当时平城的国际地位。

在西晋末年，刘渊建立的匈奴政权从山西南部出兵，攻入洛阳，导致了西晋的灭亡，中国历史上的南北朝是从山西引发的。北魏在439年从山西北部的平城出兵，消灭了西北的北凉政权，中国北方的统一又是在山西完成的。山西的战略地位由此可见。

云冈石窟

——公元5世纪中国石刻艺术之冠

云冈石窟位于大同市西郊17千米处的武州山南麓，开凿于北魏文成帝兴安二年（453）以后，前后持续70年左右。石窟依山开凿，东西绵延1000米。北魏地理学家郦道元在《水经注》中描写云冈石窟的盛况：“凿石开山，因岩结构，真容巨壮，世法所希，山堂水殿，烟寺相望。”现存有主要洞窟45个，大小窟龛252个，石雕造像51000多个。云冈石窟是公元5世纪中国石刻艺

第20窟大佛

术之冠，它是我国规模最大的古代石窟群之一，与敦煌莫高窟、洛阳龙门石窟和天水麦积山石窟并称为中国四大石窟艺术宝库。1961年，云冈石窟被列为全国首批重点文物保护单位。2001年12月，被联合国教科文组织列入世界遗产名录。

学术界按石窟形制、造像内容和样式的发展，把云冈石窟分为早、中、晚三个阶段。

早期石窟：即现在的第16窟至20窟，亦称为“昙曜五窟”。据《魏书》记载：“和平初，师贤卒。昙曜代之，更名沙门统（全国最高僧官）。初，昙曜于复法（北魏太武帝曾经下令毁灭佛寺，文成帝即位，下诏复兴佛教，所以称“复法”。）之明年，自中山被命赴京（今大同），值帝出，见于路，御马前衔曜衣，时人以为马识善人，帝后奉以师礼。昙曜白帝，于京城西武州塞，凿山石壁，开窟五所，镌建佛像各一，高者七十尺，次六十尺，雕饰奇伟，冠于一世。”高僧昙曜在武州山“凿山石壁，开窟五所”，揭开了云冈石窟开凿的序幕。“昙曜五窟”平面为椭圆形或杏仁形，穹隆顶，洞内壁面布满众多的小佛小龛，雕刻很浅。其主造像为三尊佛像（中间的主佛和两侧的胁侍），佛像高大，高鼻深目。因为有外来僧人、雕刻匠人的参与，佛像的面貌具有异国情调。其雕刻艺术继承了汉代的优秀传统，又融合了古印度犍陀罗艺术的精华，气势雄伟，造像风格浑厚、质朴。“昙曜五窟”的大佛各代表一位北魏皇帝，学术界公认第18窟的大佛对应的是太武帝拓跋焘。佛像庄严，鼻梁笔直，双耳及肩，右臂下垂，左手举于胸前，身披袈裟。佛像身上的袈裟很有特色，袈裟上面刻满小佛像，数以千计

第18窟大佛

的小佛像随着袈裟的衣纹排列，手臂上的佛像密度最大，几乎一个挨一个。在世界佛教造像中，像这样的千佛袈裟是仅有的。曾经大肆灭佛的北魏太武帝，在他去世后的塑像上布满成百上千的佛像，其中的意味耐人寻味。

中期石窟：主要有第1、2窟，第5、6窟，第7、8窟，第9、10窟，第11、12、13窟以及未完工的第3窟。这是云冈石窟雕凿的鼎盛阶段，历时40余年。这一时期是北魏迁都洛阳以前的孝文帝时期，因为有强盛的国力做后盾，雕凿出的佛像更为繁华精美。中期洞窟的壁面布局分上下分层，左右分段，造像题材内容多样化。中期石窟开凿阶段也是佛教石窟艺术“中国化”的时期，其艺术特点是造型精美、雕饰华丽。需要特别提到的是第12窟，该石窟以音乐舞蹈作为主要内容，场面宏大，十分壮观，在全国的石窟造像中绝无仅有，人们把第12窟称为“音乐窟”。石窟内布满了大量的舞蹈飞天和手持乐器的伎乐，手拿乐器演奏的伎乐有48位，他们所持的乐器式样繁多，大部分是具有游牧民族特色的乐器，如羯鼓、细腰鼓、觱篥（bìlì，管乐器，形似喇叭，用芦苇做嘴，以竹做管）、曲项琵琶、鼙（pín）鼓、胡篪（chí，竹管乐器）、弹筝、竖箜篌、筑、羌笛、五弦、箫、羯鼓等。该石窟所表现的音乐舞蹈场景，应该是当时北魏首都平城艺术活动的再现。站在石窟前，仿佛可听到1500年前那具有浓郁草原风格的民族音乐旋律。

第12窟演奏腰鼓的伎乐

第9窟的“二佛并坐”，背景雕饰华丽

晚期石窟：北魏迁都洛阳之后，云冈石窟未再出现大规模的开凿活动，但凿窟造像之风在社会的中下阶层流行起来，他们开凿了大量的中小型洞窟，一直延续到北魏孝明帝正光五年（524）。这一时期的中小型洞窟，主要分布在第20窟以西，还包括第4窟、14窟、15窟和11窟以西崖面上的小龛。这一时期的佛像和菩萨像，面形已由圆润变为消瘦，颈长、肩窄，形象清瘦俊美，这种造像是北魏晚期出现的一种典雅清新的艺术形象，是佛教造像“汉化”的体现。

在中国石窟艺术发展史上，云冈石窟是印度佛教艺术传入中国的实证，但在建筑上并未动摇中国建筑的基本结构，在雕刻艺术上促进了中国雕刻艺术的创新，在装饰花纹上输入了大量的新题材、新刻法。在漫长的云冈石窟开凿过程中，佛教造像在中国逐渐开始民族化。在特定的历史阶段、特有的地理区位、特有的民族宗教背景下，多种佛教艺术造像风格在云冈石窟实现了前所未有的融会贯通，由此而形成的“云冈风格”成为中国佛教艺术发展的转折点。叶恭绰在1919年《大同云冈发现经过》一文中说到云冈石窟的价值：“云冈石质松浮，历年风化甚烈，久已非《水经注》所言之盛，寺院只余一所。然原日规模之大，仍可想见。依记载，有北印度技师合作，且远在龙门以前（魏迁都洛阳，始在龙门凿石窟，以前皆在大同），实值得十分重视。”郦道元所描述的武州山一带“山堂水殿，烟寺相望”的盛况，近年来在考古发掘中得到了证实。北魏时的武州山上，佛寺众多，僧人们会在重要的佛教节日，走出寺院，来到石窟前礼佛。

云冈石窟是人类文化的重要遗产，它是一个时代的缩影，是鲜卑族从草原到中原腹地过渡时期的文化体现，是容纳百川、壮丽灿烂的盛唐文明的前奏，是南北民族融合、中西文化交流的硕果，值得我们永远珍惜。

魏孝文帝

——主动将鲜卑族融入汉族的皇帝

471年，拓跋宏即皇帝位，他就是魏孝文帝。因其即位时年龄很小，由其祖母代为执政。为了缓和社会矛盾和民族矛盾，北魏开始了一系列的改革。490年，孝文帝亲政后进一步推行改革。494年，孝文帝克服重重阻力，从平城迁都洛阳。《魏书》记载："外名南伐，其实迁也。旧人怀土，多所不愿，内惮南征，无敢言者，于是定都洛阳。"魏孝文帝迁都洛阳，是当时政

大同市出土的北魏乐俑

治、经济形势发展的要求。北魏统一北方后，要和江南政权争正统，而且河洛地区在文化、经济上的影响力依然不小。平城远离中原，显然无法和南朝相抗衡。

在493年秋天，魏孝文帝以南征的名义率领30万大军到了洛阳。洛阳秋雨连绵，魏孝文帝下令继续南进，大臣们纷纷跪在马前，劝谏南征。魏孝文帝说："我们此次从平城出来，花费很大，不能劳而无功。不南征，就迁都。赞成迁都的站在左边，不赞成的站在右边。"大臣们都不愿意南征，只好同意迁都。魏孝文帝派贵族拓跋澄回到平城去做迁都的说服工作。494年，魏孝文帝又亲自回到平城部署迁都工作。在鲜卑贵族中，一直有反对汉化的势力存在，他们对迁都洛阳很不满意，终于在496年发动了一场叛乱，企图在平城建立一个和洛阳对抗的政权。太子拓跋恂在一些贵族的怂恿下，准备从洛阳回到平城去。叛乱最终被平定了，太子被赐死。可见民族融合的道路并非坦途，甚至要付出生命的代价。

魏孝文帝迁都洛阳后不久，又宣布不准再穿鲜卑族的衣服，一律改穿中原地区汉族的服装。要求鲜卑族人都学汉语，不准再说鲜卑族的语言。有一次，魏孝文帝在洛阳街上看见一个鲜卑族妇女，还是一身鲜卑族的装束。在朝堂上，魏孝文帝责备拓跋澄督察不严，拓跋澄为自己辩解，说只有少数人没有改穿汉族服装。魏孝文帝毫不客气地问道："难道要所有人这样打扮才算督察不严吗？你这样说，简直是一言丧邦！"

魏孝文帝还下令将鲜卑族的姓氏都改为汉族的姓氏，如把拓跋氏改为元姓。为了取得中原士族的支持，孝文帝下令“定四海士族”，加强鲜卑族与汉族士族之间的联系。在汉族中，确立了崔、卢、王、李、韦、裴、杨、杜等大姓士族的尊贵地位。在鲜卑族中，也仿照汉族的门阀制度，除了皇族元氏门第最高外，接下来是穆、陆、贺、刘、楼、于、嵇、尉八姓贵族。又仿魏晋官制改革北魏官制，在中央设置三师、三公、尚书、中书、九卿等官职，在地方设州、郡、县、乡四级行政区划进行管理，改掉原来鲜卑族的官职称谓，使职官机构和称谓全部汉化。在法律上，根据汉律，参酌魏、晋律，在495年形成了《魏律》，史称“太和新律”。陈寅恪先生说“元魏之律遂汇集中原、河西、江左三大文化因子于一炉而冶之，取精用宏，宜其经由北齐，至于隋唐，成为二千年来东亚刑律之准则也”。魏孝文帝这样做的目的是为了加快鲜卑族汉化的步伐，这些措施明显促进了当时的民族融合。

北魏女乐俑

在孝文帝之前的道武帝、明元帝、太武帝时期，汉族的典章制度就已经吸引了北魏统治者。439年，太武帝征服河西地区，保存在河西地区的汉魏典章制度和学术文化就开始进入北魏朝廷，这就为孝文帝全面、系统的汉化改革奠定了政治基础和文化基础。

北魏从平城迁都洛阳后，孝文帝采取的一系列汉化措施，把整个鲜卑族都融合到了汉民族中，这是中国历史上最典型的一次民族自觉融合行动，这一重大行动虽然在洛阳完成，但它的历史基础却是在平城就打好了。魏孝文帝的汉化改革，是历史上少数民族第一次主动进行汉化。作为掌握政权的鲜卑族，主动将自己融进汉族中，也为汉族的发展注入了新鲜血液。经过这次民族融合行动，中华文明虽然仍以汉族文化为主导，但已不限于秦汉时期传统汉族的文化内容，而是包含了许多少数民族输入的、多种多样的文明营养。这些差异互补的不同文明，在北魏朝廷的融合行动中熔为一炉，再进一步升华，就会产生更伟大的文明。一百多年后的大唐文化的兴盛，其间就有这次民族融合的因子。

晋　阳

——东魏、北齐时代的政治中心

高欢世居北部边地，熟悉鲜卑族的风俗习惯，是完全鲜卑化的汉人。北魏后期，国势衰落，高欢逐渐在战争中崛起，消灭了北魏权臣尔朱氏的势力，镇压了农民起义，统辖了六镇降兵，成为北魏末年最有势力的军阀。公元532年，高欢进驻晋阳（今太原西南），他认为这里四面屏障，有天险之胜，便在晋阳建大丞相府，晋阳成为高欢的大本营，也是北魏的权力中心，对首都洛阳实施遥控。高欢为了便于控制北魏朝政，极力主张魏孝武帝将都城从洛阳迁往距离晋阳较近的邺城（今河北省临漳县西）。“初，神武（高欢）自京师将北，以为洛阳久经丧乱，王气衰尽，虽有山河之固，土地褊狭，不如邺，请迁都。魏帝曰：高祖定鼎河洛，为永永之基，经营制度，至世宗乃毕。王既功在社稷，宜遵太和旧事。”魏孝武帝拒绝了高欢的迁都建议。

强大的高欢势力对魏孝武帝来说如鲠在喉，一直想消灭高欢。534年6月，矛盾终于公开，高欢命令运往洛阳的粮食，一律运往邺城，企图强迫北魏皇帝迁都。北魏孝武帝气愤不过，下诏北伐高欢。高欢从晋阳率大军南下，直指洛阳。北魏孝武帝率部分人马逃往长安，建立西魏。高欢在洛阳另立皇帝建立东魏。新

太原市天龙山石窟造像

皇帝即位刚三天，高欢便下令迁都，40多万户洛阳居民手忙脚乱地被迁到了邺城。东魏的军国政务，皆听命于晋阳城中的高欢。从534年开始，晋阳城成为东魏实际上的首都，而邺城只是名义上的首都。

高欢知人善任，尤其是对他身后之事的预测，令人佩服。547年，高欢临终前对儿子嘱咐说："（侯）景专制河南十四年矣，常有飞扬跋扈志，顾我能养，岂为汝驾驭也！今四方未定，勿遽发哀。库狄干鲜卑老公，斛律金敕勒老公，并性遒直，终不负汝。可朱浑道元、刘丰生远来投我，必无异心。贺拔焉过儿朴实无罪过。潘相乐本作道人，心和厚，汝兄弟当得其力。韩轨少戆，宜宽借之。彭相乐心腹难得，宜防护之。少堪敌侯景者，唯有慕容绍宗，我故不贵之，留以与汝，宜深加殊礼，委以经略。"结果不出高欢所料，侯景果然反叛，慕容绍宗出马击败了侯景。

550年，高欢的儿子高洋称帝，建立北齐。高洋北齐朝廷的人员班底，基本是高欢留下的，高欢是北齐王朝的奠基人。高洋称帝后在邺城住了几个月，便让太子在邺城监国，自己回到晋阳。晋阳的政治、军事中心地位仍未改变，还是实际上的首都。北齐的六个皇帝中，有四个皇帝在晋阳即位，这也说明了晋阳城在北齐统治者心中的特殊地位。

太原北齐娄睿墓壁画《出行图》（局部）

东魏16年，北齐27年，晋阳是实际上的政治中心。由于晋阳战略地位极为重要，所以北周灭北齐之初，还在晋阳设置了并州宫和六府。并州宫是皇帝的行宫，六府是仿照中央政府的规制设置天官、地官、春官、夏官、秋官、冬官六府，作为中央政府的分设机构。到形势稳定后，才予以撤销。

复原的北齐天宝年间的晋阳蒙山大佛

玉壁之战

——影响历史发展走向的决战

546年，东魏与西魏在玉壁（今运城市稷山县南6千米）进行决战。高欢率领东魏的大军从晋阳南下，围攻玉壁城，作战时间近两个月，双方先后使用了水战、土战、火战、坑道战、风战等战术，可以说这是中国古代战术最复杂的一次战役。“玉壁之战”以东魏的巨大失败而结束，西魏在河东地区站稳了脚跟，开始在战略上占据主动。“玉壁之战”和战国时的“长平之战”一样，直接影响了历史发展的走向。

稷山县玉壁城遗址

“玉壁之战”是东西魏围绕争夺河东地区的战略要地峨嵋原北缘的一次大决战。河东地区原来是东魏的地盘，西魏在537年进入河东，又在峨嵋原北缘的汾河附近筑玉壁城，成为进攻东魏的桥头堡，东魏当然把玉壁视为其心腹之患。西魏一方守城的是名将韦孝宽。玉壁城中兵士不过数千，高欢的十万大军则昼夜攻城。西魏守军从汾河汲水供城内人马饮用，高欢派人改挖河道，断其水源。东魏在城外堆起土山，想居高临下攻城，韦孝宽命人在城楼上绑缚木柱，不断增高城楼，使城外的土山一直低于城楼。高欢命士兵挖掘地道，想从地道攻入城中，韦孝宽则命人在城周挖出一道大沟阻挡。韦孝宽还让士兵在沟内堆满柴草，只要有地道口暴露，就派人往洞口填塞柴草点燃，用皮囊鼓风吹火，用烟火熏退东魏的士兵。高欢用改装的战车撞城，韦孝宽则缝制无数大布为巨幔予以破解。东魏兵又把松竿浸油后点烧，想烧掉大幔的同时焚烧城门，西魏兵又把铁钩绑在长竿上，砍断对方的松竿。高欢派人在城墙下挖了21条地道，中间放入木柱灌上油，再以猛火燃烧，地道内的木柱崩塌，城墙也随之塌毁。韦孝宽派人在城墙塌毁处树木栅以堵防。几番较量，东魏最终还是不能攻入。

“玉壁之战”的遗址

东魏军队苦攻玉壁50多天，士卒战死及病死者达7万人，高欢让人把他们埋到一个大坑里，在玉壁古战场遗址，至今依稀可见累累白骨。高欢心力交瘁，忧愤发病。恰有陨石坠落军营，军营中的驴子鸣叫不止，士卒惊恐不安。十一月初七，高欢下令解围返回晋阳。

高欢战败患病，返回晋阳，军中谣传其中箭将亡。为稳定军心，高欢带病设宴面见大臣。他命部将斛律金创作、吟唱了《敕勒歌》——“敕勒川，阴山下。天似穹庐，笼盖四野。天苍苍，野茫茫，风吹草低见牛羊。”高欢和在座的文武大臣听到这首描写北方草原的歌曲，无不泪流满面。这首景象壮阔、艺术感染力极强、描写北国草原风光的民歌由此得以流传千年。

“玉壁之战”前，东魏、西魏、南朝三足鼎立。“玉壁之战”后，东魏的势力大减，原来弱小的西魏在三方角逐中开始占据战略主动。后来，在西魏基础上建立的北周和以北周为基础建立的隋朝统一了全国。由此，可以看出“玉壁之战”在中国古代历史上的重要地位。

史学世家

——“史学三裴”

“史学三裴”，指河东闻喜的裴松之、裴骃、裴子野祖孙三人。在南北朝的史学领域，裴松之祖孙三人分别以其史学著述丰富了中国的史学宝库，为中国历史学的发展做出了巨大的贡献。

裴松之（372—451），历仕东晋、南朝宋两朝，官至中书侍郎。元嘉三年（426），宋文帝刘义隆以陈寿的《三国志》过于简略，命裴松之为该书作注。3年后，裴松之完成《三国志注》，上奏朝廷，宋文帝看后赞曰：“裴世期为不朽矣。”裴松之在《三国志注》中，首创了补缺纠谬的注史新体例，奠定了他在中国史学史上的重要地位。他主要从四个方面对《三国志》进行了注、补工作。第一，补缺漏。陈寿的《三国志》所不载而应该载入的史事，裴松之尽量补入，以补其缺；第二，备异闻。同一事说法不一，难定是非，则诸说一并收入，以备异闻；第三，正谬误。陈寿的《三国志》如果有“纰缪显然”的记载，裴注予以纠正；第四，论得失。对陈寿的《三国志》不正确的记述进行评论。裴注《三国志》的这些特点和《史记》《汉书》等注不同，《史记》《汉书》旧注，着重在文意的训释以及名物制度、地理沿革等的解说。裴松之补缺纠谬的创举，成为后世学者效法

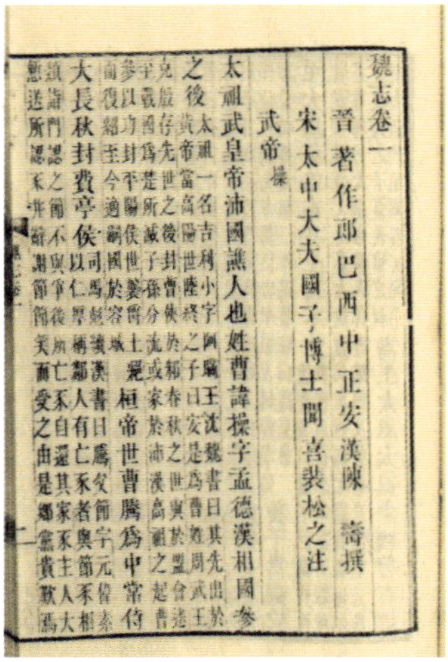

魏志卷一

晉著作郎巴西中正安漢陳壽撰

宋太中大夫國子博士聞喜裴松之注

武帝操

太祖武皇帝沛國譙人也姓曹諱操字孟德漢相國參

之後

桓帝世曹騰為中常侍

大長秋封費亭侯

《三国志注》书影

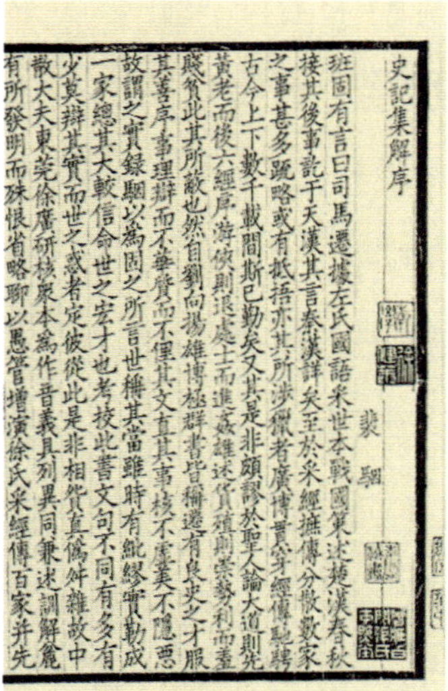

史記集解序　裴駰

班固有言曰司馬遷據左氏國語采世本戰國策述楚漢春秋
接其後事訖于天漢其言秦漢詳矣至於采經摭傳分散數家
之事甚多疏略或有抵梧亦其所涉獵者廣博貫穿經傳馳騁
古今上下數千載間斯已勤矣又其是非頗謬於聖人論大道則先
黃老而後六經序游俠則退處士而進姦雄述貨殖則崇勢利而羞
賤貧此其所蔽也然自劉向揚雄博極群書皆稱遷有良史之才服
其善序事理辯而不華質而不俚其文直其事核不虛美不隱惡
故謂之實錄駰以為固之所言世稱其當雖時有紕繆實勤成
一家總其大較信命世之宏才也考校此書文句不同有多有
少莫辯其實而世之惑者定彼從此是非相貿真偽舛雜故中
散大夫東莞徐廣研核眾本為作音義具列異同兼述訓解麤
有所發明而殊恨省略聊以愚管增演徐氏采經傳百家并先

《史记集解》书影

的榜样。清人李慈铭在《越缦堂日记》中评价：“裴松之注，博采异闻，而多所折衷，在诸史注中为最善，注家亦绝少此体。”裴松之开史注之新风，是对文献学的大贡献。由于裴松之作注的重点是补充史实，所以在材料的引用上，裴注往往较完整地抄录全文，以备一说。如此，注文中就保存了大量完整的文献资料，为后人研究这一段历史提供了丰富的参考。裴松之所引书在230种以上。据有关学者统计，注文的字数和《三国志》原文的字数基本相当，可见裴注征引资料之广。裴松之所引用的魏晋时代的这两百多种文献，到唐代修《隋书·经籍志》时，能见到的已经不到3/4，而宋以后，就十不存一了。所以裴注保存下来的文献资料，就显得更加珍贵了。

裴骃，裴松之的儿子，曾任南朝宋中郎参军。他受父亲补注《三国志》的影响，决心传承家学，立志注史。以晋人徐广的《史记音义》为基础，撰成《史记集解》。《史记集解》是现存最早的《史记》注本，它与唐司马贞的《史记索隐》、唐张守节的《史记正义》，合称“史记三家注”。北宋时三注合为一编，列在《史记》正文之下，读起来比较方便。以后刻印的《史记》，一般都是有三家注的本子。

《史记集解》是《史记》问世以后第一个大型的综合性注本。裴骃在《史记集解》的序中说：“考校此书，文句不同，有多有少，莫辨其实，而世之惑者，定彼从此，是非相贸，真伪舛杂。故中散大夫东莞徐广研核众本，为作《音义》，具列异同，兼述训解，粗有所发明，而殊恨省略。聊以愚管，增演徐氏。采经传百家并先儒之说，豫是有益，悉皆抄内。删其游辞，取其要实，或义在可疑，则数家兼列……时见微意，有所裨补。”

裴骃的《史记集解》广集众说，“删其游辞，取其要实”使诸家之说在《集解》中互为补充。裴骃作注，对原文中的明显错误，他只是客观地援引他说，注于其后。对于原著与他书不一致的地方，“数家并列”，让读者去判断。《集解》把当时所能见到的前人有关《史记》的研究成果集中起来，保存了大量的文献。裴骃对各家的注，认为确实有价值的，原文抄录，标明作者、出处，保证史料的完整。在裴骃的《史记集解》中，可以感受到其传承裴子野《三国志注》在文献学上的贡献。

裴子野，裴骃之孙。他自幼受到家学熏陶，立志撰写《宋史》。裴松之在元嘉年间曾受诏续修《宋史》，未完成而卒。裴子野继承曾祖父的未竟事业，将沈约的纪传体《宋书》一百卷，删撰为编年体《宋略》二十卷，实现了裴松之的遗愿。《宋略》问世后即得好评，《梁书》称“其叙事评论多善”。唐代史学家刘知几在《史通·古今正史》中评价说：“世之言宋史者，以裴

《略》为上，沈《书》次之。”裴子野的《宋略》善于叙事、考证，而且长于评论。后来司马光撰《资治通鉴》，其中关于刘宋的史料，基本取材于《宋略》。《宋略》大约在北宋以后失传，我们只能借助《文苑英华》《资治通鉴》《全上古三代秦汉三国六朝文》中的《宋略总论》《雕虫论》等来了解《宋略》的概貌和裴子野的史学、文献学思想。《文苑英华·宋略总论》：“齐兴后数十年，宋之新史既行于世也。子野生乎泰始之季，长于永明之年。家有旧书，闻见又接，是以不用浮浅，因宋之新史为《宋略》二十卷。剪截繁文，删撮事要，即其简寡，志以为名。”裴子野撰《宋略》，其中不少见解是对家学的传承。《资治通鉴》中采用裴子野的史论10篇，可见裴子野论事颇有见解。

裴松之、裴骃、裴子野在史学、文献学上的传承贡献，在中国史学史上具有重要地位。

隋唐辉煌

SUITANGHUIHUANG

隋唐辉煌 5

SUITANGHUIHUANG

隋代的晋阳

——长安的北大门，抵御突厥南下的重要屏障

太原市出土的隋代乐俑

隋朝时北方的突厥对隋政权一直是个威胁。晋阳作为长安的北大门，是隋王朝抵御突厥南下的一个重要屏障。隋初，隋文帝让其次子杨广坐镇晋阳，并在晋阳设置河北道行台尚书省，任命杨广为尚书令，以加强对黄河以北（今山西、河北、山东）地区的控制。开皇十年（590），杨广调任扬州总管，文帝任命另一个儿子杨俊为并州总管，坐镇晋阳，掌管二十四州军事。开皇十七年（597），隋文帝又任命他的小儿子杨谅为并州总管，坐镇晋阳。隋文帝对杨谅十分宠爱，“自山以东，至于沧海，南拒黄河，五十二州尽隶焉。特许以便宜，不拘律令”。这样，华山以东、黄河以北的地方都归坐镇晋阳的杨谅统辖，晋阳的战略地位由此可见一斑。杨谅也认为晋阳

乃“天下精兵处”，借口防御突厥，制造兵器，大招兵马，心腹之兵多达数万。隋文帝先后派儿子杨广、杨俊、杨谅坐镇晋阳，掌管北方军事，足见他对晋阳的重视程度。

604 年，隋文帝去世，杨谅在晋阳起兵，讨伐杨广。杨谅的部下裴文安建议发精锐之师直入蒲津：“文安请为前锋，王以大军继后，风行电击，顿于霸上，咸阳以东可指麾而定。京师震扰，兵不暇集，上下相疑，群情离骇，我即陈兵号令，谁敢不从？旬日之间，事可定矣。”杨谅接受了这个建议，发兵直指长安。但当杨谅军队的先锋快到蒲津关时，杨谅突然改变主意，命令军队停止前进，坐失良机。接着，杨广的军队开始反击，一路北上。杨谅的军队则节节失利，退守晋阳，最后兵败投降。杨谅起兵于晋阳，虽然因为失误没有进入长安，但却证明了军事重镇晋阳对首都长安来说举足轻重，晋阳有失，长安不安。

太原市出土的虞弘墓浮雕

隋炀帝杨广当上皇帝之后，曾3次到山西北巡，在晋阳建造晋阳宫，又在汾河源头建造汾阳宫作为他避暑的行宫。615年，隋炀帝在雁门遭到突厥数十万军队的围困，雁门郡的数十座县城皆陷落，仅余两座苦撑，后来侥幸解围。

隋末，河东地区爆发了多处农民起义，隋炀帝任命其表兄李渊为山西、河东抚慰大使，镇压各处农民起义。616年，隋炀帝南下江都，任命李渊为太原留守，坐镇晋阳，防御突厥，镇压农民起义。机会是给有头脑的人准备的，李渊父子素有大志，隋炀帝在天下动荡之际，把晋阳这一“天下精兵处”交给了他们，李渊父子当然不会错过这大好机会，便乘机在晋阳壮大势力，准备南下长安夺取政权。

617年，李渊派人和北边的突厥达成协议，然后在晋阳起兵，一路南下，向关中进发，4个多月便攻克长安。

可以说，灿烂辉煌的大唐文明是从晋阳起步的。

王 通

——隋朝著名的教育家、思想家

王通是隋朝著名教育家、思想家，其故里在今运城市万荣县通化镇。王通出身于世宦兼儒学之家，家学渊源深厚，少年时就颇聪慧，15岁时就可以为学生讲课了，18岁时开始游学四方。603年，西游长安，向隋文帝上《太平策》十二篇，因为当朝公卿们不支持王通的建议，“尊王道，推霸略”的《太平策》未被文帝采纳。

王通曾任蜀郡司户书佐，在隋炀帝大业初年回到故乡，他的《东征之歌》表达了其当时的心情：“我思国家兮，远游京畿。忽逢帝王兮，降礼布衣。遂怀古人之心兮，将兴太平之基。时异事变兮，志乖愿违。吁嗟！道之不行兮，垂翅东归。”归乡之后，王通潜心钻研孔子的“六经”。经过数年的潜心研究后，王通觉得学问有成，便模仿孔子作《王氏六经》，或称《续六经》。他开始在家乡附近的白牛溪聚徒讲学，学生人数常达数百。他去世后，学生尊封他“文中子”。宋代人编写的《三字经》里，就提到文中子——“五子者，有荀扬。文中子，及老庄”。

王通之弟王绩的《游北山赋》，对王通当年在白牛溪聚徒讲学的盛况有详细的描述：“白牛溪里，峰峦四峙。信兹山之奥域，昔吾兄之所止……阶庭礼乐，生徒杞梓。山似尼丘，泉疑

王　通

洙泗（吾兄通，字仲淹，生于隋末，守道不仕，大业中隐于此溪，续孔子六经近百余卷，门人弟子相趋成市，故溪今号王孔子之溪也）。忽焉四散，于今二纪。地犹如昨，人多已矣。念昔日之良游，忆当时之君子。佩兰荫竹，诛茅席芷。树即环林，门成阙里。姚仲由之正色，薛庄周之言理（此溪之集门人，常以百数，唯河南董恒、南阳程元、中山贾琼、河东薛收、太山姚义、太原温彦博、京兆杜淹等十余人，称为俊颖。而姚义多慷慨，同侪方之仲由，薛收以理达称，方庄周，薛实妙言理也）。触石横肱，逢流洗耳。取乐经籍，忘怀忧喜。时挟策而驱羊，或投竿而钓鲤……北冈之上，东岩之前。讲堂犹在，碑石宛然……惜哉吾兄，遭时不平。殁身之后，天下文明。坐门人于廊庙，瘗夫子于佳城。死而可作，何时复生。式瞻虚馆，载步前楹。眷眷长想，悠悠我情。俎豆衣冠之旧地，金石丝竹之余声。殁而不朽，知何所营（吾兄仲淹，以大业十三年卒于乡馆，时年三十三，门人谥为文中子，及皇家受命，门人多至公辅，而文中之道不行于时。余因游此溪，周览故迹，盖伤高贤之不遇也）。临故墟而掩抑，指归途而叹惜。往往溪横，时时路塞。忽登崇岫，依然旧识。地迥心遥，山高视直。望烟火于桑梓，辨沟塍于乡国。斜临姑射之西，正是汾河之北。”

王通以振兴儒学、明天人之事、正天人之意、恢复王道为宗旨。他认为汉代以降，天下大乱，“迁、固而下，述作何其纷乎！帝王之道，其暗而不明乎！天人之意，其否而不交乎！”。他在政治上倡导“仁政”，他认为当政者的根本原则是要坚守“中道”，即儒家传统的中庸之道。他建议帝王应“正主庇民”——当政者要加强自我修养，爱惜民力。为了振兴儒学，王通主张“三教可一”，吸收道教、佛教之长以补儒学之短。在哲学上主张探究“天人之事”，批判天命论，在天人关系中，强调人的作用。

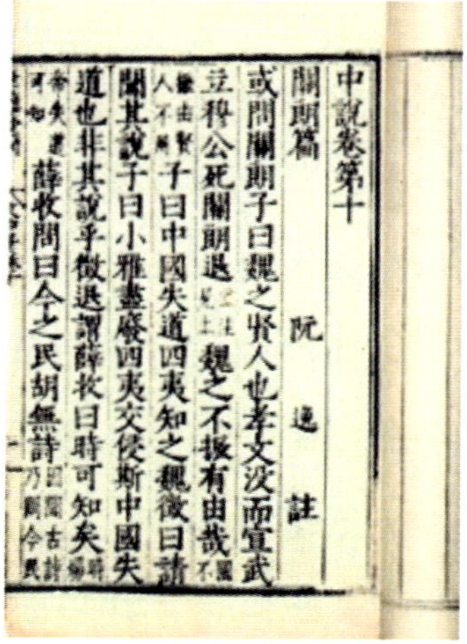
中說卷第十
關朗篇 阮逸註
或問關朗子曰魏之賢人也孝文沒而宣武
立穆公死關朗退 魏之不振有由哉
子曰中國失道四夷知之魏徵曰請
聞其說子曰小雅盡廢四夷交侵斯中國失
道也非其說乎徵退謂薛收曰時可知矣
薛收問曰今之民胡無詩

《中说》书影

王通作《续六经》，目的就是要通过教化以改变社会：“吾续《书》以存汉晋之实，续《诗》以辨六代之俗，修《元经》以断南北之疑，赞《易》道以申先师之旨，正《礼》《乐》以旌后王之失。”后世对王通有“河汾道统”之誉，说明他在隋唐儒学变革和发展过程中，具有重要的历史地位。文中子的弟子为了纪念他，弘扬他在儒学发展中所做的贡献，仿孔子门徒作《论语》而编《中说》。宋明时代的理学家几乎都承认王通对隋唐以来儒学发展的贡献，宋代理学家程颐对王通的评价很高：“若论及粹处，殆非荀、扬所及也。”他认为王通要比荀子、扬雄要高得多。明代思想家王阳明认为王通在学术上的贡献要远远高于韩愈：“退之（韩愈）文人之雄耳。文中子，贤儒也。后人徒以文辞之故，推尊退之，其实退之去文中子远甚。”

裴 矩

——隋朝经略西域的战略家、外交家

裴矩，闻喜人。历仕北齐、北周、隋、唐。在隋朝历任民部侍郎、内史侍郎、尚书左丞、吏部侍郎等职，封闻喜县公。在唐朝历任殿中侍御史、太子左庶子、太子詹事、检校侍中、民部尚书，封安邑县公。裴矩在历史上的重大影响，是他为隋朝经营西域，打击吐谷浑，并用计分裂突厥，削弱突厥的势力，为唐代击败突厥、开发西域奠定了基础。

隋朝建立后，在西北地区，吐谷浑、突厥等部族的势力强大，影响了西域各国与中原地区的联系。隋文帝开皇年间，突厥强盛，突厥都蓝可汗之妻大义公主是北周宗室之女，对隋朝夺取北周的天下非常不满，唆使突厥可汗入侵隋朝。开皇十三年（593），裴矩出使突厥，游说都蓝可汗，让他杀了大义公主。隋炀帝执政之后，极力想创造出丰功伟绩，尤其是在西北地区有恢复汉代西域版图的企图，裴矩积极支持、配合隋炀帝的这一构想。

大业初年，西北地区的张掖成为西域诸国同中原往来通商的中心，裴矩奉命监管张掖的互市。裴矩多次往返武威、张掖间，他知道隋炀帝有经营西域的打算，便通过在张掖的来自西域各地的商人，了解西域各地的风俗、山川等情况，撰写成《西域

敦煌莫高窟

图记》三卷，呈报隋炀帝。《西域图记》是一本以记录西域各国资料为主的地理图书，是有关中西交通的重要文献。书中记录了当时西域44国的山川、姓氏、风土、物产等资料，概略地叙述了通往西域的主要贸易路线并附有详图。书中记录了从敦煌出发，到达今中亚、西亚的3条通道，也就是自汉代张骞出使西域后形成的丝绸之路。北道经伊吾（今新疆哈密市），过蒲类海（今新疆巴里坤湖），至拂菻国（东罗马），到达地中海；中道经高昌（今新疆吐鲁番）、焉耆、龟兹、疏勒，穿行塔里木盆地，越过葱岭（帕米尔高原），至波斯（今伊朗），到达波斯湾；南道经鄯善（今新疆鄯善）、于阗（今新疆和田），西行越过葱岭，又经今阿富汗、巴基斯坦，至北婆罗门（印度），到达印度洋。

“其三道诸国，亦各自有路，南北交通。”“伊吾、高昌、鄯善，并西域之门户也。总凑敦煌，是其咽喉之地。”《隋书·西域传》即根据《西域图记》撰写而成。《西域图记》是我国古代第一部专门记录中西陆上丝绸之路的文献，它对唐宋以后中西交通路线的开辟也有重要意义。在《西域图记·序》中，裴矩分析了当时西域的形势，提出了经营管理西域的步骤。“服而抚之，务存安辑。故皇华遣使，弗动兵车，诸蕃既从，浑、厥可灭。混一戎夏，其在兹乎！”裴矩建议，先派遣使臣与西域各国保持紧密联系，再联合西域各国的力量，共同歼灭吐谷浑和突厥，实现中原与西域的大一统。

隋炀帝看到《西域图记》大喜，经常向他询问西域的情况。裴矩盛赞西域的奇珍异宝，向隋炀帝建议吞并吐谷浑。隋炀帝命裴矩经略西域，前往张掖。裴矩频繁奔波于张掖、敦煌等地，引导西域各国入京朝贡，有十几个西域国家派遣使者到长安朝贡。607年，隋炀帝祭祀北岳恒山时，这十几个西域国家派遣使者助祭。608年，裴矩游说铁勒与隋朝联合攻击吐谷浑，铁勒出兵攻打吐谷浑，吐谷浑大败，率部西迁，隋军乘机攻入吐谷浑故地。隋炀帝准备巡视西北地区，先派遣裴矩前往敦煌预做安排。裴矩派人诱以厚利，劝说高昌王等西域各国首领，引导他们到时朝拜隋炀帝。609年，隋炀帝西巡，越过祁连山前往张掖。隋炀帝到燕支山（即焉支山，今甘肃山丹县东南）时，裴矩动员高昌王及西域27国的首领、商人歌舞于道，前来迎接。还让武威、张掖两地的百姓盛装出来跟随观看，游人及车马长达数十里，形成了盛

隋炀帝西巡时经过张掖南面的扁都峡谷

况空前的中西商贸交易大会。隋炀帝对裴矩的组织协调之功大加赞赏，说他“有绥怀之略”，晋升裴矩为银青光禄大夫。

这年冬天，隋炀帝到达东都洛阳，召开了西域诸国的朝贡大会。裴矩以“蛮夷朝贡者多”为由，建议隋炀帝召集四方艺人，在洛阳端门街演奏百戏，让官员百姓盛装华服，任意观看。洛阳城中的酒店大摆宴席，对前来的西域商人盛情款待。西域商人赞叹不已，都称中原是神仙之地。裴矩主持了这次在洛阳的朝贡盛会，因为满足了隋炀帝的虚荣心，他得到隋炀帝的进一步赞赏，隋炀帝对大臣宇文述等说：“裴矩大识朕意，凡所陈奏，皆朕之成算。未发之顷，矩辄以闻。自非奉国用心，孰能若是！”

为了经略西域，裴矩和将军薛世雄奉命率军屯驻伊吾。隋军在伊吾城东另建一座新城。裴矩对西域各国使者说，天子因为西域偏远，交通不便，所以在伊吾另筑新城，便利行旅，打消了西域各国的疑虑。隋军1000人常驻伊吾，保护丝绸之路畅通。伊吾城是从中原地区西出河西走廊之后，通往西域地区的一个要冲。伊吾新城的建立，迈出了隋朝经略西域的关键一步。裴矩又向隋炀帝进献反间计，使突厥的射匮可汗进攻处罗可汗，让突厥实质上形成分裂。盛极一时的草原帝国突厥在内耗中被严重削弱，后来突厥再也没有形成统一。唐朝贞观年间，东突厥灭亡，也得益于裴矩在隋朝时对突厥实施的反间计。

从东汉末年以来，由于中原地区一直处于动荡之中，中原与西域地区的联系时断时续。在隋炀帝经营西域的大方向确定后，裴矩作为隋朝经略西域的实际操盘手，把一个7世纪初期的战略家、外交家的作用发挥到了极致。他采取了团结大多数西域国家、孤立吐谷浑、分化削弱突厥的措施，使西域地区与中原的联系得到明显改善。裴矩以河西走廊重镇张掖为经略西域的大本营，以伊吾新城为前哨，足见其战略眼光。面对比较复杂的局面，在西域各国与中原长期中断交往的背景下，在不长的时间内，在没有动用庞大的军事力量的情况下，裴矩凭借智慧，恢复了中西交通，使得隋朝在西北地区拓地数千里。裴矩在打通西域商道、开拓西北疆土、维护丝绸之路畅通方面做出了卓越的贡献。唐朝时对西域地区牢牢掌控，先后设置了安西都护府和北庭都护府，都与隋朝时裴矩经略西域有一定的关系。

司马光在《资治通鉴》中批评裴矩经略西域之事说：“西域

诸胡往来相继，所经郡县，靡费以万万计，卒令中国疲敝，以至于亡，矩唱之也。”在司马光看来，当时西域各国在裴矩的引导下，经常到长安朝贡，相望于道，沿途的郡县苦于迎送之累，耗费巨大，甚至影响了国家的财政。不过，这从另一个方面也说明了裴矩在隋朝时对经略西域的贡献。

有学者认为，作为隋朝的国际战略家，裴矩也有一个大失误——他低估了高丽国的抵抗能力，推动了隋炀帝对高丽进行军事冒险的行动。这一失误，可以说是造成隋帝国崩溃的主要原因之一。唐朝初年，唐太宗也试图征服高丽，说明了在隋唐之际，东征战略不完全是好大喜功的胡乱作为。

隋朝灭亡后，裴矩在唐朝任职。唐高祖武德八年（625），西突厥统叶护可汗遣使入朝，请求和亲。唐高祖认为西突厥距离唐朝太远，难以提供援助，因而犹豫不决。裴矩进言：“如今东突厥强盛，为国家当前的利益着想，应该远交近攻。臣认为应该答应西突厥的和亲请求，以威慑东突厥颉利可汗。等中原国力殷实，能对抗东突厥，我们再考虑适宜的对策。”唐高祖采纳了裴矩的建议。唐太宗李世民即位不久，准备整顿吏治，听说官吏办事多有受贿的，便想实际检验一下，派人向管城门的官员行贿，看看结果如何。结果这个管城门的小官收了礼，被抓了个现行，唐太宗大怒，准备处死这个官员，杀一儆百。裴矩听说此事后，向唐太宗进谏说：“此人受贿，理当严惩。但陛下让人拿贵重物品诱惑他，接着施以极刑，这就是用罪来陷害别人，恐怕不合乎礼。”唐太宗觉得裴矩说得有道理，就把那个官员释放了。

接着召集群臣，当众表扬了裴矩："遂能廷折，不肯面从，每事如此，天下何忧不治？"裴矩与虞世南一起撰写的《吉凶书仪》"参按故实，甚合礼度，为学者所称"。

柏壁之战

——大唐立国第一战

公元619年3月，占据今山西北部的刘武周，接受部下宋金刚“图晋阳，南向争天下”的建议，让宋金刚率兵3万南侵晋阳。4月，刘武周联合突厥，驻扎黄蛇岭（今榆次北），兵锋甚盛，很快占领了榆次。5月，刘武周的军队攻陷平遥。6月，占领介州（今介休市）。唐高祖派兵救援晋阳，被刘武周的军队击败于雀鼠谷（沿汾河的隘道，北起介休，中经灵石，南至霍州，长70余千米）。唐高祖又派裴寂为晋州（今临汾市）道行军总管，督军抗击刘武周。8月，裴寂进军至介州，与宋金刚战于度索原（今介休绵山附近），唐军溃败，裴寂只身逃回晋州。9月，刘武周进逼晋阳，李渊之子李元吉放弃晋阳，逃回长安。大唐的发祥地晋阳城被刘武周占领。10月，宋金刚又南下攻陷晋州，进逼绛州（今新绛县），攻占浍州（今翼城县）。与此同时，夏县的吕崇茂自号魏王，与刘武周相呼应。隋朝旧将王行本占据蒲坂（今永济市蒲州），与宋金刚相联合。至此，黄河以东的今山西地区大部分被刘武周控制，唐朝在黄河东岸只剩下很小的一隅之地。

当时，唐军能控制的地方就是关中和河东，中原地区尚未掌控。河东尽失，刚刚立国的唐王朝面临严重的威胁。如果唐王朝只领有关中之地，就相当于一个割据政权，根本没有资格号令天下。刘武周占领太原、控制河东，这就直接关系到唐王朝的生死存亡。面对刘武周的强势进攻，唐高祖惊慌失措，准备放弃黄河以东地区，据守关中。李世民上表反对说："太原，王业所基，国之根本；河东富庶，京邑所资，若举而弃之，臣窃愤恨。"请缨率兵东征。

时值隆冬，大河冰封，李世民率军从龙门（今河津）禹门口东渡黄河，进驻峨嵋原上的柏壁要塞（今新绛县西南万安镇柏壁村）。李世民采取了"坚壁不出，养精蓄锐，待机歼敌"的战略，柏壁要塞和唐军固守的绛州城形成犄角之势。当时河东各县遭受刘武周的部队抢劫，没有粮食，军队严重缺粮。李世民让人晓谕百姓，百姓听说李世民欲率军剿灭宋金刚，前来的人日益增加，唐军逐渐征收到粮食，军粮因此充足。12月，唐高祖派李孝基攻打夏县的吕崇茂，吕崇茂向宋金刚求援，宋金刚派大将尉迟恭、寻相前往救援，大败唐军。尉迟恭、寻相从夏县回浍州，李世民派殷开山、秦叔宝等人在美良川（今闻喜县南）截击，大败尉迟恭，杀敌2000多人。不久，尉迟恭、寻相又秘密带精兵往蒲坂援救王行本，李世民率领3000步兵骑兵从小路连夜赶到安邑，

柏壁遗址

截击尉迟恭。尉迟恭、寻相二人逃脱，部下全部被俘，李世民又回到柏壁。唐军将领都请求与宋金刚交战，李世民说："宋金刚孤军深入，麾下集中了精兵猛将，刘武周占据太原，倚仗宋金刚为屏障。宋金刚的军队没有军粮储备，靠掠夺补充军需，利于速战。我们关闭营门不出，养精蓄锐，可以挫败他的锐气。我们分兵汾、隰，冲击敌人的心腹之地。他们粮尽无计可施，自然会退军。我们应当等待这个机会，目前不宜速战。"李世民只是用小股部队不时袭扰敌军，大军坚壁不战，宋金刚的势力日益衰落。

620年4月14日，与唐军相持约5个月的刘武周部下宋金刚，终因粮食供给不上，被迫向北撤退。李世民率领唐军从柏壁军营出发，追击逃敌，一昼夜追了200多里，一直追到高壁岭（又称韩信岭，在今灵石县东南）。部下劝说李世民稍作休整，等待补给。李世民说："宋金刚无计可施才逃跑，他们已军心涣散。功劳难立，失败却很容易；机会难得，失去却很容易。一定要趁此机会消灭敌人。如果我们滞留不前，让敌军有时间考虑对策，我们就不会再有进攻的机会了。"遂策马奋进，唐军在雀鼠谷腹地追上宋金刚，一日八战，连战连捷。李世民的坐骑"特勒骠"，后来被列为"六骏"之首。当夜，唐军在雀鼠谷西原宿营。李世民已经两天没有吃东西了，盔甲三天未离身。全军只有一只羊，李世民与将士分而食之。唐军接着又马不停蹄追击，李世民带兵在介休大败敌军，宋金刚逃走。刘武周得知宋金刚兵败，弃晋阳城而走，李世民一路北上，收复晋阳。

"柏壁之战"是中国古代战争史上后发制人、疲敌制胜的典

山重水复的雀鼠谷

型战例。李世民采取“先疲敌而后歼灭”的方针，主力部队坚壁不出，养精蓄锐，待机破敌。积极捕捉战机，出其不意，消灭敌人的有生力量，逐渐削弱敌军。派小股部队断其粮道，迫使敌军撤兵，趁势展开进攻。转入进攻后，穷追猛打，连续作战，大获全胜。

“柏壁之战”作为大唐立国后的第一次重大战役，意义非同寻常。这次战役实际上是唐王朝在军事上的奠基礼。李世民在这次战役中，表现出了卓越的指挥才能。唐军在李世民的统领下，夺回河东，收复太原，对保卫关中、巩固新生的唐王朝、争夺中原具有重要意义。

据《旧唐书·音乐志》《太平广记》等文献记载，秦王李世民打败刘武周之后，河东百姓歌舞于道。将士赞颂秦王的功绩，为军中旧曲《破阵乐》填入新词：“受律辞元首，相将讨叛臣。咸歌《破阵乐》，共赏太平人。”曲名也改为《秦王破阵乐》。

贞观元年，唐太宗大宴群臣，演奏《秦王破阵乐》。不久，唐太宗让大臣李百药、虞世南等撰写歌词7首，改名为《七德之舞》，有120人的舞蹈方队。贞观七年，李世民亲制《破阵乐舞图》。这样就形成了有乐有舞的《秦王破阵乐》。史载此乐以“擂大鼓为主，杂以龟兹之乐”。《秦王破阵乐》与《九功舞》《上元舞》为唐太宗时代的三大舞乐。《秦王破阵乐》从初唐到晚唐，一直流传了近300年。唐穆宗长庆二年（822），大唐与吐蕃结盟。当大唐使者到达吐蕃参加结盟仪式时，吐蕃就是用“乐奏《秦王破阵乐》”来设宴款待，以示仪式之隆重。由此可见，《秦王破阵乐》在周边地区久负盛名。《秦王破阵乐》在当时还流传到国外，玄奘大师到达印度后，印度国王就曾问起《秦王破阵乐》。武则天时期，日本遣唐使将《秦王破阵乐》传到日本，后来在日本演变为9种乐谱。

现在新绛县的“绛州鼓乐”中还有《秦王点兵》《唐王出城》的锣鼓曲牌流行。绛州鼓乐流传上千年，与“柏壁之战”有着密切的历史渊源。

尉迟恭

——智勇双全、忠义千秋的唐初第一英雄

尉迟恭是唐初名将，朔州善阳（今朔州朔城区）人。他勇猛善战，忠贞不贰，一生征战南北，驰骋疆场，屡立战功。“玄武门之变”时为李世民出谋划策，帮助李世民夺取帝位。

尉迟恭原来是刘武周的部下。李世民收复河东时，尉迟恭归降，李世民让他继续统辖旧部8000余人，对尉迟恭给予了极大的信任。尉迟恭随从李世民讨伐王世充，在此期间发生投降过来的原刘武周的一些部下反叛，各位将领对尉迟恭不放心，于是就把他抓了起来。屈突通等人对李世民说：“尉迟恭为人彪悍骁勇，我们现在抓了他，猜疑和矛盾已经结下，不赶快杀了他，后悔就来不及了。”李世民说：“不能这样对他。他若是要反叛的话，难道会在别人之后吗？”于是下令放了尉迟恭，让尉迟恭到自己的卧室内相见，对他说：“大丈夫凭义气相许，小的委屈不值得放在心上，我终不会因谗言而害了忠良。”并送给他一些金银，说：“你若是一定要离开，这些就算作给你的送别礼物吧。”尉迟恭对李世民的言辞十分感动，更加敬重李世民。这一天李世民在树林中打猎，恰逢王世充亲自率兵数万来挑战。王世充部下的猛将单雄信骑马直奔李世民，尉迟恭策马大呼横刺过来，单雄信

尉迟恭

从马上掉下来，尉迟恭先掩护李世民撤退，又率领士兵回来作战，大败王世充军。李世民对尉迟恭说："大家都认为你会背叛我，唯独我确信你没有背叛之意，没想到这么快就得到了报答。"

尉迟恭善用长矛，经常单人匹马冲进敌阵，敌人的长矛一齐刺来，但始终不能刺到他，他还能夺过敌人的长矛，回手刺杀敌人。齐王李元吉也善于使用长矛，要亲自和尉迟恭比试，让拿掉长矛顶端的刀刃用矛杆刺杀，以免误伤。尉迟恭说："即使安上刀刃，也刺不着我，请您别拿掉，我的长矛当然要拿掉刀刃。"李元吉始终没有刺到他。李世民问他："夺取长矛和避开长矛，哪种难些？"尉迟恭回答说："夺取困难些。"于是命令他表演夺取李元吉手中的长矛。李元吉手执长矛策马而来，一心想刺着他，尉迟恭没一会儿工夫就一连三次夺得了李元吉的长矛。李元吉以骁勇著称，虽然口中赞叹，心里却深深感到耻辱。

李建成、李世民兄弟争夺皇位时，李建成想收买尉迟恭，赠给他一车金器。尉迟恭拒绝说："秦王对我有再生之恩，我要拿生命来报答他的恩情。现在我对殿下没有什么功劳，哪敢承受这样的重赏？如果私下里答应您，就是怀有二心，为了利而放弃了忠心，这样的人殿下又哪里会任用呢？"李建成十分愤怒。尉迟恭把此事告诉了秦王，秦王说："你的忠心就像山岳一样，即使把成斗的金银送给你，又怎么能改变你的忠诚呢？可是这恐怕不是自保的方法。”李建成的同党李元吉果然派人来刺杀尉迟恭。尉迟恭打开屋门安然地躺着，刺客来到后，竟然不敢进屋。李建成于是在唐高祖李渊面前说尉迟恭的坏话，高祖下令要杀了尉迟恭。秦王在高祖面前据理力争，尉迟恭才得到赦免。

李建成与李元吉密谋除掉李世民。尉迟恭探知他们的阴谋，同长孙无忌立即禀告李世民说：“您如果不赶紧惩治他们，恐怕要被他们杀害，那么国家政权就危险了。”李世民叹息说：“现在他们二人离间陷害同胞兄弟，这种危机大家从头至尾都很清楚。我虽然深遭他们忌恨，灾祸就在眼前，然而兄弟之情，始终令我不忍下手。我打算在他们动手后，再按义理惩处他们，二位认为怎么样？”尉迟恭说：“人的本性怕死，大家情愿以死来侍奉您，这是上天的恩赐，如果上天给您却不接受，反而会受罪责。您虽然顾及了私情，却忘掉了国家的大事，灾祸来了不知担忧，快要灭亡却无动于衷，丧失作为人臣不避艰险的气节，不具备前辈圣贤大义灭亲的品德。我的心愿，是请先下手杀掉他们。您如果不采纳我的意见，就请让我逃走，我不能坐等别人来杀。再说靠危难成就大业，是圣贤的高明之见；把灾祸变为福祉，是智士的天赋机敏。我如果逃走，无忌也要一起逃走。”李世民还是犹豫不决，尉迟恭说：“您现在办事犹犹豫豫，不算明智；面对危难不能果断，不算英勇。您即使不采纳我的意见，就请您自己考虑，到底怎样保全国家社稷？到底怎样保全身家性命？况且外边的800名勇士，现在已经全都进了皇宫，手握兵器身穿铠甲，事情发展到这一步了您怎么能够拒绝！”尉迟恭又和侯君集日夜进言鼓动，李世民这才下了决心，发动“玄武门之变”，除掉了李建成、李元吉兄弟。

“玄武门之变”后，秦王成为皇太子。当时受李建成、李元吉牵涉而获罪的有100多户人，尉迟恭进谏说：“作恶的只是两个人，现在已经除掉了，若是再追究余党的罪，这不利于安定。”于是这些人全都获得赦免。大唐名相魏征原来在李建成府中任职，因尉迟恭的建议，使魏征这样的治国之才幸免于难，功莫大焉。

622年3月，李世民讨伐刘黑闼。刘黑闼多次挑战，李世民均坚壁不战，以挫其锋。双方已相持60余日，刘黑闼暗中率军袭击唐军一部，李世民率李道宗部袭击刘黑闼侧后，结果反被刘黑闼包围。危难之际，尉迟恭率勇士冲入包围，大破敌军，将李世民和李道宗救出。

626年8月，李世民刚即位不久，突厥大军突然南犯。尉迟恭临危受命，任泾州道行军总管，在泾阳（今属陕西省）与突厥交战，大破突厥，斩首千余级。

李世民曾对尉迟恭说：“吾执弓矢，公执槊相随，虽百万众若我何！”尉迟恭在唐初的征战中，战无不胜，攻无不克，多次救李世民于危难之中，号称“万人敌”，后世赞誉尉迟恭为唐初第一英雄。

贞观十七年（643）二月，唐太宗命人画24位功臣图像于凌烟阁，因为战功卓著，尉迟恭名列其中。因为他的勇猛威武，被后世尊为驱鬼辟邪、祈福求安的门神。明清以来，尉迟恭（敬德）与秦叔宝（秦琼）二人作为武门神普及最广。

薛仁贵

——功勋卓著、名扬天下的传奇将军

薛仁贵是唐初名将，绛州龙门县（今河津市）人。在贞观末年从军，征战数十年，曾大败九姓铁勒，收复辽东，击破突厥，功勋卓著，名扬天下，留下“良策息干戈”“三箭定天山”“神勇收辽东”“脱帽退万敌”等故事。

在辽东战场上，薛仁贵身着白色战袍，拿着戟，腰鞬里放着弓，率先冲入敌阵，无人能挡。唐军趁着薛仁贵营造的气势进攻，敌人大败。唐太宗从远处看见了，派人去问穿白色战袍的先锋是谁，特别招来见了薛仁贵，并提拔他为游击将军。等到大军还朝后，唐太宗对薛仁贵说：“我旧日的将领都老了，常常想提拔骁勇的将领，没有比得上你的，得到辽东我不高兴，我高兴发现你这位猛将啊。”

薛仁贵西征天山时，九姓铁勒拥众10余万，有骁勇骑兵数十人前来挑战。薛仁贵连发三箭射死3人，其余骑兵慑于薛仁贵的神威都下马投降。薛仁贵乘势挥军冲杀，九姓铁勒大败。军中传唱：“将军三箭定天山，壮士长歌入汉关。”

667年9月，薛仁贵率军赴高句丽平叛。唐军将领高侃进军至金山，交战不利，高句丽乘胜进攻，薛仁贵引兵迎击，将高句

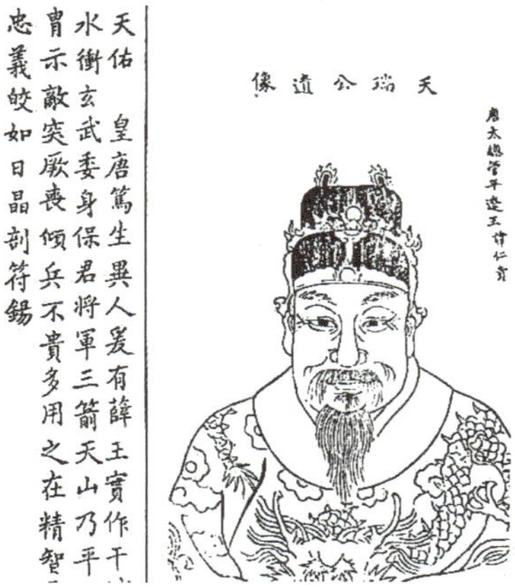

薛仁贵

丽军队截为两段，大破高句丽军，斩首5万余级。对此，唐高宗赞扬薛仁贵说：“金山的战事，敌人非常多，你身先士卒，奋力杀敌，不顾自己的性命，左冲右击，所向无敌，各部军队非常有勇气，才使得这次战役很快就取得了胜利。”668年2月，薛仁贵率3000人进攻高句丽重镇扶余城。这时，部将都以兵少，劝他不要轻进。薛仁贵说：“兵在于会用，不在人多。”于是率军出征。这次战役共杀死、俘虏高句丽军10000余人，攻克扶余城。唐军一时声威大振，扶余川40余城，纷纷望风降服。之后薛仁贵一路南下，与

雁门关（梁　铭　摄影）

大军会师于高句丽都城平壤城外，对平壤形成合围之势，一举攻克平壤。

《新唐书·薛仁贵传》记载一则薛仁贵“脱帽退敌”之事。（唐高宗上元年间，薛仁贵曾因事获罪，被罢官）帝思其功，乃召见曰：“今辽西不宁，瓜、沙路绝，卿安得高枕不为朕指麾邪？于是拜瓜州长史、右领军卫将军、检校代州都督，率兵击突厥元珍于云州。突厥问曰：“唐将为谁？”曰：“薛仁贵。”突厥曰：“吾闻薛将军流（流放）象州死矣，安得复生？”仁贵脱兜鍪（dōu móu 头盔）见之，突厥相视失色，下马罗拜，稍稍遁去。

裴行俭

——提笔安天下、上马定乾坤的大唐儒将

裴行俭

裴行俭，绛州闻喜人，唐朝著名政治家、军事家。

贞观中叶，裴行俭参加明经科考试中选，拜左屯卫仓曹参军。当时名将苏定方任大将军，发现裴行俭有军事天分，感到非常惊奇。苏定方对裴行俭十分器重，将自己多年的用兵经验倾囊相授。

657年，裴行俭任长安令。唐高宗李治准备立武则天为皇后，裴行俭认为国家的祸患就要从此事开始，便和长孙无忌、褚遂良等人秘密商议对策，因大理寺的袁公瑜告密，裴行俭被降职为西州（今新疆吐鲁番东南高昌故城）都督府长史。几年后，裴行俭凭着自己的才干升任安西大都护，西域各国大多仰慕他的仁义归附唐朝。

669年，裴行俭因政绩出色，被调回京城，任吏部侍郎，和李敬玄等共同主持选才任官的工作十余年。当时，天下太平已久，等候授职的人越来越多。裴行俭便与吏部员外郎商议，开始

设立“长名姓历榜”——开列候选人的姓名、资历，规定铨选授任官职的办法。同时还规定州县官员升降的等第和官吏资格的高低等次。这些做法此后即成为固定制度，一直沿用。裴行俭对唐代的官员铨选授任制度建设做出了很大贡献。

676年，吐蕃叛乱，裴行俭离京，赴西北任职。第二年，突厥和吐蕃结为联盟骚扰安西，威胁唐朝对西域的统治，朝廷准备征讨。裴行俭建议说：“吐蕃跋扈蛮横，正处强盛时期。现在波斯王去世了，他的儿子在长安做人质，如果派遣使者送波斯王子回波斯继承王位，就要从突厥、吐蕃两地经过，最好能运用计谋解决问题。”唐高宗于是任命裴行俭担任安抚大使，带上诏书护送波斯王子。到了西州，因为裴行俭曾在西州任职，颇有威望，城内的官吏百姓都出城相迎，裴行俭乘机召集当地豪杰子弟千余人跟着自己西行。为了迷惑敌人，裴行俭制造舆论说：“天气太热，不能前进，等待秋凉再说。”突厥可汗阿史那都支探知到这个情报，就没有设防准备。

裴行俭在安西召见龟兹、于阗、疏勒、焉耆四镇的首领，以打猎为名组织了诸部落子弟近万人，裴行俭则暗中带着队伍出发。他们加速前进，离阿史那都支的营帐十多里时，裴行俭先派人去问安，表面上显得若无其事，又派人急速召见阿史那都支。阿史那都支本来和西突厥首领李遮匐商量好，到了秋天再迎战护送波斯王子的队伍，现在听说唐军到了，仓促之间想不出对策，只得率领500多人到裴行俭的军营拜见，裴行俭下令捉拿了阿史那都支。当天，裴行俭派人将阿史那都支使用的箭令传送突

龟兹壁画

厥各部，召集各部族酋长前来听命，一同将他们押送到了碎叶城（今吉尔吉斯斯坦首都比什凯克以东）。裴行俭又挑选精悍的骑兵，轻装简从，袭击西突厥首领李遮匐。半路上抓住了李遮匐的使者，让他回去告知李遮匐，阿史那都支已被捉拿。李遮匐知道自己不是唐军的对手，只好投降，裴行俭将他们全部押送到了长安。唐军将士在碎叶城为裴行俭镌刻石碑记述其功劳。回到长安后，唐高宗设宴慰问裴行俭，赞誉裴行俭孤军深入，兵不血刃，平息了叛乱。唐高宗认为裴行俭集文韬武略于一身，可同时授予文臣武将两种官职，任命他为礼部尚书，兼检校右卫大将军。

679年，突厥的阿史德温傅背叛唐朝，其管辖的24个州响应，人数有几十万。唐高宗诏令裴行俭任定襄道行军大总管，统率30多万人马讨伐叛军，军旗连绵上千里，史称“唐世出师之盛，未之有也”。此前，唐军大将萧嗣业运输军粮，多次被敌人抢走，士卒经常挨饿。裴行俭指挥大军行至朔州，让部下准备了300辆假粮车，每辆车里埋伏5名带着长刀、弓弩的士卒，用瘦弱的士卒拉车前进，派精兵隐藏其后。敌人果然来抢粮车，拉车的瘦弱士卒假装逃脱险境，敌人用马把车迅速拉到有水草的地方，解下马鞍，让马吃草。敌人正要从车里拿粮食，骁勇的士卒从车里猛然冲出，尾随的精兵也突然出现，敌人不是被杀死就是被俘虏，从此再也没有敌人敢打粮车的主意。

裴行俭通晓天文、历法，每次打仗，都能预知有利的时日。唐朝大军驻扎在敌人的北边，傍晚，已经扎好了营帐，战壕已全部挖好，裴行俭改变命令，让迁移到高岗上扎营。军官们说："士兵们已经安顿下来了，不能打扰他们。"裴行俭不听他们解释，催促赶快迁移。到了晚上，狂风暴雨突然袭来，原来扎营的地方，积水一丈多深，将士们大为惊叹，询问他怎么知道会有大雨的，裴行俭说："从今以后只按我的指挥办事就行了，别问我是怎么知道的。"将士们从此绝对服从裴行俭的号令。

敌军在黑山（今内蒙古包头西北）抵御唐军，裴行俭让将士们尽情厮杀，前后杀死的敌人不计其数。未经唐朝封赐的突厥可汗泥熟匐被部下杀死，部下提着他的首级前来投降，突厥的残余部队逃往狼山。

680年，突厥首领阿史那伏念自立为可汗，同阿史德温傅联盟。裴行俭统率各路军队，驻扎在代州的陉口（今雁门关），派遣间谍大搞离间活动，使阿史那伏念与阿史德温傅互相猜疑。阿史那伏念害怕了，秘密送来降书并请求让他亲自捆来阿史德温傅表示诚意。裴行俭表示对此保密，答应降后不杀。但阿史那伏念还犹豫不定，认为唐军距离尚远，也没有设防，裴行俭派的追兵已到，阿史那伏念无奈，只好按照承诺，押送阿史德温傅投降。唐哨兵见尘土冲天向南而来，惊恐不安，裴行俭说："这是阿史那伏念押送阿史德温傅来投降，没有别的情况，不过接受投降如同接受挑战，不可大意。"裴行俭命令严加防备，派遣一名使者前去慰问。到这时，突厥残部全被消灭。

当初，裴行俭曾向阿史那伏念许诺不杀他们，回到长安后，侍中裴炎妒忌裴行俭的功劳，向唐高宗说："阿史那伏念被程务挺等威胁追赶，又遭碛北回纥的逼迫，没有办法才投降的。"结果，唐高宗下令在长安的大街上斩杀了阿史那伏念和阿史德温傅，裴行俭的功劳也不予记载，只封他为闻喜县公。裴行俭叹息说："西晋时王浑忌妒王浚平定吴国功劳的事，从古至今人们都认为可耻。只怕杀掉降将以后就没有再愿归顺的人了！"于是称病不再露面。朝廷这次斩杀降将，也给突厥上层人物的再次叛唐埋下了祸根。

裴行俭把钱财看得很淡。当初，平定阿史那都支、李遮匐时，缴获的珍宝数量巨大，有许多奇珍异宝，将领们都希望开开眼界。裴行俭趁机设宴，让人把缴获的珍宝全部拿出来让将领们观赏。有一个直径两尺的大玛瑙盘，艳丽的色彩闪烁耀眼，军中小吏的脚步太快跌了一跤，玛瑙盘子被摔碎了，这个小吏惶恐万分，跪在地上不停地叩头，流血不止。裴行俭笑着说："你又不是故意的，怎么吓成这个样子？"唐高宗赏赐给裴行俭从阿史那都支那儿缴获的金银器皿3000多件，裴行俭分送给亲戚朋友和部下，几天时间就送光了。

裴行俭擅长草书，唐高宗曾经给他白绢百卷，让他书写《昭明文选》。高宗看到裴行俭的书法后，十分欣赏，赏赐丰厚。裴行俭曾说：“褚遂良如果没有精美的笔和墨，就不一定书写，不选择笔和墨的好坏而能写得又好又快的，只有我和虞世南而已。”他撰写的《草字杂体》有好几万字。唐代张怀瓘在《书断》中记载：“裴行俭，河东人，官至礼部尚书。工草书，行及章草并入能。”张怀瓘在《书断》中将自古以来的善书之人分为神品、妙品、能品三类。被张怀瓘列入神品的草书家只有张芝、

裴行俭书法

王羲之、王献之3人；列入妙品的草书家有22人，唐代仅欧阳询、虞世南两人，其余均为唐以前的书家；列入能品的草书家有25人，其中唐代书家6人：裴行俭、陆柬之、孙过庭、王知敬、卢藏用、高正臣。张怀瓘把裴行俭的草书、行书都列入能品，可见其造诣颇高。

裴行俭文武皆能，史称“文雅方略，无谢昔贤，治戎安边，绰有心术，儒将之雄”。

武则天

——中国历史上唯一的女皇帝

武则天是唐代并州文水（今吕梁市文水县）人。她14岁入后宫，唐高宗时为皇后，唐高宗去世后，作为唐中宗、唐睿宗时的皇太后执掌朝政。690年，武则天宣布改唐为周，自立为帝，建立武周王朝。武则天是中国历史上唯一的女皇帝，从667年她实际参与朝政决策算起，武则天的政治生涯近40年。从684年她掌控朝政算起，武则天独专朝政的生涯有20年。从690年她称帝算起，武则天的帝王生涯有15年。

文水县则天圣母庙（梁 铭 摄影）

武则天作为女人要当皇帝，其阻力可想而知。在她称帝前后杀伐过重，“朝士人人自危，相见莫敢交言”，李氏宗室、元老旧臣被她杀得所剩无几。但在历史上她也以知人善任著称，武则天时期号称“君子满朝”，娄师德、狄仁杰等著名的贤臣就出现在武则天时期，张柬之、姚崇、宋璟、张说等名臣也是武则天时期提拔起来的。武则天在人才选拔制度上进行了创新，她改革和完善科举制度，增加进士的录取数量，提高进士科的地位，首开殿试之制，开创武举科，让大批寒门子弟有了一展才华的机会。武则天对科举制的发展和完善，客观上极大地削弱了魏晋以来的门阀士族势力，逐步向平民政治过度。武则天的人才政策，也为她去世后不久就出现的“开元盛世”储备了人才队伍。司马光评价武则天：“政由己出，明察善断，故当时英贤亦竟为之用。”

武则天时期基本维持了唐朝原来的疆域。692年，武则天派军队收复了安西四镇，从而结束了唐朝与吐蕃在西域反复争夺控制权的局面。她在位时，实行了奖励农桑的政策。她认为“建国之本，必在于农”，“家足人足，则国自安”。命人撰成农书《兆人本业记》，颁行天下，作为州县官劝农的参考。由于武则天的用人政策打破了传统的门第观念，唯才是举，通过科举一途晋升到中高级官吏的人越来越多，在社会上形成了崇尚文化的风气，客观上促进了文化的发展，为盛唐时期的文化大发展奠定了基础。

武则天想立自己的侄儿武三思为太子，狄仁杰劝谏说：“陛下与武三思是姑侄关系，与庐陵王乃母子关系，姑侄与母子，哪个更亲呢？陛下立自己的儿子为太子，千秋万岁后，会一直受祭于太庙。若立侄辈为太子，自古以来哪有皇帝在太庙中供奉姑母的呢？”武则天再三权衡，终于在次年召回庐陵王李显并重新立其为太子。

狄仁杰

——辅国安邦、再造唐室的一代名相

在山西历史上出现过几位世界级的名人，狄仁杰就是其中之一。狄仁杰的一生，可以说是宦海沉浮，既位高至宰相，也曾被冤枉贬为彭泽县令。作为一个杰出的政治家，狄仁杰每任一职，都心系民生，政绩卓著。任职地方时，勤政爱民，为民请命，造福一方。身居宰相之位后，辅国安邦，对武则天的弊政多所匡正，可谓推动唐朝走向繁荣的重要功臣之一。

狄仁杰曾封梁国公，后人尊称“狄梁公”，唐代并州太原人。一生清廉，以耿直著称。狄仁杰任大理寺丞时，公正执法，一年之内判决了大量的积压案件，涉及17000人，无一人不服，一时名声大振。狄仁杰在垂拱年间担任过一年多宁州（今甘肃宁县）刺史，兴利除弊，政绩卓著。州人感其德政，为其立生祠。任豫州刺史时，越王李贞在豫州起兵反

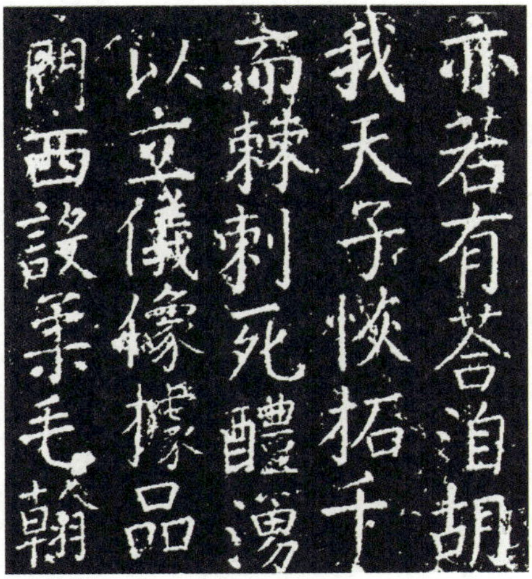

现存河北大名县的唐《狄梁公祠记》（局部）

狄仁杰

叛，700多人受到株连要被处死，狄仁杰认为判决不妥，延缓行刑，向武则天上奏赦免了这700多人的死罪，改为发配戍边。囚犯们被押至宁州城时，宁州父老到郊外迎接并道：“是狄使君救了你们的命”。于是囚犯们来到百姓为狄仁杰立的石碑旁哭成一片，斋戒三日，这才离开宁州。囚犯们到了发配的地方后，又为狄仁杰立碑。因为他的直言劝谏，武则天之后，唐室得以恢复，狄仁杰被誉为“再造唐室”之臣。宋人张商英把狄仁杰和诸葛亮相提并论：“为武侯难，为梁公更难，谓之人杰，真人杰也。”狄仁杰当宰相时，向朝廷推荐了一批治国之才，如张柬之、桓彦范、敬晖、姚崇等，皆为中兴名臣。宋仁宗宝元元年正月，范仲淹被贬，途经今江西彭泽县，拜祭了此间的狄梁公祠，他为狄梁公的功德所感动，洋洋洒洒写下了1900多字的《唐狄梁公碑》。全篇碑文，不但盛赞了狄梁公一生重大的功绩，而且抒发了自己愿以狄梁公为榜样，报效国家、报效民众的思想感情。碑文对狄仁杰推崇备至：“天地闭，孰将辟焉？日月蚀，孰将廓（清理）焉？大厦仆，孰将起焉？神器坠，孰将举焉？岩岩（高大）乎克当其任者，惟梁公之伟欤！……呜呼！武（指武则天）暴如火，李（指李唐王室）寒如灰，何心不随，何力可回！我公哀伤，拯天之亡，逆长风而孤骞（xiàn 孤骞：独自飞翔），溯大川以独航。金可革，公不可革（狄公刚强的性格不可改变），孰为乎刚！地可动，公不可动（狄公的意志不可改变），孰为乎方（方正）！一朝感通，群阴披攘（众多神鬼都为他排除障碍）。天子既臣而皇，天下既周而唐，七世发灵，万年垂光。噫！非天下之至诚，其孰能当！”范公的这篇碑文，今天读起来，依然让人感到振奋不已。

范仲淹认为，武则天称帝后，大唐王朝面对的是“大厦仆、神器坠”，狄仁杰向武则天谏言，重新立庐陵王李显为太子，使李唐王朝在武则天晚年得以恢复，“天子既臣而皇，天下既周而唐”。狄仁杰的行为是“拯天之亡，逆长风而孤骞、溯大川以独航”。在武则天称帝时期，尽管知道武则天不高兴，狄仁杰还是多次犯颜上谏，有时“敷请切至，涕下不能止”。有一次武则天回答狄仁杰说：“此朕家事，卿勿预知。”狄仁杰沉着而郑重地回答：“王者以四海为家。四海之内，孰非臣妾？何者不为陛下家事！君为元首，臣为股肱，义同一体。况臣位备宰相，岂得不预知乎？”又有一次，他直接对武则天说：“先帝寝疾，诏陛下监国。陛下掩神器而取之，十有余年，又欲以三思为后。且姑侄与母子孰亲？陛下立庐陵王，则千

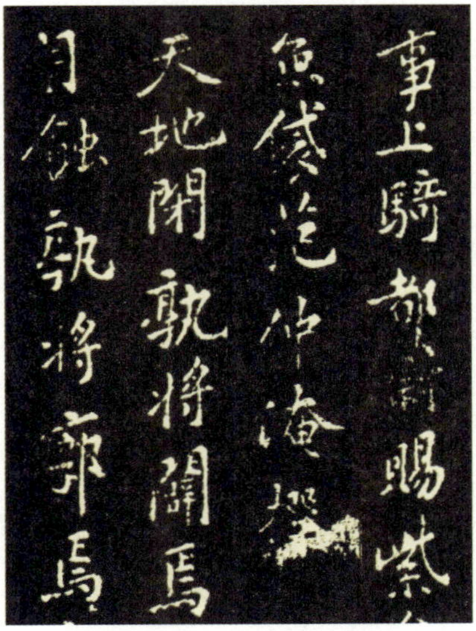

《狄梁公碑》（局部）范仲淹文，黄庭坚书

秋万岁后常享宗庙；三思立，庙不祔姑。”狄仁杰入情入理的谏言，终于打动了武则天。所以范仲淹感叹：“非天下之至诚，其孰能当！”

甘肃宁县原有狄公庙，前几年新建了狄公祠。江西彭泽县有狄公庙，太原有狄公祠，洛阳有狄公墓。

长期以来，有关狄仁杰的作品很多，但都赋予了太多的传奇色彩，以荷兰人高罗佩的《狄公断狱大观》最为风靡。作为世界级的历史名人，狄仁杰应该成为太原的一个文化符号、山西历史文化的一张名片。

封常清

——“誓将报主静边尘”的悲情英雄

唐代著名边塞诗人岑参有一首脍炙人口的边塞诗《走马川行奉送封大夫出师西征》：“君不见走马川行雪海边，平沙莽莽黄入天。轮台九月风夜吼，一川碎石大如斗，随风满地石乱走。匈奴草黄马正肥，金山西见烟尘飞，汉家大将西出师。将军金甲夜不脱，半夜军行戈相拨，风头如刀面如割。马毛带雪汗气蒸，五花连钱旋作冰，幕中草檄砚水凝。虏骑闻之应胆慑，料知短兵不敢接，车师西门伫献捷。”诗题“奉送封大夫出师西征”，封大夫指唐代名将封常清，蒲州猗氏县（今临猗县）人，官至安西、北庭节度使。诗人岑参入北庭都护府，在封常清幕中任职约3年，任封常清的判官（节度使的僚属）。诗作抓住边塞特有的景物来描写环境的艰险，“随风满地石乱走”，从而衬托将士们大无畏的英雄气概。作者歌颂了封将军不畏天寒地冻、严阵以待——“将军金甲夜不脱”，语句豪爽，慷慨激昂。岑参为封常清作的另一首边塞诗《轮台歌奉送封大夫出师西征》，也洋溢着激昂的豪迈之气，“上将拥旄西出征，平明吹笛大军行。四边伐鼓雪海涌，三军大呼阴山动”。诗人对封常清的评价很高：“亚相勤王甘苦辛，誓将报主静边尘。古来青史谁不见，今见功名胜古人。”在《北庭西郊候封大夫受降回军献上》一诗中，岑参写道：“西郊候中军，平沙悬落晖。驿马从西来，双节夹路驰。喜鹊捧金印，蛟龙盘画旗。如公未四十，富贵能及时。直上排青云，傍看疾若飞。前年斩楼兰，去岁平月支。天子日殊宠，朝廷方见推。何幸一书生，忽蒙国士知。”诗人对封常青的赞赏、羡慕之情溢于言表。在《献封大夫破播仙凯歌六首》（组诗）中，岑参写道：“官军西出过楼兰，营幕傍临月窟寒”“日落辕门鼓角鸣，千群面缚出蕃城”“蕃军遥见汉家营，满谷连山遍哭声”“昨夜将军连晓战，蕃军只见马空鞍”。诗作把封常清和将士们不分昼夜英勇作战的情形描写得淋漓尽致。岑参流传下来的诗歌中，有6首是关于封常清镇守西域的作品，另外两首是《使交河郡献封大夫》《奉陪封大夫宴》。这6首诗几乎囊括了岑参

唐代交河城遗迹

边塞诗的精华。

封常清自幼家中清贫，受外祖父影响喜爱读书。父母早亡，他随外祖父流放安西。封常清年过三十后，仍然默默无闻，便投到安西四镇节度使的麾下。当时将军高仙芝担任都知兵马使，身边有30多名侍从，侍从们衣服鲜艳漂亮，十分威武。封常清很想成为高仙芝的侍从，便慷慨激昂地毛遂自荐，高仙芝嫌封常清其貌不扬，一再拒绝，但经不住封常清每天软磨硬泡，就把他录用了。

天宝初年，西北的达奚各部叛乱。高仙芝率领两千名精锐骑兵截击叛军。达奚部因行军劳顿，人困马乏，几乎被唐军全歼。战争刚结束，封常清就在营帐中写好了捷报，战报中详细地陈述井眼、泉水、驻军地点、胜敌的情况和战术，条理分明，用词得当，是一篇高水平的战役捷报。高仙芝想要表达的意思，封常清全给他表达出来了，高仙芝想说的，封常清都周到地写到了，高仙芝一看大为吃惊，一字未改，原稿采用。高仙芝回到驻地后，判官刘眺、独孤峻等人迫不及待地问："此前送来的捷报是谁写的，您帐下竟然有这样的人才？"高仙芝回答说："是我的侍从封常清写的。"刘眺等人很吃惊，一定要见见封常清，交谈中发现封常清的口才也十分出众，认为他是奇才。封常清逐渐有了名气，加上他屡有军功，被一步步提拔起来。

747年，封常清随高仙芝击败了依附吐蕃的小勃律国（今克什米尔西北部）。12月，高仙芝出任安西四镇节度使。封常清因战功，被提拔为庆王府录事参军、节度判官。不久，又加封为朝散大夫。封常清处理事务赏罚分明，果敢决断，深得高仙芝的信任。高仙芝每次出征，都令封常清担留守大任。751年，高仙芝调离安西，王正见任安西节度使。一年后王正见去世，朝廷任命封常清为安西副大都护，安西四镇节度、经略、支度、营田副大使，知节度事，主持安西边防大事。据已发现的考古资料，开元、天宝时期，唐朝在安西一带屯田规模宏大，兴修了诸多水利设施，府库充盈，这与当时主持安西屯田工作的封常清是分不开的。753年，封常清率军攻破大勃律国，威震西域。754年，封常清被任命为御史大夫，兼任北庭都护。

“安史之乱”爆发，朝廷急于用大将出征平叛。从西域归来的常胜将军封常清此时正想报答唐玄宗对自己的重用之恩，对安禄山的军事力量并不了解，也不知道内地的唐军已经没有什么作战能力，便自告奋勇去洛阳平叛。他向皇帝保证：“计日取逆胡之首悬于阙下。”他的表态令唐玄宗很满意，第二天封常清便被朝廷任命为范阳、平卢节度使。

封常清很快到了洛阳，在十日内招募到6万人，但皆为市井之流，纯属乌合之众。12月7日，封常清的军队与叛军接战，他新组建的部队根本不是叛军的对手。11日败于汜水，12日退回洛阳，13日洛阳失守。封常清率残部退守陕郡（今河南三门峡市陕州区），封常清告诉驻守陕郡的高仙芝说：“贼锋不可当，且潼关无兵，若狂寇奔突，则京师危矣。宜弃此守（陕郡），急保潼关。”高仙芝和封常清率兵向潼关撤退。叛军很快追来，唐军惊恐，弃甲而逃。高仙芝到潼关后，修整守备，凭险固守，拒敌于关外，当时的情形下，这是最好的策略了。叛军到达潼关，见唐

潼关古城西门

军已经有防备，不能强攻，只好撤退了。封常清出征洛阳，不知己、不知彼，接战3天就丢了东都洛阳，唐玄宗下令免去封常清的职务，令他以白衣身份在高仙芝营中效力。

当时，唐玄宗派宦官边令诚在高仙芝的军中监军。边令诚由于和高仙芝有矛盾，向唐玄宗诬告高仙芝、封常清不抵抗丢了洛阳、陕郡，唐玄宗大怒，下令诛杀高仙芝、封常清。封常清兵败后，曾3次派使入朝，上表陈述叛军的形势，但唐玄宗都不见。封常清只好亲自骑马入朝报告，行至渭南，唐玄宗已下敕书剥夺了他的官爵。封常清知道自己难免一死，草写了遗表，留给唐玄宗。这篇《封常清谢死表》收录在《旧唐书》中，全文情真意切，感人至深。封常清先讲述了自己之所以在城破后逃走，不是为了保全自己的性命，接着向皇帝分析了安禄山的实际兵力。然后，封常清诉说了打败仗的原因和自己逃走的理由。最后总结自己的这番言论，也许皇帝认为是狂妄之词，也许认为他是忠诚之言。当时的朝臣都很轻视安禄山之叛，封常清希望朝廷不要轻视安禄山，不要忘记他说的话，不然的话社稷难安。只要能够杀掉逆贼，他就死而无憾了。封常清留下遗表，慷慨赴死。

表曰：

中使骆奉仙至，奉宣口敕，恕臣万死之罪，收臣一朝之效，令臣却赴陕州，随高仙芝行营。负斧缧囚，忽焉解缚，败军之将，更许增修。臣常清诚欢诚喜，顿首顿首。

臣自城陷以来，前后三度遣使奉表，具述赤心，竟不蒙引对。臣之此来，非求苟活，实欲陈社稷之计，破虎狼之谋。冀拜首阙庭，吐心陛下，论逆胡之兵势，陈讨捍之别谋。将酬万死之恩，以报一生之宠。岂料长安日远，谒见无由；函谷关遥，陈情不暇！臣读《春秋》，见狼瞫称未获死所，臣今获矣。

昨者与羯胡接战，自今月七日交兵，至于十三日不已。臣所将之兵，皆是乌合之徒，素未训习。率周南市人之众，当渔阳突骑之师，尚犹杀敌塞路，血流满野。臣欲挺身刃下，死节军前，恐长逆胡之威，以挫王师之势。是以驰御就日，将命归天。一期陛下斩臣于都市之下，以诫诸将；二期陛下问臣以逆贼之势，将诫诸军；三期陛下知臣非惜死之徒，许臣竭露。臣今将死抗表，陛下或以臣失律之后，诳妄为辞；陛下或以臣欲尽所忠，肝胆见察。臣死之后，望陛下不轻此贼，无忘臣言，则冀社稷复安，逆胡败覆，臣之所愿毕矣。仰天饮鸩，向日封章，即为尸谏之臣，死做圣朝之鬼。若使殁而有知，必结草军前，回风阵上，引王师之旗鼓，平寇贼之戈鋋。生死酬恩，不任感激，臣常清无任永辞圣代悲恋之至。

封常清起于寒微，凭个人才能脱颖而出，成长为文武兼备、威震西域的一代名将。在朝廷危难之际主动请缨，东向御敌。无奈所部皆乌合之众，面对强敌，其时凭谁也守不住洛阳城。封常清勉力为之，不但毁掉了自己常胜将军的英名，还被不讲道理的唐玄宗赐死，实为一大悲剧。

太原保卫战

——扭转“安史之乱”局面的转折点

755年，“安史之乱”爆发，今河北、山西大部为叛军占领，只有太原为唐军所控制。李光弼受命坐镇太原，牵制叛军。因为从太原东出太行山可进入今河北平原，叛军的归路将被切断，所以安禄山在攻占长安后，便把主要兵力调往太原。757年1月，叛军的四路人马10万人对太原实施合围。当时，李光弼手下的守军不足万人。

据《新唐书·李光弼传》记载：“思明、希德率高秀岩、牛廷玠将兵十万攻光弼，时锐兵悉赴朔方，而麾下卒不满万，众议培城（加高城墙）以守，光弼曰：‘城环四十里，贼至治之，徒疲吾人。’乃彻（拆）民屋为擂石车，车二百人挽之，石所及辄数十人死，贼伤十二（百分之二十）。思明为飞楼车，障以木幔（用木板遮挡），筑土山临城，光弼遣人穴地颓之。”当时部下建议李光弼加固城墙进行防守，李光弼认为此法劳而无功，太原城周40里，根本无法临时加固，他制造了一种能够发射石块的工具，杀伤力很大。史思明在城外筑土山，企图居高临下攻城，李光弼派士兵挖地道，使得城外的土山很快就塌陷了。

“又潜沟营地（暗中在敌军营地边挖出深沟），将沈其军

（预谋使敌军陷入其中），乃阳（佯）约降。至期，以甲士守陴（城上的矮墙），遣裨校（中下级军官）出，若送款者，思明大悦。俄而贼数千没于堑（深沟），城上鼓噪，突骑出乘之，俘斩万计。思明畏败，乃去，留希德攻太原。光弼出敢死士搏贼，斩首七万级，希德委资粮遁走。”李光弼用诈降之计麻痹叛军，把地道挖到叛军的营地，地道战和奇袭战同时发力，消灭敌人过万。史思明退走后，李光弼组织敢死队出击杀敌，消灭敌人7万人。

757年的“太原之战”，对当时的局势影响很大。李光弼坚守一个多月，太原城牵制叛军兵力10万，消灭其有生兵力7万多人，使叛军元气大伤，减轻了对关中地区唐军的压力。此后不久，长安和洛阳相继被收复。“太原之战”的胜利是唐军平定“安史之乱”的第一次重大胜仗和转折点。

山西出土的唐代武士俑

汾阳王郭子仪

——救大唐于战火之中的一代名将

郭子仪

郭子仪，祖籍太原，唐代著名军事家、政治家。“安史之乱”爆发后，郭子仪率军平叛，首先收复塞北名城云中（今大同市）、马邑（今朔州市），继而东出太行，收复河北，又挥师收复长安、洛阳。多次镇守河中（今永济市）、绛州（今新绛县），稳定河东。先封为代国公，后封为汾阳王。郭子仪力挽危局，救大唐于战火之中，再造王室，勋高一代。

郭子仪出生于陕西华县，但其与山西却有着非同寻常的关系。史载，郭氏出于姬姓，周武王封文王之弟虢叔于西虢，由此以郭为氏。自战国至西汉，是郭氏太原郡望的形成时期，太原郭氏名扬天下。西汉中后期，郭子仪祖上一支迁至陕西华州郑县（今华县），定居其地。郭子仪被封爵汾阳王，原因之一就是因其祖上出自山西汾阳。

郭子仪不仅祖籍和姓氏与山西密切相关，就连其建功立业也与山西关系密切。唐玄宗天宝十四载（755），安禄山举兵反唐，次年初，郭子仪奉命率朔方军平叛，4月，进军河东，收复云中、马邑，打开东进河北的通道。因此，山西是郭子仪平叛旗开得胜之地。从此，郭子仪便与山西结下了不解之缘。

756年，郭子仪又以山西为基地率大军东出井陉关，在嘉山（今河北正定县西）大败叛军。叛将史思明坠马逃窜，退守博陵（今河北定县）。7月，唐肃宗诏令郭子仪率军勤王，任命郭子仪为兵部尚书、同中书门下平章事。757年，郭子仪派人潜入河东，联络内应。2月，进军河东，叛将崔乾祐退保蒲津（今永济市蒲州），郭子仪攻占蒲津，河东平定，山西再次成为郭子仪的前进基地。此后郭子仪又出兵潼关，打开了关、陕通道，肃宗下诏晋升郭子仪为一品司空，关内、河东副元帅。同年8月，郭子仪光复长安。12月，河东、河西、河南的失地大部均已收复，郭子仪因功加封司徒、代国公。郭子仪入朝，唐肃宗命人在灞上迎

汾阳市汾阳王府

接并慰劳他道："国家再造，是你的功劳。"

762年2月，河东绛州、太原都发生了反叛事件，朝廷害怕这两地的军队与叛军联合，年轻的将领驾驭不了局面，于是起用郭子仪为朔方、河东、北庭、潞、仪、泽、沁等州节度行营，封汾阳王，进驻绛州。当时唐肃宗已病重，不见百官。郭子仪请求道："老臣接受任命，将要死在外地，不见到陛下，死也不能瞑目。"肃宗将郭子仪请入内室，道："河东的事情全都拜托你了。"郭子仪到达绛州后，诛杀为首作乱的王元振等几十人，新任河东节度使辛云京也在太原处死作乱者。在郭子仪的威慑之下，各地将领不敢再作乱。

因此说，郭子仪建功立业之地是山西，山西军民敬仰郭子仪，随同他驰骋疆场，助他成就一代伟业；郭子仪食封之地在山西，其后裔很多人封地、食邑亦在山西。山西从北到南、从西到东，皆有郭子仪的足迹，都留下了很多郭子仪作战、生活的史实、遗迹和传说，这对山西而言，是一份丰厚的历史遗产。

裴 度

——出将入相20余年的“中兴名相”

裴度，河东闻喜人。因功勋卓著封晋国公，世称“裴晋公”。曾任中书令，又称“裴令公”。他出将入相20余年，任人唯贤，推荐韩愈等名士，重用李愬等名将，保护刘禹锡等官员。白居易有诗赞誉：“绿野堂开占物华，路人指道令公家。令公桃李满天下，何用堂前更种花。”

裴度的功劳，尤以平定割据10年之久的淮西藩镇叛乱最为有名。814年，驻守蔡州的淮西节度使吴少阳病死，其子吴元济想接任淮西节度使一职，朝廷不允。吴元济于是纵兵焚烧舞阳、叶县（皆今河南地），攻掠鲁山、襄城、阳翟，千里之间，生灵涂炭。朝廷发兵讨伐。时河北藩镇中，成德（今河北正定县）的王承宗、淄青（今山东青州市）的李师道都暗中与吴元济勾结，出面为之说情。因朝廷不许，815年，李师道派刺客入京，宰相武元衡遇刺，裴度也被刺伤。裴度临危受命，出任宰相，主持讨伐事宜。由于将领之间协调有问题，朝廷讨伐吴元济之事久战无功，国家财政都感到紧张。马匹缺乏，民间有以骡子代耕者。许多大臣都建议皇帝撤兵，裴度不同意。他认为淮西之乱是朝廷的心腹之患，不除掉吴元济，终为大患，否则，两河之

闻喜县裴晋公祠

间的各藩镇都学着吴元济的路子，都不服从朝廷了。裴度坚决主张讨伐，并请战亲自赴蔡州督战。他对皇帝说：“主忧臣辱，义在必死。贼灭，则朝天有日；贼在，则归阙无期。”裴度是报了必死的决心去剿灭吴元济的。817年8月3日，裴度从长安出征，宪宗皇帝派300名神策军护卫裴度并亲自到通化门为裴度送行。裴度名义上是宣慰使，实际上行使元帅的职责。

当时军队中都有宦官监军，对战事颇有干扰。裴度革除此弊，归兵权于将帅，颇得军心。当时吴元济的淮西精兵都在北线，守卫蔡州的全是老弱之兵。唐军的西线将领李愬认为可以乘虚直捣蔡州，一举擒获吴元济，派人将奇袭计划密报裴度。裴度同意李愬的奇袭计划。817年10月10日，李愬利用风雪交加、敌军放松警戒、利于奇袭的天气，出动10000精兵，雪夜奇袭蔡州成功，俘获吴元济。11月，吴元济被斩于长安。至此，持续10年之久的“淮西之乱”被平定。

蔡州平定后，裴度用蔡州的士卒担任守卫工作，有人认为对这些刚刚归顺的人不可大意。裴度笑着回答说：“我受朝廷的任命来到蔡州，叛乱的元凶已经被擒，蔡州的百姓就是本朝的百姓了，有什么不放心的！”蔡州父老听说后，都十分感动。

第二年，皇帝让韩愈撰写了《平淮西碑》，以纪念这次平叛之役。南宋葛立方评价说：“裴度平淮西，绝世之功也。韩愈《平淮西碑》，绝世之文也。非度之功不足以当愈之文，非愈之文不足以发度之功。”

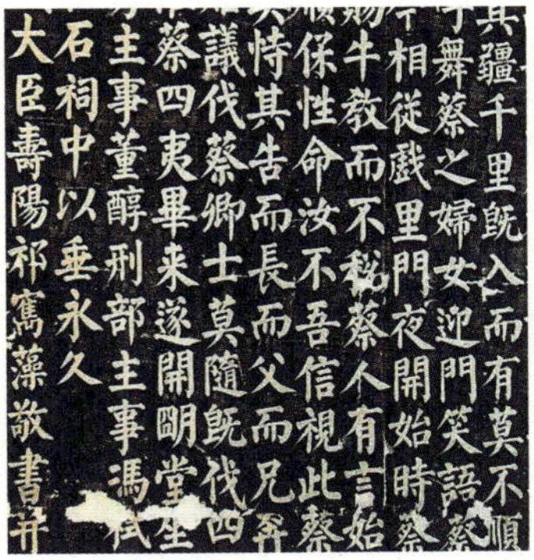

《平淮西碑》（局部）
韩愈文，清代祁寯藻重书

淮西的平定，使其他藩镇都先后归顺中央，藩镇割据的局面因此暂告结束。清代学者朱轼说：“广德（唐代宗年号）以来，藩镇跋扈，河南、北三十余州久非唐家所有。自度为相，海内肃然，遵朝廷约束。”后来裴度在朝中遭到排挤，藩镇割据又起，朱轼认为，这种“天不佑唐”的局面，是后来的几位皇帝听信谗言不用裴度、宰相的任用不当所致。

明末清初大学者顾炎武曾至闻喜拜谒裴晋公祠，作《裴村记》一文，叙述了闻喜裴氏在历史上人才辈出的盛况：“余至闻喜县之裴村，拜于晋公之祠，问其苗裔（后代），尚一二百人，有释耒（放下农具）而陪拜者。出至官道旁，读唐时碑，载其谱牒世系。登陇而望，十里之内丘墓相连，其名字官爵可考者尚百数十人。盖近古氏族之盛，莫过于唐，而河中为唐近畿地。其地重而族厚，若解之柳、闻喜之裴，皆历任数百年，冠裳不绝……”

清人刘启襄认为，唐代有3位社稷之臣——狄梁公、郭汾阳、裴晋公。

王　绩

——为唐诗揭开序幕的伟大诗人

王　绩

王绩，隋唐之际著名诗人，其故里在今运城市万荣县通化镇，也是隋末大儒王通的弟弟。他被后世公认为五言律诗的奠基人。王绩的诗摆脱了六朝余风，标志着诗歌的新时代——唐诗时代到来，在中国诗歌史上具有非常重要的地位。“树树皆秋色，山山唯落晖”“相逢秋月满，更值夜萤飞”，这些诗句无不显示出豁达的襟怀和阔大的气象。

王绩在隋朝曾有短暂的为官经历。隋末天下大乱，他弃官回到故乡河东隐居。王绩性情旷达，嗜酒如命，有“斗酒学士”之称。自此，肆意纵酒，放情山水，以诗赋自乐，自称“东皋子”，撰有《醉乡记》《五斗先生传》《酒赋》《游北山赋》等文。《醉乡记》一文，虚拟了一个醉乡，那里环境优美，人和人之间没有争斗，是一个互相友爱的大同世界，这和陶渊明的《桃花源记》十分类似，字里行间流露出他对现实社会的不满。

王绩的诗歌成就最高。与同时期其他诗人的作品相比，王绩的五言律诗格调清新，气象高远，别具风韵——这种风韵就是清新刚健的唐风唐韵。尤为重要的是，王绩的五言律诗完全合乎格律要求。据学者考证，在南北朝时期，约有20位诗人写了25首基本合乎格律要求的五言诗。而王绩的作品中，完全合乎格律要求的有14首，基本合乎格律要求的有22首，五言律诗在王绩的作品中已经成熟。

诗意画《树树皆秋色，山山唯落晖》

王绩的名作《野望》，历来为学术界称道。清人沈德潜在《唐诗别裁集》中说到王绩的《野望》，认为五言律诗“应以此章为首”。施蛰存先生认为，王绩的《野望》是最早的唐代律诗，讲唐诗应该从《野望》开始。在初唐的诗坛，长孙无忌、上官仪等人作品中还有齐梁的浮艳之气，《野望》是第一首摆脱了齐梁浮艳风格的作品，也是唐诗中最早一首完全合律的名作。所以说，王绩的《野望》是唐代五律第一诗，是唐诗的开篇之作。《野望》所描述的，是王绩故乡今晋南地区河汾之间的田野风光。从这个意义上讲，唐诗是从山西南部的河汾田野走来的。

王绩在田园诗的发展上贡献也很大。有研究者认为，从晋宋到隋唐的100多年，田园诗与山水诗这两种题材的发展并不平衡。谢灵运所开创的山水诗不断丰富，逐渐蔚为大观；而陶渊明开创的田园诗却仿佛从诗坛上消失了似的，只有寥寥几首。田园诗这种与山水诗发展很不相称的寥落局面，是由于王绩的出现才被打破的。王绩的田园诗，上承陶渊明，下启孟浩然、王维，有着继往开来的意义。无论从思想还是艺术方面来说，王绩都是唐代田园诗派的先驱人物。

野　望

王　绩

东皋薄暮望，徙倚欲何依。
树树皆秋色，山山唯落晖。
牧人驱犊返，猎马带禽归。
相顾无相识，长歌怀采薇。

王　勃

——滕王阁前留绝唱，天才诗人传千古

王　勃

王勃，隋末大儒王通的孙子。自幼聪慧，世人称为神童。《旧唐书》记载王勃“六岁解属文，构思无滞，词情英迈”。王勃9岁时读颜师古的《汉书注》，撰《指瑕》十卷，指正书中的错误。16岁时参加科举考试，金榜题名，被授予朝散郎之职，成为朝中最年轻的官员。撰《乾元殿颂》，文章绮丽，词美义壮，唐高宗惊叹，誉为“大唐奇才”！王勃的文名为之大振，与杨炯、卢照邻、骆宾王并称为“初唐四杰”。

王勃在沛王李贤府中侍读，因戏作《檄英王鸡》一文，被唐高宗下令逐出长安。669年5月，王勃离开长安，南下入蜀，在蜀中漫游3年，写了一些抒发情怀的诗文。

671年，王勃因为私杀官奴被判死刑入狱。后巧遇朝廷大赦，免除了死刑，但王勃的父亲却因此事而从雍州司户参军的位置上被贬为交趾令。王勃对此事十分自责：“今大人上延国谴，远宰边邑。出三江而浮五湖，越东瓯而渡南海。嗟乎！此皆勃之

罪也，无所逃于天地之间矣。”

676年，王勃从故乡河东南下，前往交趾看望父亲。9月初，路经洪州。王勃在此留下了千古绝唱——《滕王阁序》。第二年渡海时，不幸溺水而卒，年仅27岁。

王勃的诗歌成就很高，既壮阔明朗又不失慷慨激越。其送别诗《送杜少府之任蜀州》，虽写离别之情，但以“海内存知己，天涯若比邻”相勉，意境开阔，一扫通常离别诗的悲伤之气，意境高人一筹。《江亭夜月送别》“乱烟笼碧砌，飞月向南端。寂寂离亭掩，江山此夜寒。”全诗呈现给读者一幅江边月夜图，优美静谧、隐约迷蒙。通篇来看都是写景，而诗人送别后不忍离去、流连徘徊于月夜孤亭之状，胸中的寂寞之情跃然而出，实为寓情于景、景中见情的佳作。《秋江送别》“归舟归骑俨成行，江南江北互相望。谁谓波澜才一水，已觉山川是两乡。”送行的人和离别的人依依惜别，江南和江北的人互相遥望。江水不只是阻隔人们的一条河流，它也是故乡与他乡的分界线啊！“江南江北互相望”一句，可谓神来之笔。王勃的一首思乡之作《九日登高》，既是送别诗，也是思乡诗：“九月九日望乡台，他席他乡送客杯。人情已厌南中苦，鸿雁那从北地来。”时值重阳节，诗人在重阳节这天登高遥望故乡。本应是与家人团聚，诗人身处他乡，送别朋友远行，举杯之际，更增添了离愁别绪。“人情已厌南中苦，鸿雁那从北地来”是这首诗中的名句，前人在评价这两句诗时说：“读之，初似常语，久而自知其妙。”北雁南飞本是自然现象，诗人将鸿雁南飞与自己久居南方不得北归进行对比，在强烈的对比中烘托了诗人真挚的思乡之情，将思乡的愁绪推向了高峰。

滕王阁

其传世名作《滕王阁序》，可谓字字珠玑，句句生辉，浑然天成。《新唐书·王勃传》记载王勃撰写《滕王阁序》：“初，道出钟陵，九月九日都督大宴滕王阁，宿（事先）命其婿作序以夸客，因出纸笔遍请客，莫敢当，至勃，抗然（不客气）不辞。都督怒，起更衣，遣吏伺其文辄报。一再报，语益奇，乃矍然（惊讶）曰：‘天才也！’请遂成文，极欢罢。勃属文，初不精思，先磨墨数升，则酣饮，引被覆面卧，及寤（睡醒），援笔成篇，不易一字，时人谓勃为‘腹稿’。”

宋之问

——以五言律诗著称的初唐著名诗人

宋之问，汾州（今吕梁市汾阳）人。初唐时期的著名诗人，尤善五言诗。宋之问的诗歌中，传播最广的是《唐诗三百首》所选的《渡汉江》：“岭外音书断，经冬复历春。近乡情更怯，不敢问来人。”其他佳句如《灵隐寺》中的“楼观沧海日，门对浙江潮。桂子月中落，天香云外飘”。《江亭晚望》中的“鸟归沙有迹，帆过浪无痕。望水知柔性，看山欲断魂”。这都是脍炙人口的佳作。

宋之问与沈佺期的诗名并列，时称“沈宋”。他们的诗作格律谨严，是继王绩奠基之后，初唐时期律诗发展阶段的代表诗人。宋之问在朝中的应制之作，内容比较空洞，后来在流放南方途中作的一些诗有较充实的内容。在艺术形式上，宋之问的诗以对仗工整、音韵协调见长，对律诗体制的进一步完善有贡献。

南宋· 李嵩《月夜看潮图》

诗意画 《近乡情更怯》

其《渡汉江》一诗，真实地刻画了诗人久别还乡、即将到家时激动而又复杂的心情。语极浅而意颇深，描摹心理变化——太想知道家人的情况了，但又怕听到不好的消息，所以就“不敢问来人”。后两句吟咏出特殊情景下的心理状态，情出自然，情真意切，从而引起了千古共鸣。

其《灵隐寺》一诗，则是一首优秀的山水游记诗。明代文学家袁宏道评价说：“余始入灵隐，疑宋之问诗不似。意古人取景，或亦如近代词客，捃拾帮凑。及登韬光，始知‘沧海’‘浙江’‘扪萝’‘刳木’数语，字字入画，古人真不可及矣！”这段话说尽了《灵隐寺》一诗的妙处——“字字入画”。“楼观沧海日，门对浙江潮”，这两句以工整的对仗和壮观的景色成为千古流传的佳句。

其《江亭晚望》一诗：“浩渺浸云根，烟岚出远村。鸟归沙有迹，帆过浪无痕。望水知柔性，看山欲断魂。纵情犹未已，回马欲黄昏。”描写了江边渔村黄昏时刻的宁静景象：烟波浩渺，水云相连；袅袅炊烟从山村里飘出；鸟儿归巢，沙滩上留下足迹；帆船从江上驶过，浪花依旧；在黄昏时刻望水、看山，不免让人伤感断魂。诗作语言质朴，对仗工整，不愧为佳作。

王之涣

——大气磅礴的盛唐边塞诗人

王之涣，绛州（今运城市新绛县）人，盛唐时期著名诗人，以善于描写边塞风光著称，其代表作《凉州词》《登鹳雀楼》家喻户晓。

王之涣性格豪放，常击剑悲歌，其诗作多被当时的乐工制曲传唱，名动一时。王之涣尤善五言诗，以描写边塞风光为胜。唐人靳能说他："歌从军，吟出塞，曒兮极关山明月之思，萧兮得易水寒风之声，传乎乐章，布在人口。"

王之涣常与高适、王昌龄等相唱和。唐代文人薛用弱的《集异记》记载了一则三人比诗的故事：有一天，三位诗人到酒楼小饮。有梨园掌管乐曲的官员率十余子弟登楼宴饮。三位诗人围着小火炉，看她们表演节目。一会儿又有四位漂亮的梨园女子登楼演奏，王昌龄说我们三个在诗坛上都有名气，一直未能分个高低。今天算是有个机会，可以悄悄地听这些歌女们唱歌，谁的诗入歌词多，谁就最优秀。一位歌女首先唱道："寒雨连江夜入吴，平明送客楚山孤。洛阳亲友如相问，一片冰心在玉壶。"王昌龄就用手指在墙壁上画一道："我的一首绝句。"随后另一歌女唱道："开箧泪沾臆，见君前日书。夜台今寂寞，独是子云居。"高适伸手画一道："我的一首绝句。"又一歌女出场："奉帚平明金殿开，强将团扇共徘徊。玉颜不及寒鸦色，犹带昭阳日影来。"王昌龄又画一道，说道："两首绝句。"王之涣说："这几个姑娘所唱不过是下里巴人之类不入流的歌曲，那阳春白雪之类的高雅之曲，岂是她们唱得了的呢！"他用手指着歌女中最漂亮、最出色的一个说："到这个姑娘唱的时候，如果不是我的诗，我这辈子就不和你们争高下了。如果是我的诗，二位就尊我为师好了。"一会儿，轮到那个最漂亮的姑娘唱了，她唱道："黄河远上白云间，一片孤城万仞山。羌笛何须怨杨柳，春风不度玉门关。"王之涣得意至极。

诗意画《黄河远上白云间》

王之涣的作品现存仅有6首绝句。其《登鹳雀楼》一诗，写出了诗人在登高望远中表现出来不凡的胸襟抱负，寥寥数字，山河如画，大海在望，气势千里，具有典型的盛唐气象。后人在千载之下读之，如临其地，如见其景。"欲穷千里目，更上一层楼。"富有哲理，发人深思，千古绝唱。《凉州词》是王之涣边塞诗的代表作。诗句描摹边塞之孤远、荒寒，通篇没有一个字说到征人，而征人之苦已跃然而出。虽是一篇怨词，但苍

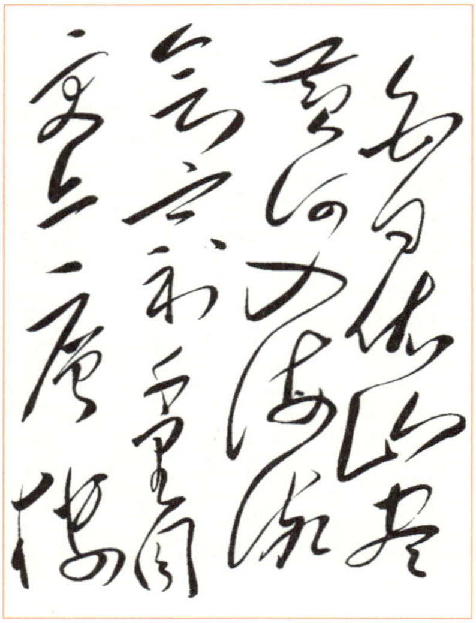

毛泽东草书《登鹳雀楼》

凉中有雄阔之气，情调悲而不失其壮，历来被誉为唐代边塞诗中的名篇。清代文学家王士祯把王之涣的《凉州词》、王维的《送元二使安西》、李白的《早发白帝城》、王昌龄的《长信秋词》（奉帚平明）评为唐人绝句的压卷之作。

永济市鹳雀楼

王昌龄

——盛唐“七绝圣手”

王昌龄，河东晋阳（今太原）人。盛唐著名边塞诗人，其诗以七绝见长，后世誉为“七绝圣手”。“秦时明月汉时关，万里长征人未还”是其《出塞》篇中传诵千古的名句；“黄沙百战穿金甲，不破楼兰终不还”“大漠风尘日色昏，红旗半卷出辕门”皆为其《从军行》中的名句。

现存王昌龄的诗作，体裁以五古、七绝为主，题材主要为边塞、离别、宫怨。王昌龄的七绝成就最高。盛唐有七绝492首，其中王昌龄有91首，几乎占了1/5。因为他和李白等人的努力，七绝逐渐成为唐诗流行的体裁。中唐、晚唐七绝数量之多，仅次于五律。清代学者吴乔在《围炉诗话》中评价：“王昌龄七绝，如八股之王济之也。起承转合之法，自此而定，是为唐体，后人无不宗之。”由此可见，王昌龄的七绝创作给后人以很大影响。

在唐代的边塞诗人中，王昌龄与高适、岑参齐名。王昌龄在开元年间漫游西北，创作了大量的边塞诗。从创作时间而言，王昌龄是唐代边塞诗的先驱。他的边塞诗善于捕捉典型的情景，有着高度的概括性，意境开阔，音调婉转，余韵无穷。既有表

诗意画《不破楼兰终不还》

诗意画《秦时明月汉时关》

现戍边将士“不破楼兰终不还”的豪情壮志，也有表达“已报生擒吐谷浑”的胜利喜悦，还有“万里长征人未还”的悲壮，更有“总是关山离别情”的离愁。“秦时明月汉时关，万里长征人未还。但使龙城飞将在，不教胡马度阴山。”首句中的明月、边关、秦汉，让空间在时间中定格，时间在空间里延续，沧桑、寥廓、苍凉之气扑面而来；末句“不教胡马度阴山”，气势豪迈、激情洋溢，卫国之志、昂扬之情跃然而出。这首《出塞》被誉为唐人七绝的压卷之作。

王昌龄的宫怨诗也可与李白相比，其用意之深、造语之奇，都有独到之处。他的宫怨诗以细腻的笔触展现所描写对象的感情世界，揭示她们所遭遇的悲惨命运，怨而不怒，含而不露，发人深思。这种思想倾向奠定了其作品的健康基调，从而扭转了齐梁时宫怨诗的浮艳之气。但另一方面，王昌龄又发扬了六朝精雕细琢的表现手法，继承了其形式之美。因此，王昌龄被誉为是成功地用七言绝句写宫词的第一人。王昌龄的宫怨诗往往融情入景，情景交融："金井梧桐秋叶黄，珠帘不卷夜来霜。熏笼玉枕无颜色，卧听南宫清漏长。"（《长信秋词》其一）诗人以深宫寒夜的清冷，衬托了一个孤寂难眠、卧听清漏宫女的凄凉心境。沈德潜在《唐诗别裁集》中评价王昌龄的宫怨诗："深情幽怨，意旨微茫，令人测之无端，玩之无尽，谓之唐人骚语可。"

王昌龄的送别诗也颇有特色。他一生交游很广，写了50多首送别诗。他的送别诗，在表现手法上往往打破送别诗的常规，不重点写离别，却着意写别后的情景。"忆君遥在潇湘月，愁听清猿梦里长。"（《送魏二》）作者送别朋友之后，计算时间，朋友应该到潇湘之地了，两岸的阵阵猿鸣，肯定会触动朋友的离愁别绪。既写自己，又写朋友，把朋友间的思念表现得异常深切。"武陵溪口驻扁舟，溪水随君向北流。行到荆门上三峡，莫将孤月对猿愁。"（《卢溪别人》）作者虚拟朋友别后的情景，劝朋友到了长江三峡不要在月下听猿鸣，以免增添忧愁。"青山一道同云雨，明月何曾是两乡？"（《送柴侍御》）则表达了相隔千里依然同在一片月光之下的豪爽之气。王昌龄的送别诗，愁苦之情少，更多的是爽朗、旷达。王昌龄以边塞诗的风格创作送别诗，高人一筹。

王　维

——诗画俱佳的诗坛领袖

王维，河中猗氏（今属运城市临猗县）人，唐代著名诗人，唐代山水诗的代表人物。又精通绘画，是唐代山水画的名家。苏轼评价王维："诗中有画，画中有诗。"因笃信佛教，以禅入诗，有"诗佛"之称。

王维最擅长写景，他的山水田园之作，常用五律和五绝的形式，篇幅短小，语言精美，如"明月松间照，清泉石上流""江流天地外，山色有无中"。王维其他题材的作品，如送别、边塞之类的诗中，也常出现写景佳句，如"远树带行客，孤城当落晖""大漠孤烟直，长河落日圆"等，都是传诵千年的名句。王维笔下的写景诗，或描绘农村风光，或表现边塞风韵，或展现山川景致，皆绚丽多姿。

王维的山水诗成就高、影响大，承前启后、继往开来。在山水诗创作方面，王维借鉴了陶渊明善于描摹景物的特点，但又情景交融；继承了谢灵运细致工丽的特点，但又不失自然之美。是在陶渊明、谢灵运之后成就最高的一位，被视为唐代山水诗的领军人物，对山水诗的发展起了重要的推动作用。与前人相比，王维扩大了山水诗的内容，开创了崭新的山水田园意境，在艺术上

唐代的阳关遗址

达到了很高的造诣，使山水诗的成就达到了前所未有的高度。王维笔下的乡村景物和田园风光清净幽美，淳朴恬淡。如《新晴野望》：“新晴原野旷，极目无氛垢”写雨后清新无尘的原野；“白水明田外，碧峰出山后”，寥寥十字，却包含了近景与远景，色彩与光线，动态与静止，错落有致，极富神韵。《山居秋暝》：“明月松间照，清泉石上流。竹喧归浣女，莲动下渔舟。”写雨后山中之美景。“明月松间照，清泉石上流。”诗中见画，炉火纯青，人人见此景，人人不能言之。清人黄生的《唐诗矩》说：“此非复食烟火人能道者。”王维的山水诗，有的像巨幅的长卷山水画，气势宏伟，意境开阔，如《汉江临泛》《终南山》；有的像精致的小品画，宁静幽美，雅致娟秀，如《鸟鸣涧》《山中》。

王维的送别诗、思乡诗也写得感染力极强，历来为人称道。《九月九日忆山东兄弟》这首思乡之作，千百年来，每逢佳节，无论是客居他乡怀念故乡的亲人，还是身在故乡怀念在异乡的亲人，人们都会不约而同地想到“每逢佳节倍思亲”这句

诗意画 《大漠孤烟直 长河落日圆》

诗，可见王维这句诗穿越时空的力量有多强。诗作的后两句也堪称神来之笔。《送元二使安西》有一句“劝君更尽一杯酒，西出阳关无故人”，诗人脱口而出的劝酒词是与朋友惜别之情的集中表现，千百年来引起无数人的共鸣。

王维的边塞诗也颇有特色，《使至塞上》中“大漠孤烟直，长河落日圆”，描绘了边塞壮阔雄奇的景象——一望无际的大漠，边关特有的烽烟，极目可见的长河，壮观的落日，画面开阔，意境雄浑。“长河落日圆”像一个特写镜头，呈现了大河吞吐日月的宏阔气势，使整个画面显得更加壮丽，是描写沙漠景色的千古名句。《陇西行》“关山正飞雪，烽戍断无烟”，作者只选取了边关一个典型场景，就把边塞之地气候恶劣、戍边将士生活艰辛、军情紧急之状呈现给读者，匠心独具。

王维的绘画成就很高，擅长泼墨山水。唐人张彦远在《历代名画记》中称赞王维的画作“笔力雄壮”。五代荆浩在《笔法记》中说王维“笔墨婉丽，气韵高清”。像王维的诗中有画一样，他的画作中往往有诗意。王维著名的画作《辋川图》，画面群山环抱，树林掩映，呈现超尘绝俗的意境。王维还首创了中国山水画中优美独特的“禅境”表现手法。明代画家董其昌把山水画分为“南北宗”，他把王维称为“南宗始祖”。

“大历十才子”中的三位山西人

“安史之乱”后，唐王朝的国势一落千丈，唐诗也从盛唐转向中唐。唐代宗大历年间，社会安定下来，涌现出了被称为“大历十才子”的一群诗人，标志着唐诗开始复兴。这10个诗人中，有3个是山西人。他们是：卢纶，河中蒲（今永济市）人；耿沣，河东人；苗发，潞州壶关（今长治市壶关县）人。

他们3人中成就最突出的是卢纶。他的军旅诗写得脍炙人口，如《塞下曲》中“月黑雁飞高，单于夜遁逃。欲将轻骑逐，大雪满弓刀”。“月黑雁飞高”“大雪满弓刀”渲染了雪夜追敌的战争气氛。全诗没有写冒雪追敌的过程，也没有直接写激烈的战斗场面，只描绘了一个准备追击的场面，就把当时的气氛有力地烘托出来了。“林暗草惊风，将军夜引弓。平明寻白羽，没在石棱中。”“平明寻白羽，没在石棱中”给读者呈现了一位武艺高强、英勇善战的将军形象。卢纶虽为中唐诗人，但其边塞诗具有盛唐气象，字里行间洋溢着英雄气概，令人振奋。

卢纶有一首《长安春望》，是思乡抒怀之作，作品情真意切，景中有情，情景交融，为思乡诗的上乘之作。“东风吹雨过青山，却望千门草色闲。家在梦中何日到，春生江上几人还。川原缭绕浮云外，宫阙参差落照间。谁念为儒逢世难，独将衰鬓客秦关。”作品中每一联都有思乡之意，“东风”“川原”“家在梦中”“客秦关”，无不体现了诗人对故乡的思念，全诗有一种绰约之美。春风从故乡的方向吹来，细细的春雨洒落青山。登高远望，长安城中房舍错落，柳色青青。故乡虽然就在不远的河东，但只在梦中，何时才能归去？春回大地，江上舟来舟往，又有几人得以回还？极目远望，家乡在浮云之外，渺不可见，长安城中的宫阙参差错落，笼罩在夕阳之中。谁理解我这位读书人，生逢乱世，孤身一人，头添白发，漂泊在长安。

耿沣的诗风以清淡质朴见长，他一生漂泊，诗作多有感伤色彩。如《登鹳雀楼》：“久客心常醉，高楼日渐低。黄河经海内，华岳镇关西。去远千帆小，来迟独鸟迷。终年不得意，空觉负东溪。”在描摹大好山河的壮阔景色时，也抒发了自己郁郁不得志、惆怅满怀的情绪。耿沣的边塞诗也写得较好，如《塞上曲》：“惯习干戈事鞍马，初从少小在边城。身微久属千夫长，家远多亲五郡兵。懒说疆场曾大获，且悲年鬓老长征。塞鸿过尽残阳里，楼上凄凄暮角声。”诗作表达了对常年征战戍边生活的厌倦。第四联描绘眼前所见之景：残阳斜照，鸿雁南飞，耳边传来凄凉的号角之声，戍边将士思乡的悲凄之情跃然而出。

苗发，生平不详，曾任兵部员外郎。诗作多为与名士的酬答之作，但多已失传，仅有《送司空曙之苏州》《送孙德谕罢官往黔州》等流传。

白居易

——唐代三大诗人之一

白居易

白居易，祖籍太原，唐代三大诗人之一。白居易的诗歌题材广泛，形式多样，语言通俗，作品很多，留下的诗作近3000首，有“诗王”之称。他的代表诗作有《长恨歌》《琵琶行》《卖炭翁》等，以突出的通俗性、写实性，在中国诗歌史上占有重要的地位。

《唐才子传》载：“居易字乐天，太原人。弱冠，名未振，观光上国（京师），谒顾况。况，吴人，恃才少所推可，因谑之曰：‘长安百物皆贵，居大不易。’及览诗卷，至‘离离原上草，一岁一枯荣。野火烧不尽，春风吹又生’，乃叹曰：‘有句如此，居天下亦不难。老夫前言戏之耳。’”

白居易在诗歌创作方面提出了一整套理论，重视诗歌的现实内容和社会作用，强调诗歌揭露丑恶、批评社会弊端的功能。他提出了著名的“文章合为时而著，歌诗合为事而作”的现实主义创作原则。

白居易在《与元九书》中明确说："仆志在兼济，行在独善。奉而始终之则为道，言而发明之则为诗。谓之讽喻诗，兼济之志也；谓之闲适诗，独善之义也。"可见他把儒家"穷则独善其身，达则兼济天下"作为自己人生的准则。

白居易创作了大量反映民生疾苦的讽喻诗，具有高度的思想性，代表着唐代新乐府运动的最高成就，这类诗作有170多首。他的讽喻诗一般只选择一件事，突出一个主题，基本上都是叙事诗，但在叙事之中，往往加入议论，使主题更加明确。鲜明的对比手法，是白居易的讽喻诗常常采用的手法，如《轻肥》一诗，描写了内臣、大夫、将军们宴席上酒食的丰盛，"水陆罗八珍""脍切天池鳞""食饱心自若，酒酣气益振"。结句写"是岁江南旱，衢州人食人"，对比强烈。白居易的诗歌语言通俗易懂，在他的讽喻诗中，这一特点尤为突出。

白居易认为闲适诗意在"独善"，从而表现出淡泊平和、闲逸悠然的情调。他的闲适诗，深受陶渊明的影响，但形成了自己的风格。乐天知命、清静无为、寄情诗酒，在白居易的闲适诗中都有体现。白居易的闲适诗对后世有很大影响，其浅显平易的语言、淡泊悠闲的情调，屡屡为人称道。

被称为感伤诗的《琵琶行》与《长恨歌》是白居易写得最成功的作品，其艺术表现上的突出特点是强化抒情因素。与别的叙事诗相比，这两篇作品虽也用叙述来表现事件，但只用两三个主要人物来架构全篇，叙述事件用笔极简，而在人物心理描写和环境气氛的渲染上，不惜用墨，使动人的情感因素贯穿全诗。白居易还善于以特定的意象来营造氛围、烘托意境。如《长恨歌》中将凄冷的月色、淅沥的夜雨、哀怨的铃声组合成令人销魂的场景，《琵琶行》中以瑟瑟的荻花和茫茫的江月构成孤寂悲凉的画面，从而营造出凄楚、感伤的氛围。

白居易的诗歌通俗，妇孺皆可懂。唐宣宗有吊白居易诗：“缀玉联珠六十年，谁教冥路作诗仙。浮云不系名居易，造化无为字乐天。童子解吟长恨曲，胡儿能唱琵琶篇。文章已满行人耳，一度思卿一怆然。”

《旧唐书》对于白居易的文学成就给予高度肯定：“昔建安才子，始定霸于曹、刘；永明辞宗，先让功于沈、谢。元和主盟，微之、乐天而已。”《新唐书》评价白居易“于文章精切，然最工诗”。

金代元好问对白居易有高度评价：“并州未是风流域，五百年中一乐天。”

明・仇英《琵琶行》

柳宗元

——唐代著名思想家、散文家、诗人

柳宗元

柳宗元，河东（今永济市）人，唐代著名文学家。他的诗作独具特色，语言朴素自然，风格淡雅，苏轼评价说“似淡而实美”。《江雪》《渔翁》《溪居》在唐人绝句中也是不可多得之佳作。柳宗元的散文与韩愈齐名。他的山水游记最为脍炙人口，以《永州八记》最有名，文章短小、清丽、典雅，已成为中国古代山水游记的典范。

柳宗元的诗歌数量虽然不多，但他对诗歌发展的贡献不小。他的诗作题材广泛，体裁多样。山水诗幽静清寒，诗画合一；叙事诗文笔质朴，描写生动；寓言诗文辞绮丽，寓意深刻。不论何种体裁，都呈现出自己独特的风格。柳宗元的诗歌创作主要分为永州和柳州两个时期，其山水诗也主要创作于这两个时期。在柳宗元之前的诗人写山水诗，多数以五言诗来表现山水，而柳宗元的山水诗中有大量脍炙人口的七言诗，这是他对山水诗发展的一大贡献。在这些山水诗中，柳宗元往往是先叙述山水之景，然后抒发自己的幽思，从而达到情景交融的效果。在柳宗元的山水诗中，有一种幽寂的禅意之美。

柳宗元的散文成就更大，他的游记散文最为脍炙人口，均写于被贬到永州（今湖南永州市）之后。他在永州居住了10年，有8篇关于永州的山水游记，即《永州八记》，被称为山水游记的典范之作：《始得西山宴游记》《钴鉧潭记》《钴鉧潭西小丘记》《小石潭记》《袁家渴（hé）记》《石渠记》《石涧记》《小石城山记》。文章所写都是当时永州附近的山水风景，作者以简洁的文笔、优美的语言、高超的手法描绘了永州秀丽的山川。其中以《小石潭记》最为著名，文中“景随步移”，色彩斑斓，动静相宜，水之声如佩环之鸣，山之色青翠参差。以鱼写潭，衬托潭水之清澈；以鱼写人，“似与游者相乐”，作者羡慕鱼儿快乐之情溢于言表。结尾以寂寥、清寒、幽邃之境写作者的孤寂之感、伤怀之情，情景交融。这些优美的山水游记丰富了古典散文反映生活的新领域，从而确立了山水游记作为独立的文学体裁在文学史上的地位。

在寓言诗之外，柳宗元还写了不少寓言故事，如《黔之驴》《临江之麋》《永某氏之鼠》等，皆为古代寓言名篇。“黔驴技穷”作为成语，人所共知。柳宗元的寓言作品也和他的山水游记一样，被人们千古传诵。

柳宗元是唐代古文运动的倡导者之一、“唐宋八大家”之一。他提出了“文以明道”的思想，这也是他认为处理文艺内容与形式关系应遵循的准则。他的论说文笔锋犀利，逻辑严密。韩愈评价柳宗元的文章："议论证据今古，出入经史百子。"著名的作品有《封建论》《晋问》《天说》《天对》《非国语》等。其中《晋问》一文，通过"吴子"与"柳子"的对话，用铺张的手法，详细介绍了晋地的历史、地理。《晋问》共分八个部分：第一，晋之地理，表里山河；第二，晋之冶金，坚甲利刃；第三，晋之名马，其强可恃；第四，晋之北山，物产丰饶；第五，晋之河流，不乏鱼利；第六，晋之盐宝，可以利民；第七，文公霸业，称雄中原；第八，文章的结尾，柳宗元希望继承尧之遗风，达到尽善尽美。柳宗元虽然没有在祖籍山西生活过，但他对家乡的山川形势、历史脉络十分熟悉，文章的字里行间表现出其对家乡的殷殷深情。整篇文章文笔优美，描写细腻，形象传神，旁征博引，气势磅礴。

柳宗元还是一位杰出的唯物主义思想家，他的哲学思想中具有朴素的唯物论成分，在《天说》《天对》《非国语》《封建论》中集中反映了他的唯物主义思想。他认为根本不存在至高无上可以支配人的命运的天，天地万物的变化都是"元气"运动的结果。在天人关系这个问题上，柳宗元继承发展了荀子、王充的无神论，提出"天人不相预"的观点："天地……其乌能赏功罚祸乎？功者自功，祸者自祸，欲望其赏罚者大谬；呼而怨，欲望其哀且仁者，愈大谬矣！"批判了天人感应论，把古代朴素唯物主义无神论思想发展到了一个新的高度。

柳宗元享年只有47岁，他生命最后的15年都是在南方的边远荒蛮之地度过的。虽被贬为地方官员，柳宗元还是不忘造福一方。第二次被贬在柳州，到任之后，他慨叹道："这里难道不值得做出政绩吗？"于是按照当地的风俗，为柳州制定了教谕和禁令。柳州当时习惯于用儿女做抵押向人借钱，如果不能按时赎回，等到利息与本金相等时，债主就把人质没收做奴婢。柳宗元为此替借债人想方设法，都让他们把子女赎回来；那些特别穷困没有能力赎回的，就让债主记下子女当佣工的工钱，到应得的工钱足够抵销债务时，就让债主归还被抵押的人质。这个办法还被推广到别的州县，到一年后，免除奴婢身份回家的将近1000人。当时衡山、湘水以南准备考进士的人，都把柳宗元当作老师，那些经过柳宗元亲自讲授和指点的人所写的文章，都可以看得出是合乎规范的。

柳宗元对朋友的情义是古代社会的典范。他与刘禹锡是好朋友，在他们第二次被贬到南方时，刘禹锡要被贬到播州（今贵州遵义市），那里的条件很差。柳宗元在第一次被贬到永州时，带着母亲一同前往，结果母亲就死在了永州，他感到十分痛惜。柳宗元说："播州不是一般人能住的地方，况且刘禹锡有老母在堂，我不忍心看到他处境困窘，他没有办法把这事告诉老母，况且绝没有母子一同前往的道理。"柳宗元向朝廷请求，并准备呈递奏章，情愿拿柳州换播州，即使因此再度获罪，死也无憾。正遇上有人把刘禹锡的情况告知了皇上，刘禹锡因此改任连州刺史。韩愈对柳宗元的行为感叹："呜呼！士穷乃见节义！"

韩愈联想到社会上的普遍情形，在给柳宗元撰写的墓志铭中发了一通感慨：朋友之间往往信誓旦旦，不论生死都不背弃朋

柳州市柳宗元衣冠冢

友，说得简直像真的一样可信。一旦遇到小小的利害冲突，仅仅像头发丝般细小的事情，便翻脸不认人。朋友落难，也不伸手去救，反而落井下石，到处都是这样的人啊！与柳宗元对待朋友的节操情义相比，这些人也应该觉得有点惭愧了！

韩愈的《柳子厚墓志铭》，情、思、文并茂。韩愈在文中分析说：如果柳宗元穷困的处境未达到极点，可能会在官场出人头地，但他在文学方面就不一定能如此下功夫，以至于像今天这样会流传后世——“文穷而后工”。韩愈在一篇给朋友的墓志铭中，高度地概括出“士穷乃见节义”和“文穷而后工”这两个富含哲理的结论，不愧是写文章的高手。《柳子厚墓志铭》被称为中国古代第一墓志铭。在韩愈看来，“为将相于一时”，不如“文学词章传于后”。穷困的处境对柳宗元来说是不幸的，但却成就了一位伟大的文学家。

温庭筠

——宋词的奠基人、“花间词派”鼻祖

温庭筠，并州祁（今晋中市祁县）人，晚唐著名诗人，与李商隐齐名。温庭筠自幼聪慧，以才气闻名。我们熟知的“鸡声茅店月，人迹板桥霜”就出自温庭筠的《商山早行》。他把鸡声、茅店、月亮、足迹、板桥、白霜这六种意象并列，不用一个动词关联，古诗中实属罕见。他描写旅人夜宿茅店，夜色尚浓，月亮未落，雄鸡刚叫头遍时就起来赶路，凝霜的板桥上留下一串足迹。如此繁杂的过程，诗人只用了十个字就概括了。“鸡声茅店月，人迹板桥霜”这样的千古佳句，应该只有他这样的天才方能写得出来。据载，温庭筠“每入试，押官韵作赋，凡八叉手而八韵成”，故号称“温八叉”。

温庭筠的诗作中，有部分描写边塞之苦、征夫思妻的作品，有别于唐人的边塞诗，雄浑与缠绵兼有，独具特色。如《塞寒行》：“心许凌烟名不灭，年年锦字伤离别。彩毫一画竟何荣，空使青楼泪成血。”《边笳曲》：“朔管迎秋动，雕阴雁来早。上郡隐黄云，天山吹白草。嘶马悲寒碛，朝阳照霜堡。江南戍客心，门外芙蓉老。”《敕勒歌塞北》：“帐外风飘雪，营前月照沙。羌儿吹玉管，胡姬踏锦花。”

温庭筠诗中有一些咏古抒怀、借古讽今的作品，水平很高，流传久远。如《苏武庙》，是唐诗中的咏史名篇：“苏武魂销汉使前，古祠高树两茫然。云边雁断胡天月，陇上羊归塞草烟。回日楼台非甲帐，去时冠剑是丁年。茂陵不见封侯印，空向秋波哭逝川。”热情地赞扬了苏武的民族气节，讽刺了当政者对功臣的冷漠。同类作品还有《经五丈原》《过陈琳墓》等。

诗意画《鸡声茅店月 人迹板桥霜》

温庭筠又善作词，对词的发展影响很大。温庭筠以其敏捷的才思、渊博的学识，开拓词这一文学新领域，其词作的艺术成就在晚唐诸词人之上。他是中国文学史上第一位专力填词的作家，在《花间集》的500首作品中，温庭筠的词作最多，有66首，占全部作品的13%还多。可以说，词这种文学形式到温庭筠时才被真正重视起来，才在文坛上形成独立的体裁。清代文学家王拯在《龙壁山房文集》中说词体乃李白、王建、温庭筠所创，“其文窈深幽约，善达贤人君子恺恻怨悱不能自言之情，论者以庭筠为独至”。温庭筠的词风婉丽，被尊为“花间词派”鼻祖。他的词作隐含着深沉的痛苦和哀怨之气，体现了作者对描写对象“同是天涯沦落人”的同情与关怀。温庭筠是中国文学史上第一个有词集的词人，就像初唐的王绩是唐代五言律诗的奠基人一样，温庭筠可以说是宋词的奠基人。五代和宋代的文人，受温庭筠的影响，竞相作词，在唐诗之后，词为大观，他的词开创了文学史另一个全新的时代——宋词时代。温庭筠婉丽的词风对后来的婉约词的发展影响很大，晏殊、欧阳修、秦观、李清照、柳永、辛弃疾，都不同程度受到温庭筠的影响。

司空图

——为唐诗做总结的文学评论家

唐诗从初唐、盛唐、中唐走到了晚唐。唐诗落幕，需要有一个人来为它做总结。这个为唐诗做总结的人只能是晚唐的诗人，他必须有很高的文学造诣，熟悉两百多年的唐诗发展，创作过水平很高的唐诗。历史选择了生活在晚唐的河东虞乡人（今永济市虞乡镇）司空图。

司空图的才华和为人的义气使得他在晚唐的人望很高。在唐末的大动荡中，司空图采取了避世隐退的态度，回到故乡河东，“将取一壶闲日月，长歌深入武陵溪”。（《丁未岁归王官谷》）当时王重荣兄弟镇守河中，仰慕他的名声，常多馈赠，他都拒绝不纳。后请他作碑文，并赠绢数千匹，司空图就把绢堆放在虞乡的集市上，任由众人取用。后来他定居在中条山王官谷（今称王官峪）里，常与名士、乡邻吟诗饮酒为乐。他在王官谷修建了一个亭子，取名叫“休休亭”，并写了一篇《休休亭记》以

永济市王官峪

明其退隐之志。当时盗匪为祸，但因为司空图的缘故，不进入王官谷抢掠，许多百姓都到王官谷避难。

永济市司空图故里

在天下大乱的时代，作为一介文人，司空图无法施展自己的抱负，这似乎是司空图的不幸，但却是唐诗之幸，是中国文学史之幸。隐居在中条山中，司空图有了完全属于自己的时间，他住在环境幽静的王官谷，“绿树连村暗，黄花出陌稀。远陂春草绿，犹有水禽飞”（《独望》）。家中拥有数千卷藏书，可以写诗、品诗，“侬家自有麒麟阁，第一功名只赏诗”（《力疾山下吴村看杏花十九首》其六）。他的许多诗作和《二十四诗品》就是在这一时期完成的。

司空图不仅以才华著称，还是大忠大义之士，对唐室的安危时常挂怀，“丧乱家难保，艰虞病懒医。空将忧国泪，犹拟洒丹墀”（《乱后三首·其一》）。908年，司空图听说了唐哀帝被弑的消息，他对大唐王朝的最后一丝怀念也破灭了，他决定随大唐而去，在王官谷绝食而卒。作为唐朝遗臣、著名诗人、唐诗评论家，司空图在黄河之东的中条山王官谷给近300年的唐诗画上了句号，也给唐代的诗人画上了句号。司空图殉唐而去，是河东文人送给大唐的一曲哀婉悲壮之歌。清末杨深秀有诗赞司空图：“坠笏朝堂为失仪，吟成廿四品尤奇。王官谷里唐遗老，总结唐家一代诗。”

司空图的诗大多抒发山水隐逸的闲情逸致，他的文学成就主要体现在他的诗论。《二十四诗品》是唐代诗歌艺术论的一部集大成著作，司空图把诗歌的艺术表现手法分为24种风格，每种一品，每品都以12句四言诗加以说明。以诗品诗，无大才者不敢为。《二十四诗品》是我国文学批评史上的一部重要著作，对唐以后1000多年的中国诗歌创作与鉴赏都产生了深远的影响。司空图把诗歌的艺术风格分为雄浑、冲淡、纤秾、沉着、高古、典雅、洗练、劲健、绮丽、自然、含蓄、豪放、精神、缜密、疏野、清奇、委曲、实境、悲慨、形容、超诣、飘逸、旷达、流动24种品类。《二十四诗品》在艺术理论上最大的贡献，是从此前一般论述文学的语言风格发展为研究文学的意境风格。司空图认为，对诗歌的欣赏，“辨于味而后可以言诗也”，要“知味外之旨”，即领略到诗的美妙意境。“韵味”和“意象”之说，是司空图诗论的主体。作为文学评论著作，司空图《二十四诗品》的主要内容和刘勰的《文心雕龙》、钟嵘的《诗品》有很大的不同，标志着中国的文学批评达到了一个新高度。

司空图为唐诗画上了句号，但同时开创了中国的诗歌美学新时代。

薛稷

——唐代著名书画家、宋体字的创始人

薛稷，唐代画家、书法家，蒲州汾阴（今运城市万荣县）人。他的书法继承了褚遂良的风格，后世把薛稷与欧阳询、虞世南、褚遂良并列，称为“初唐四大书家”。

薛稷书《信行禅师碑》（局部）

薛稷是唐初名臣魏征的外孙。其外祖父家收藏书画颇多，薛稷用心观摩学习，特别对褚遂良的书法更是锐意学习。在学习褚遂良书法的基础上，薛稷又有所发展创造，将隶书融入楷书，劲瘦中兼顾圆润，媚丽而不失气势，形成了劲瘦媚丽而又圆润挺拔的风格，唐人说“买褚得薛，不失其节”。

唐张怀瓘《书断》评其书法：“书学褚公，尤尚绮丽，媚好肤肉，得师之半。”薛稷的书法碑刻有《升仙太子碑阴题名》《信行禅师碑》《涅槃经》等。《信行禅师碑》最为著名，此碑书法瘦劲妍媚，其艺术风格比《升仙太子碑阴题名》更为典雅。

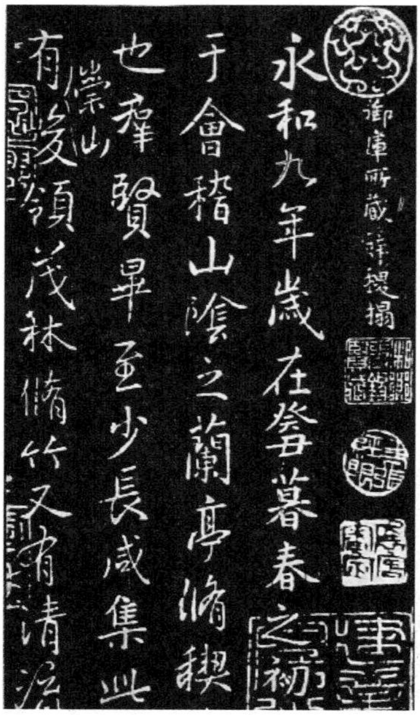

薛稷临《兰亭序》（局部）

此碑为薛稷的代表作。史载薛稷曾经为普赞寺题额，三个大字，各方径三尺，笔画雄健，结构劲挺。唐代大诗人杜甫写诗赞道：“仰看垂露姿，不崩亦不骞。郁郁三大字，蛟龙岌相缠。”

薛稷的书法风格对后世影响不小，宋徽宗的“瘦金体”就是受薛稷劲瘦书风的影响。明代学者陶宗仪在《书史会要》中说到宋徽宗的“瘦金体”：“初学薛稷，变其法度，自号瘦金书。”晚清金石学家叶昌炽在其石刻通论性专著《语石》一书中论及“瘦金体”：“参以褚登善、薛少保，瘦硬通神，有如切玉，世称瘦金书也……今之仿宋体，亦是从此中脱出。”

薛稷的绘画水平很高，以画鹤知名，影响深远。杜甫作诗评价薛稷画的鹤“低昂各有态，磊落如长人”。《历代名画记》载：“屏风六扇鹤样，自（薛）稷始也。”他画的鹤被作为范本，说明了他在画史上的重要地位。以后“六鹤图”成为一种定格，后世学薛稷画鹤的人颇多，五代时黄荃曾学习薛稷绘六鹤，直至1000多年后，清代宫廷中还绘有六鹤屏风。画鹤之外，薛稷的人物画和杂画也达到了很高的造诣。他曾绘有西方净土变壁画一铺，杜甫写诗赞道：“又挥西方变，发地扶屋椽。惨澹壁飞动，到今色未填。”可知此画不曾填涂颜色，是所谓的“白画”，但仍然神采飞扬，具有感人的艺术力量。有关专家认为，这种“白画”是后来“白描人物”的先驱，由此也可以看出薛稷高超的造型和线描能力。

观薛稷少保书画壁

杜　甫

少保有古风，得之陕郊篇。惜哉功名忤，但见书画传。
我游梓州东，遗迹涪江边。画藏青莲界，书入金榜悬。
仰看垂露姿，不崩亦不骞。郁郁三大字，蛟龙岌相缠。
又挥西方变，发地扶屋椽。惨澹壁飞动，到今色未填。
此行叠壮观，郭薛俱才贤。不知百载后，谁复来通泉。

柳公权

——独树一帜的书法巨匠

柳公权，河东柳氏后裔。柳氏自秦末迁居河东，至魏晋时已成为河东望族，世称河东柳氏。隋唐之际，部分河东柳氏迁居关中，柳公权的祖上大约在此时迁居关中。因为河东为其祖籍，柳公权被封为河东郡开国公。

柳公权幼时即好学，12岁就能作辞赋。元和初年中进士，初为秘书省校书郎。唐穆宗即位，柳公权上奏政事，穆宗召见，对他说："我在佛寺中看到你的笔迹，很早就想见见你。"当天就升任他为右拾遗，后又升为右补阙、司封员外郎。唐穆宗纵情享乐，不理朝政，曾询问柳公权如何用笔才能尽善尽美，柳公权回答说："用笔的方法，全在于用心，心正则笔法自然尽善尽美。"穆宗知道柳公权是借用笔法来劝谏自己，有羞愧之色。

唐文宗当政后，柳公权升任谏议大夫，不久又改为中书舍人，充任翰林书诏学士。常常在浴堂回答文宗的提问，经常是蜡烛烧完了，而谈兴正浓，不肯花工夫去取蜡烛，宫中婢女便用蜡油纸来照明。柳公权曾随从文宗去未央宫花园中游玩，文宗停下车子对柳公权说："有一件使我高兴的事，过去赐给边兵的服装，常常不能及时发下，现在二月里就把春衣发放完毕。"柳公权上前祝贺，文宗说："只是祝贺一下，还不能把你的心意表达清楚，你应作首诗向我祝贺。"宫人催他快点念给皇帝听，柳公权应声念道："去岁虽无战，今年未得归。皇恩何以报，春日得春衣。"文宗听了很高兴，说："曹子建七步成诗，你竟只需三步！"赞赏了好大一会儿。

有一次文宗在便殿召见六位学士，文宗说起汉文帝的节俭，便举起自己的衣袖说："这件衣服已经洗过多次了。"学士们都纷纷颂扬文宗的节俭品德，只有柳公权闭口不说话，文宗留下他，问他为什么不说话，柳公权回答说："君主的大节，应该注意起用贤良的人才，黜退那些不正派的佞臣，听取诤言，分明赏罚。至于穿洗过的衣服，那只不过是小节。"当时大臣周墀也在场，听了他的言论，吓得浑身发抖，但柳公权却理直气壮。文宗对他说："我深知你这个中书舍人不应去做谏议大夫，但因你有谏臣风度，那就任你为谏议大夫吧。"

柳公权最初学习王羲之的书法，广泛浏览近世各家笔迹，形成遒劲兼有妩媚的书法风格，自成一家。当时公卿大臣之家为先人立碑，如果得不到柳公权亲笔所书的碑文，会被认为是不孝。外国使者来进贡，都专门封上货币，上面注明这是购买柳公权作品的专款。长安西明寺的《金刚经碑》为柳公权所书，兼有钟繇、王羲之、欧阳询、虞世南、褚遂良、陆柬之等人的笔法，是柳公权的得意之作。文宗在夏天和学士们联句作诗，文宗的首联是："人皆苦炎热，我爱夏日长。"柳公权续作："熏风自南来，殿阁生微凉。"当时丁、袁等五位学士都相继联句，文宗只吟诵柳公权的两句诗，说道："词句清丽，诗意表达充分，不可多得。"于是命柳公权题写在宫殿的墙壁上，每字方圆五寸，文宗看了以后，赞叹说："钟繇、王羲之再生，也超不过啊！"宣宗大中初年，柳公权升为少师，进宫答谢，宣宗召他上殿，让他当面书写三幅字，军容使西门季玄给他捧砚台，枢密使崔巨源给他过笔。一幅写的是正楷10个字：卫夫人传笔法于王右军；一幅是行书11个字：永禅师真草千字文得家法；一幅是草书8个字：谓语助者焉哉乎也。宣宗赏赐给他锦缎、瓶盘等银器并让他亲自书写答谢表，不拘楷书、行书，宣宗对他的谢表，特别珍惜。

柳公权专心于书法艺术，没有精力管理家务，他给王公大臣家书写碑文，每年得到大量的馈赠，这些钱大都被管财物的仆人偷去。他珍视的只有笔砚和书画，都亲自锁起来。他曾品评砚石的高下，认为青州的石末砚为第一，轻磨即可发墨；绛州的黑砚（即澄泥砚）次之。他通晓音律，却不喜欢听演奏，常说"听音乐容易使人骄纵懈怠"。

《神策军碑》（局部）

柳公权吸取了颜真卿的书法之长，自创独树一帜的"柳体"，以骨力劲健见长，后世有"颜筋柳骨"的美誉。他与欧阳询、颜真卿、赵孟頫并称"楷书四大家"。柳公权的传世作品有《金刚经刻石》《玄秘塔碑》《神策军碑》等。

张彦远

——中国历史上第一位艺术理论家

张彦远，唐代画家、绘画理论家，蒲州猗氏（今运城市临猗县）人。他精于鉴赏，擅长书画，著有《历代名画记》《法书要录》等。他的《历代名画记》是我国第一部系统的关于绘画艺术的通史，是中国古代绘画艺术的“百科全书”。张彦远是中国历史上第一位艺术理论家、艺术批评家。

张氏为河东望族，张彦远的高祖张嘉贞、曾祖张延赏和祖父张弘靖，都官至宰相。张氏一门世代重视书画收藏，其家中收藏之盛，名于朝野，甚至可以与皇家内府的收藏相提并论。张彦远生长在这样的家庭环境，自幼即得到艺术的熏陶，为他的艺术理论奠定了坚实的基础。

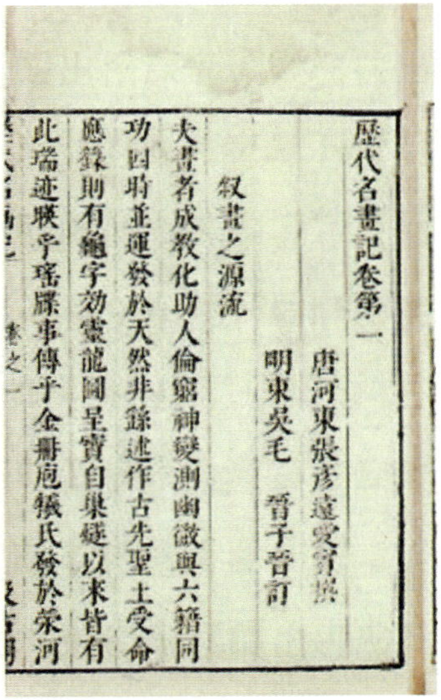
歷代名畫記卷第一
唐河東張彥遠愛賓撰
明東吳毛　晉子晉訂
敘畫之源流
夫畫者成教化助人倫窮神變測幽微與六籍同功四時並運發於天然非繇述作古先聖王受命應籙則有龜字效靈龍圖呈寶自巢燧以來皆有此瑞跡暎乎瑤牒事傳乎金冊庖犧氏發於滎河

《历代名画记》书影

《历代名画记》成书于唐代大中元年（847）。全书十卷，可分为三个部分：一是对绘画历史发展的评述与绘画理论的阐述，其中“叙画之源流”论述绘画之起源及其与政治、教育的关系。“叙画之兴废”叙述历代藏画的聚散兴废。“论画六法”阐述南朝谢赫的论画“六法”。谢赫对“六法”的内涵及相互关系并未作详细的解释，后世理解六法，皆依据张彦远的解释。张彦远实际上在书中修正、发展了谢赫的六法理论，特别强调了绘画的“气韵”。二是有关鉴识收藏方面的叙述，其中“论画体工用拓写”提出品评作品的5个等级：自然、神、妙、精、谨细。“论装背裱轴”是有关装裱历史、装裱技术与装裱体制的记叙。“述古之秘画珍图”是古来相传的一些作品著录。三是372位画家的传记。始自传说时代，终于唐代会昌元年（841），大体按时代排列。包括画家姓名、籍贯、事迹、著述、前人评论及作品著录，并有张彦远所列的品级及所做的评论。张彦远针对历代画家的创作特点，提出了一个比较完整、相

《历代名画记》记载的《虢国夫人游春图》（局部）

对合理的品评标准，也可以说是一个新的标准。在每一个品第中都考虑到“六法”的得失。无论置于何等品第的画家，人们所认识的是他们在创作中运用并体现“六法”时的优劣、高低，而不会专注于其中某个方面的不同。

《历代名画记》详尽论述了唐会昌元年（841）以前中国绘画发展演变的情况，并对绘画规律进行了论述，开创了史论结合的美术史著述体例，被誉为“画史之祖”。作者在书中征引了大量的历代文献资料，有许多古籍早已散佚，赖此书得以保存一些内容。

张彦远还著有《法书要录》十卷，卷一至卷九收录自东汉至唐代元和年间各家的书法理论文章100篇。卷十为《右军书记》，录王羲之书迹中语。本书著录了大量书法名迹，资料丰富，编辑精审，许多有关书法的著作，借此书得以存留。《法书要录》是我国第一部书法理论文集，是研究唐代以前书法理论必须依据的历史文献。

唐末河东之战

——因蒲州的拱卫，唐朝国祚又延续了20多年

唐僖宗广明元年（880），黄巢的农民起义军进攻潼关，从潼关附近的禁沟入关，又分兵一路进攻蒲州。驻守蒲州的河中节度使李都未做抵抗，投降了起义军。因为黄巢在长安不断派人向蒲州加征钱粮，当地不堪重负，李都的副将王重荣杀了黄巢派来的使者。黄巢派遣同州（同州与蒲州一河之隔）的朱温、华阴的黄邺出兵进击河中，王重荣大败朱温和黄邺的军队，缴获粮食等军需物资40余船。王重荣在河中大败黄巢的农民起义军，是黄巢在长安称帝后遭受到的第一次大败仗，唐王朝的军队开始进行反击。881年，朝廷任命王重荣接任河中节度使。王重荣从蒲州出兵，一度占领华州。这也说明了驻守蒲州的军事力量，无论是迎战还是出击，都能实现自己的战略目的。

由于王重荣据守蒲州，连败起义军，给唐王朝赢得了部署军队围攻起义军的时间，当时黄巢的号令“不出同、华”。882年伊始，朱温进攻蒲州，又被王重荣击败。9月，连吃败仗、驻守同州的朱温向驻守蒲州的王重荣投降，唐军收复了同州。不久，驻守华州的起义军将领也效仿朱温，向王重荣投降。唐军不战而收复同州、华州两处战略要地，立刻扭转了关中地区的军事局

面，唐军掌握了战略主动权。

882年底，李克用的4万沙陀军到达蒲州，随后过黄河，进驻同州。883年2月，李克用的军队和王重荣的部下向黄巢的起义军发起进攻。4月，唐军逼近长安，黄巢逃离，唐军收复了长安。在这几个月收复长安的战役中，唐军的指挥部设在蒲州城，军需供应问题也从河东地区解决，蒲州又一次发挥了对长安城的拱卫作用。

黄巢的起义军进驻长安后，没有对战略重镇蒲州予以足够的重视，很快就失去了对蒲州的掌控。蒲州的王重荣对于长安城及同州、华州的起义军而言，退可守，进可攻，战略上占尽优势。起义军没有控制蒲州，使得唐军以蒲州为大本营，开始布局收复长安。黄巢政权在长安只存在了不到两年半，就黯然退场，与其西入长安时没有实际控制蒲州有很大关系。

因为蒲州很好地发挥了拱卫作用，唐王朝没有像其他王朝那样在农民起义军的打击下马上灭亡，在收复长安之后，又延续了20多年。因为蒲州对长安的拱卫作用明显，885年朝廷赐河中军号为“护国”。

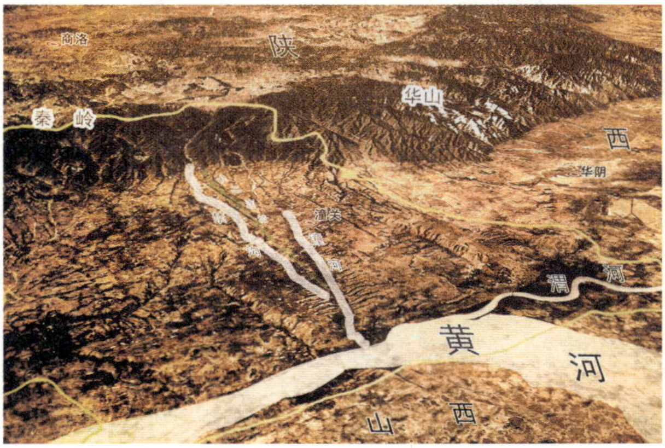

蒲州、潼关附近山川形势图

五代时期的太原

——控制太原者，可以号令中原

908年4月，李存勖自太原出兵，奔赴上党，埋伏兵于三垂冈（今长治市郊）下，恰值大雾，发动突袭，消灭后梁军队10000多人。后梁皇帝朱温在开封闻讯，惊叹道："生子当如是！吾家诸子乃豚犬尔！"三垂岗之战是古代长途奔袭的经典战例。清人有诗赞："风云帐下奇儿在，鼓角灯前老泪多。萧瑟三垂冈下路，至今人唱百年歌。"三垂冈之战，拉开了李存勖以太原为大本营消灭后梁政权的序幕。后梁皇帝朱温病重时对侍臣道："我经营天下30年，想不到太原余孽（指李存勖）竟然发展到如今的地步。我看他志向不小，等我死后，我的儿子们没有一个是他的对手，我怕是要死无葬身之地了。"

923年，李存勖建立后唐，以太原为北都。936年，镇守太原的后唐河东节度使石敬瑭在太原称帝，建立后晋，以太原为北京。947年，镇守太原的后晋河东节度使刘知远在太原称帝，建立后汉，以太原为北京。951年，后汉北京留守刘崇在太原称帝，建立北汉。

五代之中，后唐、后晋、后汉三个政权都是以太原为大本营，兵临开封，夺得天下的。当时的军事形势十分明显，谁控制了太原，谁就可以号令中原，称王称帝。只要失去太原，作为首都的开封便危在旦夕，开封作为首都，只是徒有虚名而已。太原对于中原，既有屏障作用，也有威慑作用，这在五代史上反映得最为明显。

从东魏以来，太原就和河洛、关中关系密切，太原之存亡，事关全局。在后来的金兵南下之初，宋隆德府（今长治市）知府张确就上书主张加强河东防务："河东天下根本，安危所系，无河东，岂特秦（关中）不可守，汴（河洛）亦不可都矣。"太原的军事势力，如果沿汾河一路南下，很快就可以兵临黄河，威慑关中。如果向东南经过上党地区，兵出太行，今洛阳、开封一带就岌岌可危了。

五代之后的宋王朝，目光短浅，完全是意气用事，再加上迷信风水之说，摧毁了易守难攻的千年名城。新建的太原城虽然防御能力大为下降，但还是有一定的屏障作用。西路的金兵由大同一路南下，基本上没有遇到什么抵抗就到了太原城下。太原军民顽强抵抗，使西路金兵被牵制于太原城下难以脱身，无法去开封和其东路军会合。已到开封城下的东路军因为孤军深入，难以久留，只好暂时北撤。

晋阳古城遗址

荆 浩

——五代著名画家、北方山水画派之祖

荆浩，五代时期著名画家，沁水县人。因避战乱，常年隐居太行山中。他擅画山水，吸取北方山水的雄峻之气，表现太行山水雄阔之景，为北方山水画派之祖。其所著《笔法记》是一部山水画论著，系统地论述了山水画的创作方法和艺术准则，是古代山水画理论的经典之作，他提出气、韵、景、思、笔、墨的绘景“六要”，形成了中国绘画史上完整的理论体系。荆浩的传世作品有《匡庐图》。

荆浩作品《匡庐图》

六朝以来，山水画都是青绿设色，勾线填彩。从盛唐开始出现水墨山水画。到了五代，水墨山水画逐渐成熟，经过荆浩进一步发展，上升为理论性的笔墨关系：“笔者，虽依法则，运转变通，不质不形，如飞如动；墨者，高低晕淡，品物浅深，文采自然，似非因笔”。有些绘

画“与真景或乖异，致其理偏”，是因为“有笔无思”，没有处理好用笔问题。荆浩提出了用笔四势：“凡笔有四势谓筋、肉、骨、气。笔绝而不断谓之筋，起伏成实谓之肉，生死刚正谓之骨，迹画不败谓之气。故知墨大质者失其体，色微者败正气，筋死者无肉，迹断者无筋，苟媚者无骨。”荆浩认为在绘画中，用笔与水墨相结合，才能更好地表现山水之美。他对王维绘画中的笔墨处理评价很高：“王右丞笔墨宛丽，气韵高清，巧写象成，亦动真思。”

荆浩之前的山水画，很少见到表现雄伟壮阔的大山大水及全景式的布局。在荆浩的笔下，创立了“开图千里”的新格局。荆浩的这种全景式山水画，对于北宋前期山水画的发展产生了极大影响，历代评论家对他的艺术成就极为推崇。北宋沈括的《图画歌》写道：“画中最妙言山水，摩诘峰峦两面起。李成笔夺造化工，荆浩开图论千里……”

荆浩在《笔法记》中，把山的不同部位的名称进行了详细说明：“山水之象，气势相生。故尖曰峰，平曰顶，圆曰峦，相连曰岭，有穴曰岫，峻壁曰崖，崖间崖下曰岩，路通山中曰谷，不通曰峪，峪中有水曰溪，山夹水曰涧。”他认为要从总体上把握山水的自然规律：“其上峰峦虽异，其下冈岭相连，掩映林泉，依稀远近。”在绘画时，处理好上下、远近、虚实、主次的关系，才能形成“山水之象，气势相生”的整体美感。

荆浩的山水画达到了笔墨两得，标志着中国山水画的一次大突破。他所作的全景式山水画，特点是在画幅的主要部位安排

荆浩作品《鱼乐图卷》

磅礴雄浑的主峰，气势宏大，树木、房屋、人物点缀在近景、中景之处，如《匡庐图》《楚山秋晚图》等。元代黄公望曾赋诗称赞他的《楚山秋晚图》："天高气肃万峰青，荏苒云烟满户庭。径僻忽惊黄叶下，树荒犹听午鸡鸣。山翁有约谈真诀，野客无心任醉醒。最是一窗秋色好，当年洪谷旧知名。"从诗中可以联想到《楚山秋晚图》的画面：山高水长，天高气爽，云烟满户，黄叶飘落，山翁相语，午鸡啼鸣，确实是一幅美不胜收的楚山秋景图。

宋元风韵

SONGYUANFENGYUN

宋元风韵 6

SONGYUANFENGYUN

泽州之战

——北宋开国第一战

959年，后周皇帝柴荣去世。960年，后周大将赵匡胤发动陈桥驿兵变，黄袍加身，建立宋朝，史称北宋。

赵匡胤身为后周大将，通过兵变的方式夺了后周的江山。周世宗柴荣在世时对赵匡胤不薄，这就让赵匡胤在中国传统的道义上处于被人指责的位置。赵匡胤称帝后，许多与他同殿为臣的将领不服，尤其是一些资历高于赵匡胤的将领更是不愿臣服于他。在这些将领中，驻防潞州（今长治市）的李筠和驻防扬州的李重进表现得尤为明显。

李筠在后周开国时已经官至检校太傅、同平章事，周世宗时官至太尉。李重进的身份更特殊，他是后周太祖的外甥，战功卓著。因李重进年长于柴荣，周太祖怕柴荣即位后镇不住李重进，临终前，召李重进接受顾命，令他拜柴荣，以定君臣之分。赵匡胤在周世宗临终前的官位是检校太傅、殿前都点检，在朝中的资历明显低于李筠、李重进。赵匡胤称帝后，派使者给李筠加兼中书令，以此笼络李筠。李筠当时想拒绝受命，但被左右苦苦劝阻，不得已勉强接受。等到宴请使者时，李筠突然把后周太祖的画像挂在墙上，痛哭流涕，他的部下急忙给他打圆场，说李筠喝多了。不久，李筠派部下向太原的北汉称臣。

在北汉的支持下，李筠与赵匡胤公开叫板。960年4月，李筠发布讨伐赵匡胤的檄文，举兵伐宋。李筠先派兵袭击了泽州城（今晋城市），杀死泽州刺史，占据了泽州，进一步扩充了自己的实力。李筠起兵不久，扬州的李重进也蠢蠢欲动，派了一位心腹作为特使北上联络李筠，企图形成南北呼应之势。不料李重进的这位特使中途投靠了赵匡胤，被赵匡胤委以重任，火速返回扬州，谎报北边军情，稳住了李重进。

李筠手下的闾丘仲卿劝谏说："公孤军举事，其势甚危，虽倚河东（指北汉）之援，恐亦不得其力。大梁（指宋朝）甲兵精锐，难以争锋。不如西下太行，直抵怀、孟，塞虎牢，据洛邑，东向而争天下，计之上也。"建议李筠西下太行山，先出兵占据孟州（今河南孟州市），然后占领洛阳，与赵匡胤争夺天下。李筠没有采纳闾丘仲卿的策略。

泽、潞地处太行台地，居天下之脊，"与天为党，故称上党"，自古为兵家必争之地。唐建中初年，昭义节度使迁至潞州，统辖泽、沁、仪、磁、邢、洺、赵、卫、郑、陈诸州，遥制二三千里。唐于潞州设昭义节度使，以潞州之势控制河北，终唐之世，河北三镇不敢妄动，足见潞州对周边地区的威慑力。唐穆宗时，刘悟移镇潞州，势力坐大，"始则兵将相残，继则梁晋互攻，终则夷夏争走，一百五十年间，兵戈不息"。尤其是自唐末以来，建都于大梁（今开封市）的几个政权，常常受到来自北面河东地区军事力量的威胁，五代之中的后唐、后晋、后汉三个政权都是以太原为大本营，兵临开封，夺得天下的。泽、潞以太原为后援，东出太行，南出太行，西下太行，皆可问鼎中原。对开封居高临下的泽、潞势力不消灭，开封就危在旦夕，刚刚立国的大宋王朝面对李筠的叫板，可以说是事关生死存亡，平定李筠是赵匡胤的立威之战，是宋朝立国第一战。对赵匡胤来说，泽、潞必战，首战必赢。只有平定泽、潞，消灭李筠，赵匡胤才能坐稳皇帝的位子。

泽州城南的碾子谷（今茶元村一带）

李筠占领泽州不久，赵匡胤就考虑到泽、潞占据地形优势，告诫石守信等将领，不能让李筠从太行山出来。赵匡胤的部下吴廷祚建议：潞州城险要，不易攻克。李筠自恃骁勇，一贯轻敌，如果宋军快速出击，李筠必定会离开潞州城，到南边来截击，只要离开潞州城，那他就必然失败。在李筠起兵5天后，赵匡胤就部署自己的亲信将领石守信、高怀德从南线出击。5月初，又命令慕容延钊、王全斌从东线出击。在太行山以东也部署了防守的部队，以防北汉的军队从太行山东出。为了防止李筠从太行山南下，石守信、高怀德急速北上，抢先占领了太行要隘天井关，完成了赵匡胤“勿纵筠下太行”的战役部署。

宋军刚开始出击，李筠果然中了宋军的“调虎离山”计，派自己的儿子李守节镇守潞州，自己则出兵南向，与宋军正面交锋。五月初五，石守信在泽州附近的长平（今属高平市）与李筠的部队交战，击败李筠的部队。过于轻敌的李筠没有出兵与宋军争夺天井关，而是将3万军队驻扎在泽州城南的碾子谷一带，准备在此与宋军进行决战。5月底，宋军在碾子谷与李筠开战，李筠的军队大败，北汉的援兵数千人也被杀，李筠被迫退守泽州城中。

太行山隘道上的碗子城（泽州县文化局供稿）

当南线和东线的宋军抵达泽州外围时，赵匡胤亲率10万大军北上，确保彻底消灭李筠。在大军途经羊肠古道时，只见乱石遍布于道，人马无法通过，原来是当地官员防止李筠南下，发动百姓以乱石塞道。赵匡胤带头清理石头，将士们争先恐后搬运石头，很快就清理好了道路。

6月初，赵匡胤到泽州城下亲自督战，但泽州城十分坚固，宋军攻打了11天也未攻克。为了尽快结束战斗，赵匡胤下令组织了一支敢死队，由大将马全义率领，冒死登城。经过浴血奋战，宋军攻克泽州城，李筠自焚而死。潞州城里的李守节知道大势已去，投降了赵匡胤。这样，李筠的叛乱持续了两个月就被赵匡胤速战速决，予以平定。

泽州之战中，赵匡胤采纳部下的合理化建议，快速出击，调虎离山，占领要塞，把对手堵在太行山台地；两线合围，集中优势兵力，关键时刻血战攻城，不给对手以喘息之机，军事部署无懈可击。

赵匡胤通过泽州之战，平定了带头反抗的泽、潞势力，解除了首都大梁卧榻之旁的威胁，也向各地的将领显示了新朝廷的军事实力，建立起了军威，打消了一些将领观望的念头。那些在赵匡胤称帝后还没有表态的资深将领纷纷表明臣服的态度，如成德节度使郭崇、保义节度使袁彦等。赵匡胤也借势开始了统一全国的大布局。可以说，大宋的开国第一战泽州之战，一战定乾坤。

宋初三打太原

——千年名城化为废墟

969年，宋太祖亲征北汉。宋军进攻太原，声势浩大，先在城外修筑连绵不断的工事，又在汾河上建造新桥，接着又建长堤拦汾河水准备水淹太原，甚至还造船组建了水军。5月，宋军引汾水从城北灌太原城，命令水军乘坐小船进攻，先后损失了两员大将。宋军长时间在草地上露营，许多士兵都腹泻不止，战斗力大减。宋太祖身边的卫队将士纷纷请战，要求组成敢死队攻城。宋太祖说："你们是经过千锤百炼的精锐，以一当百，我宁愿不得太原，也不会让你们去冒死攻城。"宋军从春季开始围城，终因太原城防坚固，宋军伤亡过大，到了夏天也没攻克。宋军围太原城3个多月而未下，只好暂时放弃对太原的进攻，全力去对付南方的几个割据政权。

976年，在解决完南方的割据政权之后，宋太祖又派兵进攻北汉。这次宋军共分5路，对太原实施合围，因宋太祖病死，宋军无功而返。

979年，宋太宗赵光义亲征太原。宋军围城打援，先在石岭关设伏击退契丹援军，继而解决太原的外围，孤立太原，最后集中兵力攻城，数十万大军围攻太原城一个多月。在攻太原之前，宋太宗在开封挑选了几百名精锐，让他们学习剑舞——把剑高高抛起来，舞动着身体接着剑。为了给太原城里的北汉士兵以震慑，宋军先进行了心理战，宋太宗让数百名舞剑者组成方阵，在太原城下舞动起来，只见数百名光着上身的大汉把剑高高抛起，喊着号子，一片白光从空中落下，被大汉们像耍杂技一般接住。北汉的士兵在城上看见了，吓得目瞪口呆。宋太宗冒着被弓箭射中的危险，到前沿督战，身边的大臣劝他回到安全的地方，宋太宗说："将士们都在城下不顾危险攻城，我怎么能坐着观战？"将士们听说皇帝在前沿督战，个个都拼死攻城，太原城的城墙上扎满了宋军射出的箭，密密麻麻像刺猬一样。在外无救兵、内无粮草的情况下，北汉皇帝刘继元出城投降。北宋王朝终于在其立国19年之后，啃下了太原这块难啃的骨头，结束了五代十国的分裂局面，基本实现了北宋的统一大业。

晋阳古城遗址

宋军先后3次投入数十万军队攻打太原，足见太原城的防御能力之强。考虑到太原城从东魏以来就是一座威慑中原的军事重镇，不少军事将领都是凭借太原城的"城垒高深"而"违天拒命"（宋太宗语），建都于开封的宋王朝为免除后患，便下令烧毁已有近1500年历史的太原城。千年名城，化为一片废墟，许多来不及出城的百姓被烧死在古城。

宋王朝平毁太原城实际上是干了一件大蠢事，在摧毁太原城的同时，宋王朝也就摧毁了一座阻拦北方势力南下的巨大屏障。金代大诗人元好问有诗云："只从巨屏失光彩，河洛几度风烟昏。"就是对当年宋王朝平毁太原城的批评。北宋在消灭北汉后，直接面对着辽国的威胁。随着北部边事的吃紧，出于防御辽军的需要，宋王朝不得不考虑重建太原城，今天的太原城即由此发展而成。在北宋和辽、西夏的战争期间，太原是北宋抗击辽和西夏的大本营、军事后盾。

晋阳古城城墙遗迹

过晋阳故城书事

金·元好问

惠远祠（即晋祠）前晋溪水，翠叶银花清见底。水上西山如卧屏，郁郁苍苍三百里。中原北门形势雄，想见城阙云烟中。望川亭上阅古今，但有麦浪摇春风。君不见系舟山头龙角秃，白塔一摧城覆没。薛王出降民不降，屋瓦乱飞如箭镞。汾流决入大夏门（晋阳城北门之一），府治移着唐明村。只从巨屏（巨大的屏障）失光采，河洛几度风烟昏。东阙苍龙西玉虎（苍龙、玉虎：指晋阳城宫殿的雕饰物），金雀觚（gū）棱（金雀觚棱：喻雕物的精致和建筑的高大）上云雨。不论民居与官府，仙佛所庐余百所。鬼役天财千万古，争教一炬成焦土。至今父老哭向天，死恨河南往来苦。南人鬼巫好机（jī）祥（南人：北宋朝廷。鬼巫好机祥：信巫术、讲迷信），万夫畚锸（běn chā 畚箕和铁锹）开连岗。官街十字改丁字，钉破并州渠亦亡。几时却到承平了，重看官家筑晋阳。

杨家将

——血战报国、满门忠烈

杨业原来是北汉的大将，北汉灭亡后，杨业接受宋朝的任命，在代州驻守边关。杨业带兵，与士兵同甘共苦，将士们都愿意在他的统率下打仗。当时北边的辽军势力正强，根本不把宋军放在眼里。980年3月，辽兵10万攻雁门。杨业率数千骑兵绕到辽军的背后突袭，大败辽兵，声威大震，此后辽军一见到杨业的旗号，即刻逃走。982年，辽兵又一次兵分三路南下，杨业在雁门关阻击了辽军的西路军，使辽军止步于雁门关前。

986年，宋军兵分三路北伐辽军，试图收复“幽云十六州”，史称“雍熙北伐”。幽云十六州，幽、蓟、瀛、莫、涿、檀、顺七州位于太行山北支的东南方，也称山前七州；其余九州在山的西北，称山后九州。十六州大致是今北京、天津和河北北部、山西北部的大片土地。宋军原定以曹彬的东路军为主力攻取涿州，以牵制辽军主力，而西路的潘美与中路的田重进则负责攻伐山后九州，待山后攻略完毕则由山后转战山前，最后三路大军与辽军在幽州城下进行决战。

杨业出兵雁门关，所向披靡，接连收复了朔、寰、应、云四州，部队很快就到了飞狐口，杨业在飞狐口大败辽军，消灭3

万辽军。由于曹彬的失误，东路主力大败，宋军合围幽州的战略意图已不可能实现。辽军开始反扑，乘胜攻陷山后的蔚州、寰州等地。西路军处于十分不利的地位。宋太宗诏令潘美、杨业护送云、朔、寰、应四州百姓内迁。杨业主张分兵应州，诱辽军向东，另以强弩手千人扼守石竭谷口（今朔州市南），阻击辽军，以保护百姓安全南撤。监军王侁早就对杨业的战功过多不满，不采纳杨业的建议，还冷嘲热讽，逼杨业出兵寰州（今朔州市东）与辽军正面对阵。杨业建议潘美、王侁在陈家谷口（今宁武县北）设伏兵接应自己。杨业率部血战，当他回师到陈家谷口时，却不见潘美、王侁的接应部队。杨业孤军奋战，负伤被俘，绝食而死。其子杨延玉亦战死。杨业以身殉职，宋军士气大受影响，

杨家祠堂（梁　铭　摄影）

防守云州、应州的将领听到杨业殉职的消息，都弃城而去。宋太宗对杨业殉职十分痛惜，对潘美、王侁的行为十分震怒，把潘美连降三级，将王侁除名。在杨业之后，宋军再也没有越过雁门关一线。

杨业自北汉时起，就与辽人打交道，辽人称杨业为“杨无敌”。辽地的百姓在杨业死后也建庙祭祀。在杨业死后100年左右，元祐四年（1089），苏辙出使辽地，出古北口（今北京怀柔东北），作《过杨无敌庙》诗：“驰驱本为中原用，尝享能令异域尊”，说明杨业是宋、辽两朝百姓都敬仰的英雄。杨业的儿子杨延昭后来也驻守边关数十年，屡立战功。杨业的孙子杨文广也成长为一代名将。杨业祖孙三代血战报国、满门忠烈的事迹，在后世广为传颂，尤其是杨业和杨延昭，在北宋时期，已经天下闻名。

欧阳修在给杨家撰写的墓志铭中写道：“父子皆为名将，其智勇号称无敌。至今天下之士，至于里儿野竖，皆能道之。”其中的父子就是指杨业和杨延昭。

跨越百王之盛典

——宋真宗西祀后土

秋风楼上的《宋真宗祈嗣图》

北宋大中祥符元年（1008），宋真宗到泰山举行了封禅仪式，史称“东封”。大中祥符三年，在河中知府和朝中文武百官的请求下，宋真宗同意在次年春到河东祭祀后土。在此之前，宋真宗的几个皇子都相继夭折，宋真宗这次祭祀后土，也有祈求神灵保佑后继有人的意思，现在秋风楼上还有“宋真宗祈嗣”的石刻图像。

大中祥符三年八月，为次年祭祀后土做准备，朝廷调派5000军人赴河东服役。宋真宗任命陈尧叟为汾阴经度制置使、王旦为大礼使、王钦若为礼仪使。九月，河东转运使调运缗、帛、粮草10万运往河中府，供作祭祀后土的费用。宋真宗责成有关官员制订祭祀的礼仪程序并对后土祠进行了大规模的维修和扩建，“行宫祠庙，缔构一新”。经过整修扩建的后土祠，庄严宏巨，名称改为太宁庙，当时号称“海内祠庙之冠”，与现在的后土祠只有五岳殿、五虎殿两大配殿不同。宋代的后土祠有六大配殿：东边依次为“真武殿”“六甲殿”“五道殿”；西边依次为“五岳殿”“六丁殿”“天王殿”。真武殿供奉真武大帝，五岳殿供奉五岳之神，在这里他们仅是后土的护法神，可见后土祠当时地位之高。因为宝鼎县位于京城开封之西，历史上把这次祭祀后土活动称为“西祀”。

宋真宗在大中祥符四年正月，在开封的崇德殿演习了一遍祭祀后土的仪式，可见其重视程度。二月，宋真宗率文武百官到河东的汾水之曲、黄河之滨祭祀后土，其礼仪十分隆重，史称“跨越百王之典礼”。因为祭祀后土，大赦天下，东京开封监狱中的犯人全部得到赦免，牢房为之一空。为了减轻地方的负担，朝廷免除河中府赋役一年，免除宝鼎县赋役两年。宋真宗先到宝鼎县后土祠的奉祇宫，第二天登临后土祠后面园林中的延庆亭，第四天举行祭祀大典。宋真宗认为后土祠一带“其俗富庶，接秦雍之郊；其民忠淳，被虞夏之教。地形诡异，神道依凭，中断洪流，

《汾阴二圣配飨铭》（局部）

揭成高阜”。祭祀活动结束后，宋真宗在后土祠旁边的穆清殿大宴群臣，“赐父老酒食衣帛”。宋真宗还亲自写了一篇《汾阴二圣配飨铭》，追述汉唐祭祀后土之盛况，表达宋代敬奉后土之诚心。70多年后，宋哲宗元祐二年（1087），因后土祠年久失修，官方又派人对后土祠进行了一次大规模的维修，“东西饰御碑之楼，四角葺城隅之缺。金字榜碑，绘彩焕烂。前殿后寝，革故翻新”。这次维修，用钱110万，人工24300人，历时7个多月。竣工之日，“邦人瞻观，远近为之欢欣鼓舞，携带老稚来歆享，益加敬焉”（宋杨照《重修太宁庙记》）。由此可知，不但官方对后土祠的祭祀活动十分重视，民间对后土祠祭祀活动的看重，不亚于官方。每年春天当地百姓都要到后土祠举行祭祀后土的活动。一些当年曾目睹宋真宗祭祀后土盛大典礼的少年，这时已是“垂白之老，仅有存者”。当年10岁左右的少年，此时都已80多岁了，对前来维修后土祠的官员“悉谈当时之盛礼”，可见这次祭祀后土的活动在民间影响之深远。在大中祥符四年祭祀后土时，因为“荣光溢河”，即祥

在祭祀后土期间，峨嵋岭上的今中里庄村一带祥云缭绕，呈八龙垂像之瑞，故在此建一座寺院，名曰八龙寺，现仅余一塔，即八龙寺塔

瑞之光出于后土祠旁的黄河中，宋真宗便下令改宝鼎县为荣河县，以资纪念。

金天会十五年（1137），荣河县知县张维将后土祠的建筑全貌立石镌刻，即“后土祠庙貌碑”。这次刻石距1087年宋代维修后土祠刚50年，所呈现的就是宋真宗祭祀后土时的建筑规模（1087年增建了唐明皇碑楼、宋真宗碑楼、4个角楼）。这块石刻在中国古代建筑史上具有十分重要的学术价值。从碑刻来看，整个后土祠建筑群西临黄河，北依汾水，中轴线上的建筑依次为：棂星门、太宁庙、承天门、延禧门、坤柔门、坤柔殿、寝殿、配天殿、扫地坛。

棂星门3间，门左右各有廊，廊两侧与角楼相接，形成一个T形庭院。往北，正中为5间歇山顶大门，有门额“太宁庙”，门两侧有廊，左右各5间。进入太宁庙，院内左右各有一碑楼，左为唐明皇碑楼，右为宋真宗碑楼，碑楼之侧各有二殿。再往北是承天门，3间歇山顶。院内左右各有一碑楼，右为“修庙记”碑楼，重檐歇山顶，左面一楼名称模糊。再北，为延禧门，3间悬山顶建筑。由延禧门再往后即为正庙之前院。可以看出，从大门向北，经过四重庭院，才进入后土庙的主要部分。有关专家认为，宋代建筑的总体布局和唐朝不同，沿着轴线排列若干四合院，加深了纵深发展的程度。

宋代对后土之神的封号全称是“承天效法厚德光大后土皇地祇”，是掌管阴阳生育、万物生长与大地山河之秀的母性神灵。正因为后土之神为女性，所以后土祠正庙的大门叫坤柔门，正殿的名称叫坤柔之殿。坤柔门与承天门相仿，左右为围廊，形成廊院。

坤柔之殿面阔9间，重檐庑殿顶，下部有较高的台基，正面设左右阶。院内左右各有一方亭。坤柔殿之后为3间歇山顶的寝殿，寝殿与坤柔殿之间，以廊屋连成工字形平面，与北宋东京汴梁的宫殿大致相同。院内两侧各有3殿，左面从南到北为五岳殿、六丁殿、天王殿，右面从南到北为真武殿、六甲殿、五道殿。刘敦桢先生主编的《中国古代建筑史·宋辽金时期的建筑》“祠庙及寺塔经幢”一节说，这种工字形殿和两侧斜廊及周围回廊相组合的方式，是这个时期出现而影响后代建筑的一种布局方法。北京故宫的太和殿周围在明代是廊庑环绕的形式，殿的两侧也有斜廊，其制度与上述例子相同，这种利用连续的回廊以衬托高大的主题建筑、造成相当开朗而又主次分明的空间效果，是中国古代建筑常用的手法。

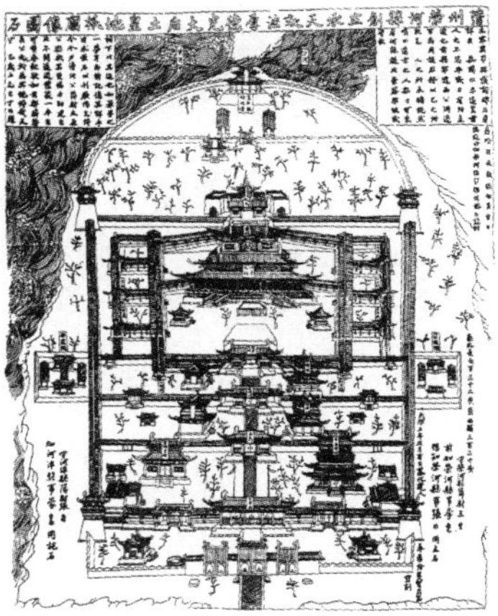

金代刊刻的宋代后土祠庙貌碑

廊院以北，用围墙与后部的扫地坛分隔，围墙的正中突起高台，上有一座3间悬山顶小殿，即“配天殿”。其后接一个工字形高台，台上有亭。最后部分为“旧轩辕扫地坛”，周围遍植树木，中有横墙隔为两院。前院左侧有一座重檐方亭，后院正中为坛，上建重檐歇山顶大殿，左右有配殿。后土祠的后墙作半圆形，寓意天圆地方。

根据庙貌碑的图示，宋代的汾阴后土祠，共计7个空间、9个院落。“南北长七百三十二步，东西阔三百二十步”，约合南北长1207米，东西宽528米，占地面积64万平方米。就长度、宽度而言，宋代的后土祠是现在的5倍，占地面积是现在的25倍，和明清北京故宫的面积差不多，难怪当时称其为“海内祠庙之冠”。

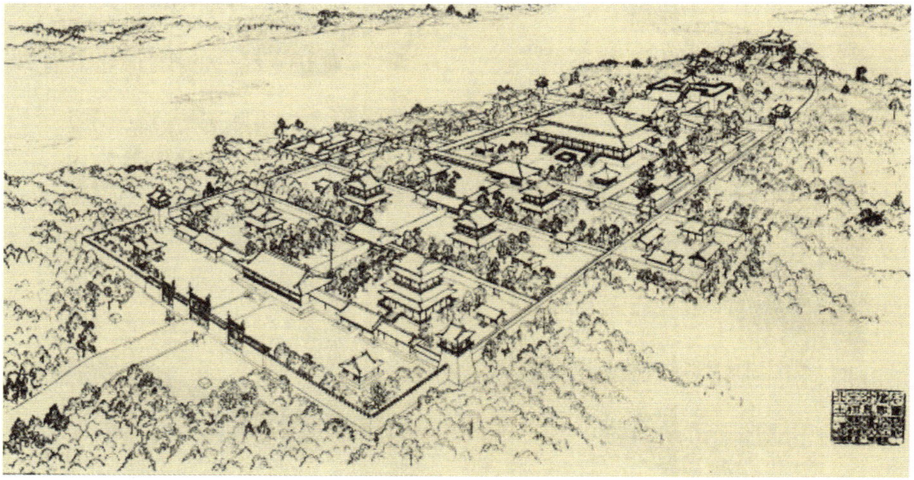

宋代后土祠建筑布局鸟瞰（据刘敦桢《中国古代建筑史》）

宋代的后土祠建筑，以坤柔大殿为核心，前面布置了一系列的庭院和建筑，其中由棂星门至太宁庙为第一段，太宁庙至承天门为第二段，承天门到延禧门为第三段，延禧门到坤柔门为第四段，坤柔门到坤柔殿为第五段。这样的建筑布局，在到达坤柔大殿之前，人们要通过近1000米的5门5院：棂星门、太宁庙门、承天门、延禧门、坤柔门，这样的处理手法，渲染了后土之神的重要地位，使人们在进入坤柔殿之前就感受到了肃穆的气氛。宋代的祠庙建筑分为3个等级，后土祠是按照最高的等级标准修建的。明清北京故宫的中轴线上，依次为大清门、天安门、端门、午门、太和门、太和殿，在到达主殿太和殿之前，也要通过5门

5院。可以看出，明清北京故宫的建筑布局与北宋汾阴后土祠的建筑布局有渊源关系。《中国古代建筑史·元明清时期的建筑》指出："明、清故宫建筑在总体布局上是继承着前代经验而进一步发展的。如果拿宋代的后土祠及明清的太原崇善寺和故宫相比较，不难看出它们之间在主体建筑的空间处理和主要与次要建筑群的排列关系上有很多相同之点。"

北京的天坛，始建于明永乐十八年（1420），内外围墙均作南方北圆，寓意"天圆地方"，是皇帝祭祀皇天、后土的场所，当时叫"天地坛"，与宋代汾阴后土祠的后墙作半圆形，寓意"天圆地方"有渊源关系。在明嘉靖九年（1530）以前，朝廷实行的是天地合祭之制，即祭天、祀后土都在"天地坛"一处。嘉靖九年，皇帝听了有关大臣的建议："古者祀天于圜丘，祀地于方丘。圜丘者，南郊地上之丘，丘圜而高，以象天也。方丘者，北郊泽中之丘，丘方而下，以象地也。"于是决定天地分祭，在天地坛的大祀殿之南建"圜丘"祭天，在安定门外另建"方泽坛"祭地。嘉靖十三年（1534）把"圜丘"改名"天坛"，"方泽坛"改名"地坛"。明清的北京天坛借鉴了宋代汾阴后土祠"天圆地方"的寓意，所以说天坛建筑外观渊源于汾阴后土祠。而明代修建的"地坛"，实际上是对汉、唐、宋时期在河东祭祀后土的延续。从建筑风格来看，宋代的后土祠建筑对明清故宫和天坛都有一定的影响。

狄　青

——名震中外的一代名将

狄青，汾州西河（今吕梁市汾阳）人，北宋名将，精通兵法，英勇善谋，名震中外。一生经历20多次战役，以1053年正月十五夜袭昆仑关最著名，出敌不意，一战而平定两广地区。

《宋史·狄青传》载："青奋行伍，十余年而贵，是时面涅（脸上的刺字）犹存。帝尝敕青傅药除字，青指其面曰：'陛下以功擢（提拔）臣，不问门第，臣所以有今日，由此涅尔，臣愿留以劝军中，不敢奉诏。'"

狄青常将战功推给部下的将领，困难时与士兵一同忍饥挨饿，因此作战时士兵们无不争先恐后。在对西夏的战事中，狄青经常亲自当先锋。作战4年，前后大小打了25场战斗，中乱箭多达8次。安远一战，他受伤很重，但听说敌人到了，就又挺身飞速前往杀敌，士兵们因此也奋力拼搏。狄青临敌作战时，披头散发、带着铜面具，出入敌军阵中，敌人均望风而逃，无人敢挡。

大臣尹洙任经略判官时，狄青与他谈论军事，很得尹洙的欣赏，便把狄青推荐给经略使韩琦、范仲淹，说："此乃良将之材。"二人一和狄青交谈，便认为他是个奇才，对他厚礼相待。范仲淹教狄青读《左氏春秋》，对他说："将帅不知古今历史，

狄　青

就只有匹夫之勇。”狄青从此开始读书，终于精通秦汉以来将帅的兵法，因此更加知名。

皇祐年间（1049—1054），南方依智高反叛，攻陷邕州（今广西南宁市），又攻破了沿江的9个州，包围广州城，岭外一带骚动不安。狄青上奏请战，第二天面见皇帝时，他说：“臣当兵出身，除了战场杀敌，没有什么可以报效国家。希望能带领数百个番邦骑兵，再加上一些禁兵，去将叛贼的头砍下送回京城。”皇帝命他负责处理岭南叛乱之事，并在垂拱殿设酒为他送行。当时依智高回师重新占据邕州，狄青率部进驻宾州（今广西宾阳县）。在此之前，宋军将领蒋偕、张忠都因轻敌而战败阵亡，宋军士气低落。狄青命令各将不得轻易与叛军接战，听从他的统一指挥。有个叫陈曙的将领趁狄青还未到，便擅自率步兵8000人攻打叛军，结果失败。狄青说：“号令不一，是部队失败的原因。”早晨集合各将领到堂上，逮捕了陈曙，并召来逃跑的将领30人，依战败逃跑罪推出军门斩首，众将领吓得两腿战栗不止。

当时，依智高据守昆仑关，力图恃险固守。因此，夺取昆仑关就成了宋军能否南进的关键。狄青命令部队休整10天。依智高派出侦察的人回去报告，以为宋军不会很快进击。正值元宵节，狄青下令军中大张灯火，宣称欢宴3天：第一夜宴请军中将领，第二夜宴请随从官员，第三夜犒劳军校。第一夜饮宴奏乐通宵达旦。第二夜二鼓时分，狄青忽然称病，即刻起来进入内帐。过了很久，派人告诉孙沔，要他暂时主持宴席敬酒，自己稍微服点药就出来，并多次派人向座上宾客劝酒。到了拂晓，将帅们都不敢擅自退席，忽然有人飞马前来报告说：当天晚上狄青已夺取了昆仑关。狄青列阵于归仁铺，与侬智高决一雌雄。宋军大败叛军，斩首数千级，生擒500多人，侬智高在夜间纵火烧城后逃走。黎明时，狄青率领部队开进了邕州城，缴获金银玉帛数以万计，又招集曾被叛军俘虏胁迫的7200余人，慰抚之后释放、遣散。当时叛军尸体中有个穿金色龙袍的，部下众人说是侬智高已死，要向朝廷报告。狄青说："怎知这不是一个骗局呢？我宁可说侬智高失踪，也不敢欺骗朝廷来贪求战功。"

狄青率部南下之初，皇帝常为他担忧说："狄青有威武的名声，叛军应会害怕他的到来。担任左右传令的人，非狄青的亲信者不可，即使是饮食起居的时候，也应该防备突然袭击的发动。"于是派使者飞驰前线训诫。等获悉狄青已打败叛军，皇帝对宰相说："快快议定恩赏，慢了便起不到奖勉的作用了。"

起初，交趾人请求出兵帮助朝廷讨伐侬智高，余靖说他们可信，便在邕州、钦州准备了万人的粮草等待他们。皇帝还下诏用3万缗钱赏赐给交趾国做军费，并许诺平定叛乱后还有厚赏。狄青传令余靖不要派使者到交趾借兵，并立即上奏说："交趾国声称将率步兵五万、骑兵一千赶来支援，不是真的。而且借外国军队来消灭内寇，对我无利。凭一个侬智高就能横行、蹂躏两广，使朝廷无力讨伐，如果再向野蛮的外国借兵，他们贪得无厌，不仁不义，进而发动战乱，又怎么抵御他们呢？请取消要交趾出兵的命令。”狄青的意见最终被采纳。叛军被平定后，人们都佩服他有远见。

狄青战功卓著，官至枢密使。4年后，狄青在朝臣们的猜忌中被罢官，不久便郁郁而亡。

熙宁元年（1068），宋神宗给将帅排名次，认为狄青从行伍出身而名震中外，为人深沉而有谋略，又能谨小慎微，保全名声，有始有终，对狄青颇为感慨和思念，下令取来狄青的画像放进宫中，并亲为他御制祭文。

文彦博

——文可安邦、武能克敌的一代名臣

文彦博，汾州介休（今晋中市介休）人，北宋时期政治家。文彦博历仕仁宗、英宗、神宗、哲宗四朝，他文可安邦，武能克敌，善于化解危难，出将入相50年。曾成功抵御西夏入侵。为相期间，大胆提出裁军8万的主张，精兵简政，减轻人民负担，被世人称为贤相，声名闻于邻邦。

文彦博的自我修养很高，他少年时为了加强自我修养，准备了两个罐子，做了好事，就在一个罐子里放一粒红豆；做了坏事，就在另一个罐子里放一粒黑豆。他每天检查红豆和黑豆的数目，以此提醒自己，这两个罐子使他一生受益匪浅。

宋仁宗时，西部边疆多战事，军队中若有副将临阵先退、望敌不进的，按照常规，大将应向朝廷请示后才能处理。文彦博说："这种办法在平居无事之时还可行，但现在连年作战，将领带兵数十万，如果没有权力自主处置这些事情，将权不集中，军法不严，怎么能成功呢？"宋仁宗认为他说得很有道理，采纳了他的意见。

监军黄德和与大将刘平有矛盾，黄德和临阵脱逃，却诬告刘平投降敌人，并用金带贿赂刘平的奴仆，让他证实刘平投敌。

刘平一家200多人因此被捆起来投入监狱。宋仁宗命文彦博在河中设法庭进行审理。通过仔细审查，文彦博了解了事情的真相。但黄德和的同党很多，图谋推翻文彦博的审理结论，以至于动员朝廷另派御史来河中办案。文彦博当时官阶不高，面对强大的压力，拒不交接案子，他对派来的御史说："朝廷忧虑此案不好审理，所以才派你来。现在案子已审出结果，你应该马上回朝廷。如果审理结果有问题，我承担责任。"黄德和及刘平的奴仆最后被正法。

不久，文彦博任河东转运副使。麟州（今陕西神木市北）运粮饷的道路曲折遥远，而银城河外有唐代运粮饷的故道。文彦博的父亲在任转运使期间，曾考虑修复唐时故道，没来得及动工就去世了。文彦博继承父亲的遗愿，修复了唐时故道，并由此而储备了大量粮饷。后来辽兵入寇，把麟州城围了10日，知道城中做了准备，只好撤兵。

文彦博任宰相时，同枢密使庞籍商议裁减兵员，总计裁撤士兵和将佐共8万人。对这件事，当时议论纷纷，有人认为这些人一定会聚为盗贼，宋仁宗对此也感到疑虑。文彦博说："现在财政困难，就是因为兵员过多。如果这些裁撤的兵士要作乱，我死也要把这事平定下去。"他的方案终于执行，而裁撤的兵士也没有闹事。

有一次，宋仁宗临朝听政时，突发疾病，被扶入宫内。文彦博叫来内侍人员史志聪了解情况。史志聪说："宫廷里的事我不能向外泄露。"文彦博呵斥他说："你们在宫廷里来来往往，却不让宰相知道天子的身体状况，目的何在？从今天开始，若皇上病情加剧，一定要告诉我，否则，以军法从事。”文彦博还与富弼等大臣商议开启大庆殿，并留宿大庆殿外的小屋。史志聪说：“从来就没有这样的先例。”文彦博说：“这个时候，还能考虑有先例没先例吗？”宋仁宗病愈，文彦博等人才离开大庆殿回家。在仁宗生病的这些日子里，京师吏民都担心害怕，靠文彦博、富弼老成持重，吏民的心情才得安宁。

当初宋仁宗患病时，文彦博与富弼等人请求立太子。宋英宗即位后对文彦博说：“我被立为太子，是你的功劳。”文彦博严肃地回答：“陛下立为太子，承继大统，是仁宗皇帝的意愿，也是皇太后襄赞之功，我没有什么功劳。而且陛下被立为太子以及继统之时，我不在朝中，都是韩琦等人根据先帝意愿而受命行事，我没有参与。”英宗说：“让先帝考虑此事，以及开始讨论人选，你都对我有恩。”文彦博谦逊地回避，不敢认为有功于英宗。

文彦博任将相50年，声名闻于邻邦。宋哲宗时，契丹派使者耶律永昌、刘霄来访，苏轼接待，同使者一起拜谒哲宗。在殿门外使者望见文彦博，恭敬地问道：“这是潞公吧？”并问文彦博的年寿。苏轼回答后，使者说：“年寿如此高，但身体怎么这么健壮？”苏轼说：“使者还只看到了他的容貌，没有听见他说话。他综理各种事情，极其精练，即使少年也赶不上。他学问贯古通今，即使专门名家也有不如。”使者崇敬地说：“潞公真是天下异人。”文彦博回洛阳后，西羌首领温溪心有匹名马，委

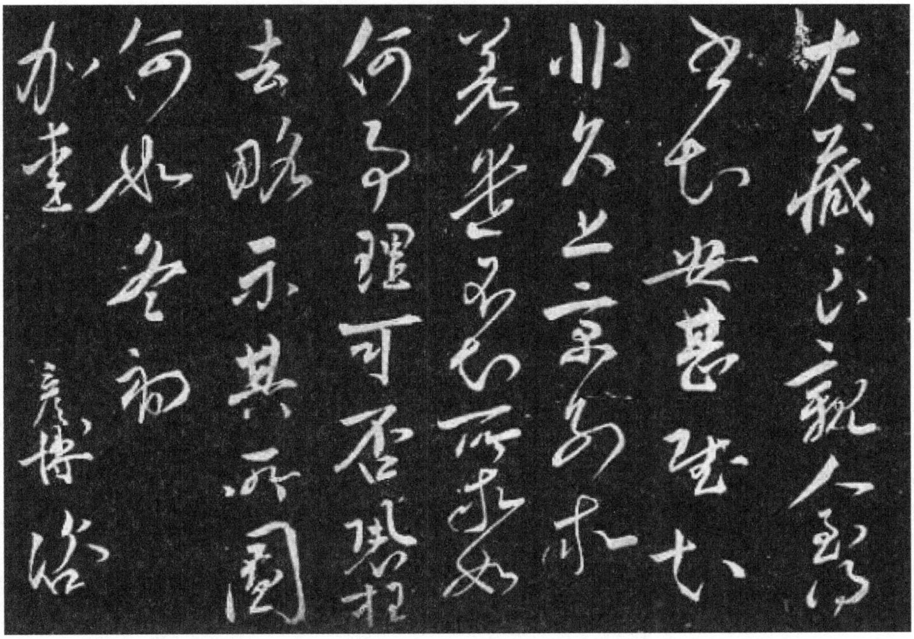

文彦博书法

托边境官吏把名马赠送给文彦博，宋哲宗特诏允许。

文彦博晚年退居洛阳后，特别礼遇鸿学硕儒。洛阳人邵雍、程颢兄弟都以儒家道统自重，文彦博和他们结成布衣之交。他和富弼、司马光等13人，根据白居易九老会的故事，置酒赋诗相互取乐，只以年龄大小论长幼，而不以职位高低排名位，建造了一个大堂，在其中绘有13人的画像，称为“洛阳耆英会”。

司马光

——伟大的政治家、史学家

司马光，陕州夏县（今运城市夏县）人，北宋政治家、思想家、史学家。

司马光7岁时，听人讲解《左传》，十分感兴趣，回家后和家人说到书中的内容，能够把主要的事情说清楚。从此手不释卷，常常忘记了吃饭。

宋仁宗宝元初，司马光中进士。先后在华州（今陕西华县）、苏州任职。庆历初，因为母亲和父亲相继去世，司马光在故乡夏县丁忧居住了5年。在此期间，他读了大量的书，写了许多有价值的文章。

后来经庞籍推荐，司马光任并州通判。当时西夏常常蚕食麟州屈野河西之地，庞籍要司马光去巡视。司马光建议修筑二堡以制夏人，募民耕河边之地，以便解决河东军粮远道运输之忧。庞籍采纳了司马光的建议。大将郭恩有勇无谋，引兵夜渡河，没有安排好攻防之策，打了败仗，庞籍因此受到牵连。司马光3次上书奏明庞籍是听了他的意见才决定修堡的，因为“过听臣言，以至于此”，应该追究自己的责任，不应该追究庞籍的责任。而庞籍得知司马光要为自己辩解时，就又上奏章，一人承担责任，请求免除司马光之罪，使司马光没有受到任何责罚。因为庞籍对司马光有举荐之恩，多年后庞籍去世，司马光拜望庞籍的妻子，像对待母亲一样。对庞籍的儿子如兄弟，人们都称赞司马光的贤德。

宋仁宗的几个儿子全部早夭，继承人未立，大臣无人敢言。谏官范镇第一个提出继承人问题，司马光在太原也上奏折附议，并且给范镇写信劝他以死相争。后来司马光回到开封，面见仁宗皇帝时说："臣昔通判并州，所上三章，愿陛下果断力行。"宋仁宗沉思良久，说："应该选宗室为继嗣吗？此忠臣之言，一般人不敢说此事。"后司马光见此事没有下文，又上奏折："我前一段所奏之事，以为很快就会有结果。这么长时间不见考虑此事，肯定是有小人说陛下春秋正盛，不必考虑不祥之事。小人无远虑，他们是想在仓促之际，立一个和他们有交情的人当继承人。这样的话，'定策国老''门生天子'之祸就不远了。"宋仁宗大为感动。司马光又对韩琦等人说："各位现在不上奏皇帝议定此事，将来宫中夜半传出一个纸条，说以某人为皇嗣，谁敢说个不字？"韩琦等拱手说："我们一定尽力。"在司马光和韩琦等大臣的奏议催促下，宋仁宗终于解决了继承人问题，消除了隐患。

宋英宗治平三年（1066），宋英宗让司马光编撰历代君主与大臣之间的事迹供皇帝阅览。司马光觉得历代史书繁多，何况皇帝日理万机，要想全部了解前人的得失，实在不容易。司马光便着手将上自战国、下讫五代的历史，按照《左传》的体例编写成一套书，名叫《通志》。司马光先将《通志》战国部分的八卷呈送给宋英宗，宋英宗看后很赞赏，诏令置书局于崇文院，让司马光继续完成这一项工作。由于任务繁重，司马光建议宋英宗增加人员同自己一道完成这一巨著。1067年宋神宗即位后，认为此书“鉴于往事，有资于治道”，即以历史上的得失作为借鉴来加强统治，所以定名为《资治通鉴》，并为该书作序。

夏县司马光祠

司马光主持编纂《资治通鉴》，用了19年时间。这是中国最大的一部编年体通史，全书共二百九十四卷，上起战国初期韩、赵、魏三家分晋（前403），下到五代末年宋太祖灭后周以前（959），共1362年。司马光把1000余年的历史，按时代先后，以年月为经，以史实为纬，顺序记写。司马光在《资治通鉴》中总结出许多历史上的经验教训，供统治者借鉴。书中以“臣光曰”的形式，撰写了118篇思想性很强的史论，比较集中地反映了司马光的政治、历史观点。因《资治通鉴》最后由司马光一人定稿，统一修辞，故文字优美，叙事生动，具有相当高的文学价值。毛泽东对书中的文字评价很高，说：“《通鉴》里写战争，真是写得神采飞扬，传神得很，充满了辩证法。”

历代学者对《资治通鉴》都予以极高的评价。宋末元初胡三省说：“为人君而不知《通鉴》，则欲治而不知自治之源，恶乱而不知防乱之术；为人臣而不知《通鉴》，则上无以事君，下无以治民；为人子而不知《通鉴》，则谋身必至于辱先，做事不足以垂后。”清代学者王鸣盛说：“此天地间必不可无之书，亦学者必不可不读之书。”

因为与王安石政见不同，王安石变法时，司马光离开权力中心，到洛阳主持编纂《资治通鉴》15年。司马光认为王安石变法的许多做法都是与民争利，他在王安石变法前7年曾写过一篇长达五千言的《论财利疏》，代表了他治理朝政的政治经济主张，其主要观点是“养农富民”“养源节流”。由于王安石变法的配套方案不完善，有些好的方案在具体执行时又出现了偏差，在一定程度上增加了百姓的负担，社会上对王安石变法并不满意。而作为持不同政见者的司马光在国内的威望很高，人们称他是真宰相，田夫野老皆以司马相公尊称他。皇帝去世，司马光回到开封，宫中的卫士看见司马光，皆向他致敬。他所到之处，

司马光墓前的神道

“民遮道聚观，马至不得行，曰：‘公无归洛，留相天子，活百姓。’”

司马光去世后，京师的人们都前往吊唁，有的人甚至卖掉衣物去参加祭奠，街巷中的哭泣声超过了车水马龙的声音。等到安葬的时候，哭的人非常真诚，仿佛是在哭自己的亲人。京城及全国各地都画他的像祭祀他，吃饭前一定要先祭祀他。

后来蔡京专权的时候，在京城撰刻《奸党碑》贬损司马光，并命令各地也都刻石立碑。长安石匠安民不愿意刻字，他推辞说：“我是个愚蠢之人，不知道立碑的意义。但像司马相公这样的人，海内外都称赞他为人正直，现在反说他是奸邪，我怎么忍心刻！”长安府的官吏感到恼怒，要治安民的罪，安民哭着说：“我被安排服劳役刻字，遵命就是了，但在碑的最后落款不要刻‘安民’二字，我害怕得罪后人。”听到此话的官吏都感到非常羞愧。

晋祠圣母殿宋塑

——北宋塑像艺术珍品

我国现存的北宋塑像珍品很少，有太原晋祠圣母殿宋塑、山西长子县崇庆寺宋塑、山东灵岩寺宋塑。与其他两处宋塑为罗汉塑像不同，晋祠的宋塑是罕见的侍女群像。

这组国内罕见的侍女群像在艺术风格上已经摆脱了南北朝以来传统宗教思想的束缚，而深入到人的精神世界和性格刻画上，它所表达的思想内涵是雕塑艺人匠心独具的构思。从对处于主导地位的佛的全力塑造，转化到对世俗人物的深入刻画，这是中国雕塑艺术史上的一个飞跃。从雕塑艺术风格来看，晋祠宋塑首开了一代新风，在传统风格上有了重大突破。塑像形神兼备，风格写实流畅，特别是在人物情感特征描写方面具有了超越前代的创新之处。圣母殿的宋塑侍女像就是记录这一变迁的活化石。

圣母殿的塑像共43尊，在圣母之外，有宦官5尊，着男服的女官4尊。最精彩的是33尊侍女塑像。这些侍女各有专职，身份、性格也各不相同。她们举手投足，顾盼生姿。最受专家们称赞的是几位典型的塑像：

东庑东侧第5个侍女，刻画了一个机敏灵巧的姑娘，她的身姿微微向前倾斜，似乎在较快地迈步。和她周围的几人相比，她的行进速度要快一些。

西庑东侧后面的一个侍女，好像初来乍到的少女。圆圆的脸庞充满了稚气，她的动作和姿态，也十分纯朴。

宋代侍女塑像

西庑东侧的第一个侍女，从排列的次序看，可能是一个“领班”。她全神贯注于手中所拿的“印玺”，一手捧托，一手护持，把怕碰磕的心态表现得十分贴切。她的年龄也显然比别的姑娘大一些，稳重而老练。她的眼神极为锐利，嘴角也很有力。

东庑北墙一行最中间一位，身材纤弱而风姿绰约，双手捧心，神情落寞，好像有着满腹心事。她的身体造型极为内敛，优美柔和中有倔强之气。她的眼神和其他各位侍女都不一样，显出心高气傲、孤芳自赏的韵味。这个侍女塑像的造型水平达到了很高的艺术水平。

西庑西侧第3位是一个头顶高冠的中年侍女。她的眼睛里已没有了希望和失望，有的只是冰冷的寒意和犀利的洞察。微微下撇的嘴角，表现了她的不满和蔑视。

面对圣母殿的侍女群塑，我们不能不由衷赞赏那个时代雕塑家们的高超技艺。这种对人物细致的个性刻画，这种微妙的造型能力，在晋祠宋塑以前是远远没有达到过的。钱绍武先生评价说："如果仅从深刻揭示人物个性、揭示一定社会关系中的具体个性这个角度来看，那么，欧洲文艺复兴时代的雕塑作品也还没有达到这种水平。"

咏 晋 祠

郭沫若

圣母原来是邑姜，分封桐叶溯源长。
隋槐周柏矜高古，宋殿唐碑竞炜煌。
悬瓮山泉流玉磬，飞梁荇茗布葱珩。
倾城四十宫娥像，笑语嘤嘤立满堂。

米　芾

——个性怪异的北宋书法家、画家

米芾，祖籍山西太原，后迁居湖北襄阳。北宋书法家、画家，其书法成就很高，与苏轼、黄庭坚、蔡襄合称“宋四家”。他擅长篆、隶、楷、行、草等书体，以行书成就最大。明代董其昌评价米芾的书法为“宋朝第一”。其个性怪异，举止癫狂，人称“米癫”。

米芾的书法成就以行书最大。米芾对书法的分布、结构、用笔有着独到的体会，要求“稳不俗、险不怪、老不枯、润不肥”。章法上，重视整体气韵，兼顾细节的完美，成竹在胸，书写过程中随遇而变，独出机巧。

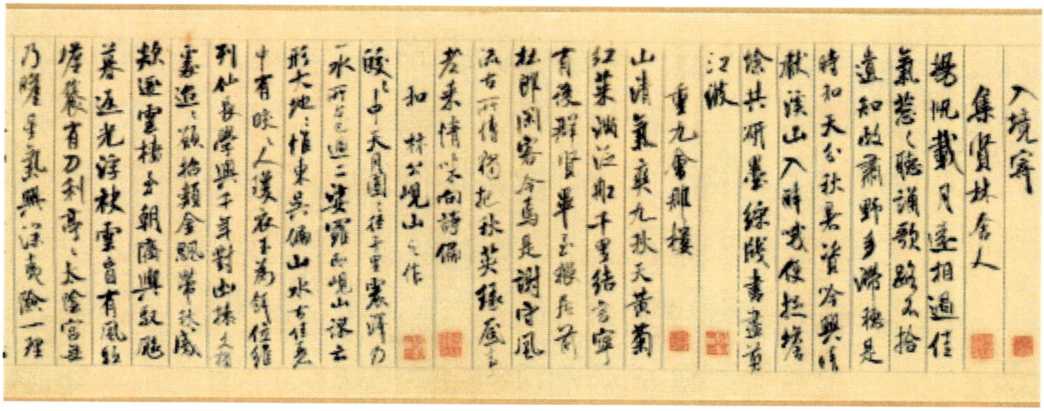

米芾的书法

米芾的用笔特点，善于在正侧、偃仰、向背、转折、顿挫中形成飘逸超迈的气势、沉着痛快的风格。其字的起笔往往颇重，到中间稍轻，遇到转折时提笔侧锋直转而下。下笔的着重点有时在起笔，有时在落笔，有时却在一笔的中间。对于较长的横画，还有一波三折。米芾的书法中常有侧倾的体势，欲左先右，欲扬先抑，都是为了增加跌宕跳跃的风姿，其传世作品有《研山铭》《蜀素帖》《多景楼诗册》《虹县诗卷》等。米芾除书法达到极高的水准外，其书论也颇多，著有《书史》《海岳名言》《宝章待访录》《评字帖》等。

米芾爱收藏佳砚，甚至连皇上的御砚也敢大胆索取。在《钱氏私志》里讲了这样一件趣事，宋徽宗听说米芾的书法不错，便将他召进宫内，摆好玛瑙砚、玉镇纸等文房用具，让他书写。只见米芾卷起袍袖，落笔如云，转眼之间，“奇绝陛下”四个字已跃然纸上。皇上非常高兴，就将文房四宝一并赐给了他。又一日，宋徽宗与蔡京论书法，宋徽宗召米芾来，令他“书一大屏”，并指定要用御案上的端砚。米芾接过文房四宝，一挥而就，字字珠玑，获得满堂喝彩。米芾趁机捧着端砚，跪着向宋徽宗请求道：“皇上，这砚您已赐给臣用过了，现在不能还给皇上了吧……”宋徽宗听后，哈哈大笑，便将这方珍贵的端砚作为奖赏赐给了米芾。米芾捧着端砚，高兴万分，手舞足蹈。

米芾对砚很有研究，写了一本《砚史》，世称“米史”，记载了砚材26种，对其石质、颜色、发墨等功能阐述精细、翔实，具有很高的鉴赏价值，纪晓岚在《四库全书提要》中对它评价很高。

米芾十分喜好奇石，相传他在无为任监军时，听说河岸边有一块奇怪的石头，形状玲珑剔透而又古拙奇丑，与周围岩石大不相同，人们都感到神奇而不敢动它。米芾匆忙赶去观赏，一见大喜，具衣冠焚香拜揖，口中声声称奇石为兄，围观的人们觉得他十分可笑。米芾又命役夫将石头抬回府内，布置在庭院中，朝夕观赏。

米芾作为北宋著名的画家，其绘画题材十分广泛，人物、山水、梅、兰、竹、菊无所不画，其中山水画方面成就最大。他画云彩，重在以浓淡变化的墨色烘染出蒸腾之势；他画山，山体仅用淡墨染出轮廓，再以大小错落、由淡而浓的横点叠加，渲染山体的雄厚。他的画作往往表现的是江南水乡瞬息万变的“烟云雾景”，他所创造的“米氏云山”，烟云掩映，自然天成。

郭若虚

——著名的美术理论家、书画鉴赏家

在唐代，美术理论家山西籍的张彦远有绘画理论名著——《历代名画记》。到了宋代，另一位山西太原人郭若虚完成了中国绘画史上的又一部重要文献——《图画见闻志》。《图画见闻志》在时间上与《历代名画记》前后相接，因而被视为《历代名画记》的续篇。山西籍两位作者的两本书，构成了完整的中国绘画通史。

《图画见闻志》通过史论、画传、画事三部分，记载了唐、五代、宋、辽共284位画家的生平事迹。全书共有六卷，卷一《叙论》16篇，仿张彦远前三卷之作，其中《论制作楷模》《论衣冠异制》《论气韵非师》《论用笔三病》《论曹吴体法》《论三家山水》《论古今优劣》等，均为专题论文，总结唐宋绘画的发展演变过程及审美趋向，多有独到之处。第二卷至第四卷为《纪艺》，记唐会昌元年（841）至宋熙宁七年（1074）间的画家小传，并有评论。第五卷为《故事拾遗》，

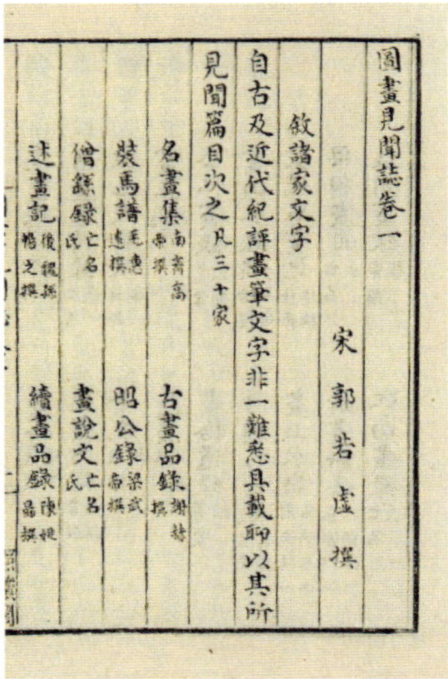
圖畫見聞誌卷一
宋 郭若虛 撰
敘諸家文字
自古及近代紀評畫筆文字非一雖悉具載聊以其所
見聞篇目次之凡三十家
名畫集南齊高帝撰　古畫品錄謝赫撰
裴馬譜毛惠遠撰　昭公錄梁武帝撰
僧繇錄亡名氏　畫說文亡名氏
述畫記後魏孫暢之撰　續畫品錄陳姚最撰

《图画见闻志》书影

《图画见闻志》记载的五代李赞华《东丹王出行图》（局部）

记唐、后梁、前蜀画家故事。第六卷《近事》记宋、后蜀、辽、高丽等画坛轶事。

郭若虚在《图画见闻志》中提出的绘画艺术理论是很丰富的，主要有五个方面：一、规鉴论。他主张艺术的社会伦理功能与审美功能相统一，强调绘画艺术的“规鉴”价值。“制为图画者，要在指鉴贤愚，发明治乱。”二、楷模论。他强调艺术造型的典型性，认为艺术创作应当认真观察所表现的对象，“制作楷模”。“画花果草木，自有四时景候，阴阳向背。”“画翎毛者，必须知识诸禽形体名件。”他提出的楷模论，对各种题材的绘画均有具体要求，体现了宋代各类绘画的发展情况。三、气韵论。他认为前人提出的绘画六法，有5种是可以通过学习掌握的，而“气韵生动”“固不可以巧密得，复不可以岁月到”，画家要提高修养才能达到。四、笔墨论。“气韵本乎游心，神彩生于用笔。”“意存笔先，笔周意内，画尽意在，像应神全。”五、体法论。他对北宋以前各个画派的艺术风格进行了总结，如对北齐曹仲达和唐代吴道子的画风总结：“吴之笔，其势圆转，而衣服飘举；曹之笔，其体稠叠，而衣服紧窄。”

宋代的绘画达到一个新高度，依赖郭若虚的《图画见闻志》而得以充分展现，它被后人称赞为欣赏绘画的纲领之作。尤其是要了解、鉴赏唐、五代、北宋时期的绘画，没有其他文献可以取代《图画见闻志》。亚洲不少国家对此书早已广泛刻印，欧美也多有流传。

“八字军”

——活跃在太行山区的抗金武装

北宋灭亡后，在金军占领地区，义军纷起抗击金兵。建炎元年（1127）九月，上党（今山西长治）人王彦率领岳飞等将领北渡黄河，取得新乡大捷，联合太行山区两河（即河东、河北，今山西与河北中、南部一带）义军，坚持抗金。

金人十分痛恨王彦的抗金行为，高价悬赏王彦的首级。王彦为预防发生意外，夜里经常换地方睡觉。部下为他抗金的一片赤心所感动，都在脸上刺了“赤心报国，誓杀金贼”八字，以示忠于王彦、忠于宋廷。“八字军”的名声逐渐传播开来，“未几，两河响应，忠义民兵首领傅选、孟德、刘泽、焦文通等皆附之，众十余万，绵亘数百里，皆受彦约束。”

王彦的“八字军”威名远扬，金人都不愿和他对阵。在一次金军召集的军事会议上，一个被指定担任指挥的金军将领，一听说要他和王彦的“八字军”交战，吓得连忙下跪，哭着说：“王都统的兵寨坚如磐石，哪能轻易攻克！”金军不敢和王彦正面作战，只好派小股骑兵组成突击队，堵截王彦运粮的道路。王彦对此早有准备，他派兵在运粮道上设伏，等金兵进入了埋伏圈，围而全歼。

王彦出席军事会议，他说两河的抗金忠义之士都延颈以望王师，希望朝廷顺应民意，大举北伐。王彦的言辞激烈，与当时朝中主和派的意见有矛盾，他的建议不被采纳，还被改任其他职务。

后来，“八字军”与金军转战川陕，屡屡获胜。绍兴三年（1133）二月，金军攻饶风关（今陕西石泉县西），王彦率“八字军”扼守要隘，坚守六昼夜，重创金军。不久，收复金州（今陕西安康市）。

沁水县抗金古堡——望寨门（李琼 摄影）

王彦统率的“八字军”作为民间的抗金武装，后来归入宋军序列，多次击败金军，史称“屡破大敌，威声振河朔”，是南宋初期功绩卓著的一支抗金武装。在今天沁水县的中村乡、土沃乡、张村乡，还有一些古代堡垒的遗迹，就是当年“八字军”遗留下来的抗金村寨。

靖康元年太原保卫战

——决定北宋王朝命运的战役

北宋立国之后，收复幽云十六州一直是北宋王朝的心病。积贫积弱的北宋王朝终究未能收复幽云十六州，并且还时常受到契丹人建立的辽政权的南下骚扰。在宋王朝南渡以前的160多年间，宋朝疆域的北端基本上被限制在雁门关一线。正是由于幽云十六州的丢失，使宋王朝从立国之初就受制于人，占据雁门关以北的契丹人就像蹲在宋王朝北门口的一头猛虎，让宋王朝成天提心吊胆。

北宋政和年间（1111—1117），女真族崛起，建立了金政权。宋王朝以为自己收复幽云十六州的机会来了，便企图联合金人对辽政权南北夹击。新兴的金政权以摧枯拉朽的威力灭掉了契丹人的辽国，他们同时也看到了宋朝军队的衰弱无力，根本没有把宋朝放在眼里，别说归还幽云十六州的土地，而是准备以辽的西京大同府（即云州）为前哨，南下中原，兵临汴京城下，灭掉北宋。从历史的大背景来看，五代时石敬瑭割让幽云十六州土地，不但改变了唐以来的疆域格局，也影响了五代以后的历史走向，中原的汉族政权先是被局限在雁门关一线，接下来又被局限在秦岭和淮河一线。

宋朝派人到大同，按照宋金原来的协议想收回大同及附近各州的土地。大同城是金兵经过血战从辽兵手中夺得的，他们岂肯轻易把大同城送给宋朝呢？当时驻军在大同城中的金兵统帅完颜宗翰认为，如果把大同一带送给宋朝，“则诸军失屯据之所，将有经略，或难持久，请勿与之。”可见金人把大同作为他们南下进攻中原的桥头阵地。1124年，坐镇大同的金军主帅完颜宗翰在大同设立枢密院，当时金人称之为西朝廷，大同成为女真族的两大军政中心之一。

宣和七年（1125），金兵分两路南下，西路由大同经太原南下，东路经河北南下，两路兵马约定在开封会师，企图一举灭掉宋王朝。从东魏以来，太原就和河洛、关中关系密切，太原之存亡，事关全局。在金兵南下之初，宋隆德府（今长治市）知府张确就上书主张加强河东防务：“河东天下根本，安危所系，无河东，岂特秦不可守，汴亦不可都矣。”北宋摧毁了易守难攻的千年名城，新建的太原城虽然防御能力大为下降，但还有一定的屏障作用。由于北宋朝廷的政策失误，对宋辽交界地区的百姓和士兵采取歧视的态度，西路的金兵由大同一路南下，基本上没有遇到什么抵抗就到了太原城下。

太原军民顽强抵抗，使西路金兵被牵制于太原城下难以脱身，无法去开封和其东路军会合。已到开封城下的东路军因为孤军深入，难以久留，便向宋朝提出割让太原、河间、中山三镇的撤军条件。当时李纲等大臣极力反对割让三镇，认为太原、河间、中山三镇，“国之屏蔽，割之何以立国！”

建于北宋的太原连理塔

宋钦宗靖康元年（1126）二月，宋王朝交割太原给金人，太原军民拒绝接受这一命令，太原知府张孝纯组织全城军民拼死相战，开始了名垂千古的“太原保卫战”。金军主帅粘罕下令在太原城外构筑了厚达数里的隔离带，并驱使猛犬巡逻，彻底切断太原与外地的联系。太原城内军民誓与太原共存亡，不断派人出城告急。朝中大臣得知太原军民的决心，纷纷上奏要求出兵救援太原。四月，朝廷派姚古率兵北上，派种师中率兵从井陉西进，救援太原。但两路援军都被金军打败，老将种师中以身殉职。六月，朝廷又组织了第二次救援太原的部队，到八月时又被金军打败。九月初，因为城中绝粮日久，城中军民吃树皮、草根充饥，军民饿死十之八九。金军在城外排列30座炮台，统一号令用炮发射巨石入城中，城楼被巨石射中，损毁严重。太原守城主将王禀足智多谋，随机应变，让士兵用木头设置栅栏迷惑敌人，又把城楼用糠布袋保护起来，大大减轻了巨石的冲击力。金军又使用“填壕之法”攻城——他们制作了50多辆特殊的战车，把巨大的木材掏空，用牛皮蒙上，再钉上铁皮，下面装上轮子，人在里面推着战车前进，车上装满了树枝、干草，金军企图用这种办法把城壕填平。王禀用火攻之法，破解了金军的“填壕之法”。金军又制作了一种鹅形车，车顶上用铁皮包住，数百人推着鹅形车前进。王禀让士兵用绳子捆好巨石，砸到金军的鹅形车上，使得金军的鹅形车失重，无法前行。太原城中的百姓，凡15岁以上60岁以下，都编入部队抵抗金军。城内军民终因断粮太久，死伤严重，无力再战，坚守了近260天的太原城被金兵攻陷。两个月后，金兵由太原一路南下，直至开封，北宋灭亡。

原来“城垒高深”的晋阳城，对北方势力的南下，曾多次发挥其屏护、牵制作用，这在唐初防御突厥和平定“安史之乱”时反映得最为明显。宋初平毁晋阳城，自毁屏障，北门洞开，最终自食苦果。有学者在论及宋金之际的历史时曾说，如果太原不失，则金兵难以完成对开封的合围，北宋不至于迅速灭亡，这是有道理的。1126年的“太原之战”，对宋金双方来说，都是一场关涉全局的战役，双方先后投入了数十万兵力，宋朝的多路援军都被金兵打败。“太原之战”后，金兵基本上控制了北方的大片地方，宋朝的军队在此之后基本上再没有进行过像样的抵抗。1126年太原失守，标志着宋朝的军事力量在北方的失败。从这一年开始，直到元末，游牧民族又对北方地区进行了长达240多年的统治，因而“太原之战”具有特殊的历史意义。

赵　鼎

——南宋中兴贤相之首

赵鼎，解州闻喜（今运城市闻喜县）人。南宋初年政治家。赵鼎精通经史百家，诗、词、文章俱佳。在南宋初年两度为相，精忠报国，以敢于直谏著称。

宋室南渡之初，各路将领跋扈，朝廷无力控制局面。赵鼎以其卓越的才能，遏制武将跋扈之风，诸将肃然，树立了朝廷的权威。宋高宗说："（唐）肃宗兴灵武得一李勉，朝廷始尊。今朕得卿，无愧昔人矣。"被宋高宗比为唐肃宗时的中兴名臣李勉，得到破格提拔，从右司谏升为殿中侍御史。

金军兵临长江，宋高宗至会稽（今浙江绍兴市），让官员商议去留问题，赵鼎陈述战、守、避三策："经营中原应当从经营关中开始，经营关中应当从经营巴蜀开始，要到巴蜀应当从荆、襄开始。吴、越偏在一隅，不是进取中原的根据地。荆、襄之地，左顾川、陕，右控湖湘，而下俯京、洛，是三国必争之地。应该以公安（今属湖北）为行宫，屯重兵于襄阳，转运江、浙之粮以供川、陕之兵。"由此可见赵鼎的战略眼光。不久，襄阳失陷，赵鼎建议任命岳飞为主将收复了襄阳。

1134年，赵鼎担任宰相。当时金兵又欲南下，大将张俊主张与金人决战，赵鼎支持张俊的主张，赞同宋高宗“亲总六师，临江决战”。他认为宋军连年退却，助长了金人的威风，如今皇帝亲征，一定会取得胜利。宋军大将韩世忠大破金兵于大仪镇，这场战役对于人心惶惶的南宋王朝来说，有很大的鼓舞作用。由于宋高宗使用了赵鼎这样的忠臣和能臣，使得宋王朝从“靖康之变”中转危为安，在偏安南方之初，一度出现了“中兴”的局面。宋高宗感叹：“赵鼎真宰相，天使佐朕中兴，可谓宗社之幸也。”

时任枢密使的秦桧骗取了赵鼎的信任，赵鼎向朝廷推荐秦桧，秦桧出任右相。1138年，金人遣使议和，许多大臣认为金人不可信，表示反对，这让倾向于议和的宋高宗很不高兴。赵鼎对宋高宗说：“陛下与金人有不共戴天之仇，如今委屈求和，是为了先皇和母后。群臣的过激言辞，出于爱君之情，不能怪罪大家。”赵鼎建议高宗下诏说：“讲和非吾意，以亲故，不得已为之。但得梓宫及母后还，敌虽渝盟，吾无憾焉。”宋高宗让赵鼎主持宋金和议之事，赵鼎在岁币、划界以及礼节等诸多问题上与金方发生了激烈的争执，这使急于求和的宋高宗十分不满，再加上秦桧大力排挤，赵鼎最终在这一年被罢相。

赵鼎先被贬到泉州，再被贬到漳州，然后又被远贬潮州。在潮州五年期间，赵鼎闭门谢客，从来不谈论时事，偶有人问及先前的事情，赵鼎也多自责之语，并无任何怨恨之辞。尽管赵鼎采取这种消极退隐明哲保身的方式，秦桧仍然不放过他，赵鼎又被贬到海南吉阳军（今海南三亚）。

海口市五公祠赵鼎塑像

在海南期间，赵鼎曾写下了不少诗词，其中的《贺圣朝·道中闻子规》："征鞍南去天涯路，青山无数。更堪月下子规啼，向深山深处。凄然推枕，难寻新梦，忍听伊言语。更阑人静一声声，道不如归去。"表达了赵鼎的去国怀乡之情。他又有《行香子》一词："草色芊绵，雨点阑斑。糁飞花，还是春残。天涯万里，海上三年。试倚危楼，将远恨，卷帘看。举头见日，不见长安。漫凝眸，老泪凄然。山禽飞去，榕叶生寒。到黄昏也，独自个，尚凭阑。"表达了他在天涯海角孤独、落寞的心情。

赵鼎被贬至吉阳军后，在给朝廷的谢表中写道："白首何归，怅余生之无几；丹心未泯，誓九死以不移。"秦桧看后，不得不感慨："这老头还是像以前一样倔强。"在吉阳军的三年时间中，赵鼎深居简出，门人故吏都不敢看望他，只有广西的将军张宗元偶尔给他送些东西。秦桧知道后，专门派人监视赵鼎的一言一行，要求吉阳军每月都要向他汇报赵鼎的生死情况。

赵鼎派人转告儿子说："秦桧要置我于死地。我死了，你们就没事了；不然，祸及全家。"他自书墓志铭"身骑箕尾归天上，气作山河壮本朝”便绝食而亡，一代名相竟被秦桧逼死。爱国诗人陆游当时从父辈那里听到赵鼎的悲壮之举，泪流满面，慨叹道：“呜呼！不可谓伟人乎？”

“以身去国故求死，抗议犯颜今独难。阁下大书三姓在，海南惟见两翁还。一丘孤冢寄穷岛，千古高名屹泰山。天地只因悭一老，中原何日复三关？”这是宋代抗金将领胡铨悼念赵鼎时所作的《哭赵鼎》一诗。

当年赵鼎谪居在海南的“盛德堂”，是裴度的十五世孙裴闻义的住宅，裴闻义之所以接纳赵鼎，一是因为他敬重赵鼎的为人，二是因为他们的祖籍都是山西闻喜县，所以才冒着得罪秦桧的危险关照赵鼎。裴闻义当时是昌化知军，赵鼎死后，被安葬在昌化军辖地。

孟 珙

——南宋后期的擎天柱

俄罗斯历史学家沃尔科戈诺夫把我国南宋时的孟珙称为“13世纪中国最伟大的机动防御大师”，但在国内史学界，对孟珙的军事贡献却一直没有予以足够的重视。

孟珙是南宋后期著名的抗金、抗元将领，祖籍绛州（今运城市新绛县）。宋室南渡后，孟家祖上从山西绛州投奔岳飞的“岳家军”，孟珙的曾祖父和祖父都是岳家军里的武将，跟随岳飞南征北战。孟家后来随军至随州（今湖北随州市），定居于湖北枣阳。孟珙的父亲孟宗政曾在襄阳、枣阳一带抗击金军，战功卓著。孟珙从少年时就随父亲生活在军营，积累了不少军事经验，为他后来的军事生涯打下了基础。

1233年，在蒙古军队的打击下，金军将领武仙率大军南侵，进军南宋的辖地吕堰（今湖北襄阳市东北），孟珙准备以8000人退敌。孟珙命令木查、腾云、吕堰三寨的宋军三面进攻金军，孟珙所部迅速实施合围。这时武仙才发现地形对自己不利，进有大河阻挡，退有山险拦截，只好撤军，被斩首3000人，损失惨重。武仙屯守于马蹬山，孟珙率军直击马蹬山，一日三捷，火光漫天，金军死尸遍野。武仙认为岵山地势险峻，居高临下应该还有一线生机，于是带着人马开始爬山。孟珙早就料到武仙要移师岵山，命一支部队预先埋伏在山上。武仙军爬到一半，突然伏兵四起，金军被打得血流满山，铠甲丢弃如山。武仙狼狈地换上士兵的衣服，带五六个人逃走，剩下的7万多金军全部投降。金军打开入蜀通道的计划彻底破产。

蒙古为消灭金朝，派使者联合南宋攻金。1233年10月，孟珙率军2万北上与蒙军将领塔察儿合围金朝的行都蔡州（今河南汝南县）。1234年初，蒙宋联军向蔡州发起总攻。蒙军攻西门，孟珙率领宋军先从南门攻入城内，金哀宗自杀，末帝完颜承麟被杀，金朝灭亡。六月，南宋不顾盟约，趁蒙古军队北撤之机，派军进入河南，企图收复中原失地，却给雄心勃勃的窝阔台提供了南侵的借口。于是，蒙古以南宋背约为名，开始了伐宋战争。

1235年，蒙古对南宋的川蜀、荆襄发动了全面进攻。1236年，蒙军在荆襄战场上连破襄阳、随州、郢州及荆门军、枣阳军、德安府，南宋的整条京湖（京西·湖北路）防线千疮百孔。尤其是襄樊地区的防御，是南宋抗蒙战争的重中之重。襄阳自岳飞收复以来，130年，富庶甲于一方。襄阳一失，影响巨大。失去襄阳则江陵危险，江陵危则长江天险不足恃。1236年10月，蒙军又对南宋的蕲州（今湖北蕲春县）发动猛攻，宋理宗急命孟珙救援蕲州。蒙军又进攻江陵（今湖北荆州市），江陵告急，孟珙又奔赴江陵，施以疑兵之计，“变易旌旗服色，循环往来，夜则列炬照江，数十里相接”，摆出一副大军来援的样子。蒙军不知虚实。孟珙趁机传令出击，连破敌军24座营寨并将蒙军的渡江器具焚毁，遏制住了蒙军的进攻态势。蒙军无奈之下，只好撤军，史称“江陵大捷”。

1237年10月，蒙军将领昆布哈进攻黄州。孟珙率军救援黄州，当时黄州附近皆被蒙军占领，孟珙把指挥部设在黄州城楼上，宋军奋勇作战，坚守一个多月。1238年春天，伤亡惨重的蒙军终于撤退，退缩到长江北岸，蒙军的渡江计划破产，孟珙又一次扭转了被动的战局。1238年9月，宋军在庐州会战中重创蒙军，孟珙乘胜追击，于1239年3月收复樊城、襄阳、信阳等失地，使蒙军以江汉平原为跳板南进的计划彻底破产。蒙军主帅没有想到，本来应该是势如破竹的襄樊会战，却演变成一场漫长的拉锯战，强悍的蒙军在江汉平原上无法再前进一步。

蒙军在江汉平原的进攻受挫，又企图在长江防线上做文章。孟珙估计蒙军会从施州（今湖北恩施）、黔州（今湖南沅水、澧水流域、湖北清江流域）向湖湘进攻，派2000人屯于峡州（今湖北宜昌市），1000人屯于归州（今湖北秭归县），派伍思智以千人屯施州，派于德兴守归州隘口万户谷，派孟瑛以5000精兵驻松滋作为夔州（今重庆奉节县）后援。蒙军80万入川，孟珙火速率兵西进。孟珙增置营寨，分布战舰，派张举进抵均州（今湖北丹江口市）遏制敌军。蒙军进攻万州（今重庆万州区），施州、夔州震动。孟珙急调在峡州的军队西上御敌，在归州大垭寨会战。孟珙仅以少数的兵力就击败了蒙军的主力，收复夔州等失地。大垭寨大捷，孟珙彻底粉碎了蒙军从三峡入两湖，顺江东进的企图。

1240年初，孟珙得知敌军在河南地区屯田，同时在邓州（今河南邓州市）、顺阳（今河南淅川县）积聚造船的木材，便主动出兵骚扰，破坏蒙军的进攻准备。孟珙派遣部将王坚偷袭顺阳，将蒙军积聚的造船材料全部烧毁，又派遣部将张德、刘整分兵攻入蔡州，将蒙军的仓库烧毁。蒙军完全没想到，一向被动挨打的宋军居然在防御中进攻，把自己的攻势扼杀于萌芽中。至此，南宋防御蒙军的整条战线成为一个坚固的整体，而蒙古第一次对南宋的战争，在历经六年后以失败而告终。旷日持久的襄樊争夺战，是蒙军与南宋军第一次真正意义上的对决。对南宋来说，这一战役的直接成果就是又延续了40年的国祚。

孟珙凭卓越的战功获得了南宋朝廷的高度认可，又承担了建立四川防御体系的重任，孟珙以京湖安抚制置使之职兼任四川宣抚使。不久后，孟珙进封汉东郡公，统领长江上游、中游的防务，成为南宋两个战区的主帅。宋蒙战争的局面基本稳定下来后，孟珙开始着手建立整体性的防御体系。对于大本营京湖战区的建设，孟珙引用三国名将陆抗的话：“荆州，国之藩表，如其有虞，非但失一郡，当倾国争之。若非增兵八万并力备御，虽韩、白复生，无所展巧。”他分析沅（今湖南芷江县）、辰（今湖南怀化市）、靖（今湖南靖州县）三州的情形，认为京湖防御之忧有三：“沅之险不如辰，靖之险不如沅，三州皆当措置而靖尤急。今三州粒米寸兵无所从出，此京湖之忧一；江防上自秭归，下至寿昌，亘二千里，自公安至峡州滩碛凡十余处，隆冬水涸，节节当防，兵讳备多，此京湖之忧二；今尺籍数亏，既守滩碛，又守关隘，此京湖之忧三。”因此必须倾全国之力守住荆襄一带。为解决军粮问题，从秭归到汉口，孟珙大兴屯田，有屯田108000余顷，使得军队的后勤供应得到了保障。

孟 珙

孟珙在防御上的最大贡献是“藩篱三层”理论。他奏请朝廷，建议设立防御蒙军的三层防线：第一层在夔州（今重庆奉节县）驻军，负责涪州（今重庆涪陵区）以下江面的防务；第二层设在湘西北的鼎州（今属常德市）、澧州（今湖南澧县）；第三层则设在湘西南的辰州（今湖南怀化市）、沅州（今湖南芷江县）、靖州（今湖南靖州县）及广西的桂州（今广西桂林）一带，全称“藩篱三层”。宋理宗对此也深表赞同，为了能更有力地支持孟珙的工作，宋理宗还特地撤销了四川宣抚司，将孟珙的四川宣抚使改为夔州路制置大使兼屯田使，川东被纳入孟珙的直接管理之下。“藩篱三层”是具有大战略眼光的，尤其是当时不被重视的第三道防线。孟珙指出蒙军可能从云南、广西迂回进攻湖南。果然，在孟珙去世6年后，忽必烈、兀良合台等人过吐蕃、灭大理、入湖南，孟珙的担心成为事实。

孟珙在抵抗蒙军的战争中，充分发挥自己的军事智慧，多次扭转了被动的战局，给南下的蒙军以重创。他从大的战略防御出发，建立起了牢固的防御战线，一人担当南宋两个战区的主帅，可谓南宋后期的“擎天柱”。

马 远

——著名画家、“南宋四大家”之一

马远，河中（今运城市永济）人，出身于绘画世家，继承家学并有创新，形成了自己独特的风格。马远在我国绘画史上享有盛誉，是“南宋四大家”之一。其代表作品有《踏歌图》《秋江渔隐图》《西园雅集图》等。

马远的曾祖、祖父、父亲、叔父、马远兄弟、儿子五代都是皇家画院的画家。其曾祖马贲善画花禽、人物、佛像，形成“马家”风格，为北宋徽宗朝的画院待诏。其祖父马兴祖是南宋绍兴年间的画师，工花鸟，亦擅画人物。其叔父马公显与其父马世荣在人物、山水、花鸟方面皆有很高的造诣。其兄马逵也长于山水、人物，尤工花鸟画。

《寒江独钓图》

马远作画的特点是布局简妙，水墨苍劲，意境深远，标志着南宋山水画的时代特色。在构图上，马远一变五代、北宋以来

《山径春行图》

的“全景式”，而是在取景上善于小中见大，描绘山之一角、水之一涯的局部，画面上留出大幅空白以突出景观，故人称“马一角”。最典型的作品如《寒江独钓图》，在布局上，画面空旷，仅画一垂钓孤舟，使画面具有强烈的空间感，充满了静寂、萧寒的气氛。另一幅作品《山径春行图》，尺幅较小，画面上却留下大片空白，以虚写实，使画面充盈、丰满，足见画家的布局水平。

马远的人物画创造力极强，他突破前人窠臼，运用人物的身段、动态来刻画人物的形神，达到了简洁生动的艺术效果。他多用凝重的秃笔来描绘人物面貌，画衣纹则用画树枝的笔法。马远的人物画存世作品不少，在他的笔下，既有古代圣贤、文人雅士，也有农民、渔人等，题材较广。

《秋江渔隐图》是马远人物画的代表作之一。此画为一老渔翁怀抱木桨，蜷伏在船头酣睡，小舟停泊在芦苇丛中。老渔翁的头部处理很见功底，眉、发、胡须的画法用的是传统的线描法，但对脸颊、鼻尖、眉宇、下唇、眼窝的晕染，却极富有立体感，这在古代传统绘画里是一个少见的表现手法，即使在马远其他人物画作品里也没这幅画运用得如此成功。另外，他能娴熟地用线条表现物象的质感，如水波的轻盈、布衣的皱褶和船板的木质等。在宋代人物画中，这幅《秋江渔隐图》的构思常被后世所称道。

马远画水很有特色，他用各种轻重不同的笔法，把平远、迂回、盘旋、汹涌、激撞、跳跃以及微风吹起的微澜，月光映照下的滟荡之水的动态，画得十分逼真。

马远的花鸟画作品善于在自然环境中描绘花鸟的神情野趣，其花鸟画的代表作有《柳塘聚禽图》《梅石溪凫图》《月下赏梅图》《寻滩双鹭图》等。

马远与另外三位南宋皇家画院画家李唐、刘松年、夏圭在画史上合称为“南宋四家”。他的山水画成就最大，独树一帜，与夏圭齐名，时称“马夏”，是我国绘画史上富有独创性的大画家。

《秋江渔隐图》

辽金时代的大同

——西京重地

契丹人在936年控制了云州（今大同市）一带，在100多年后，于1044年将云州升为西京大同府，大同作为辽的西京历时81年。契丹人把他们的西京设在大同，是他们看出了大同非同一般的战略地位。

1044年，辽升云州为西京，设西京道大同府作为辽的陪都，大同之名从此始。辽对大同非常重视，派重兵把守，“非亲王不得主之”，大同成为辽政权的边防重镇。辽时的大同城，是在北魏平城故址上修筑加固的，全城周长约10千米。

1062年，契丹人在大同营建华严寺，把辽国历代皇帝的石像、铜像安放在华严寺纪念，可见大同在他们心目中的地位已非同一般，他们把自己的祖庙建在了大同。华严寺的所在地，当时称舍利坊。辽西京的宫殿，高耸于城的西部。据《辽史》记载，当时的边防官员大多住在西京。因为大同的重要地位，辽的几位皇帝先后十多次到大同巡幸。在大同南面不远的应县木塔（我国现存最早、最高的木塔），也是契丹人在把大同定为西京前后建造的。如今大同的华严寺和南面的应县木塔，作为珍贵的历史名胜不断吸引着中外游客，也算是契丹人当年在大同一带留下的文化遗产。

应县木塔的整体架构所用全为木材，没用一根铁钉，全塔共应用54种斗拱，被称为“中国古建筑斗拱博物馆”。应县木塔与意大利比萨斜塔、巴黎埃菲尔铁塔并称“世界三大奇塔”。2016年，经吉尼斯世界纪录认定，应县木塔为全世界最高的木塔。

1122年，女真族建立的金政权攻占了大同，金人把大同作为他们南下进攻中原的桥头阵地。1124年，坐镇大同的金军主帅完颜宗翰在大同设立枢密院，当时金人把设于大同的枢密院称为西朝廷，大同成为女真族的两大军政中心之一。1125年，金兵分两路南下攻宋，其西路军队正是以大同城为大本营而发兵南下中原的。

在女真人统治中国北部的100多年间，大同作为金政权西京的地位一直没有改变。天会三年（1125），女真人在西京为金太祖完颜阿骨打立庙纪念，这实际上是女真人的祖庙。女真人为了进一步巩固对新占领区的统治，多次大规模地从东北把女真人迁往汉族居住区，大同作为他们的西京，聚集了不少的女真人，无疑又成为这一时期民族融合的重要地区之一。

大同市华严寺

金元之际的平阳

——黄河流域的出版中心

金、元之际，今山西南部文化繁荣，平阳一带盛产麻纸、墨锭，为刻书业的发展奠定了基础，平阳成为当时黄河以北地区的出版中心。金代中期之后到元代中期之前，作为中国北方雕版印刷业的代表——平水刻本，在中国雕版印刷史上占据重要地位。平水还是我国最早刻印民间招贴画的地方，平水版《四美图》是我国最早的木版年画，《四美图》画中的人物风姿婉丽，线条简练舒畅，刀法刚劲流利，中国的版画艺术从这里开始。平水雕版印刷业对我国的文学、艺术、医学、宗教等均产生过广泛而深远的影响。

平水版《四美图》

金元时期，平阳地区的刻书业属于官管民营。金代在平阳设置“平水书籍”，元代在平阳设置“经籍所”，说明官方对这一地区雕版印刷业兴盛的极大重视。平水刻书业跨越的时限，金代为80余年，元代为90余年，有些书坊甚至跨越金元两个朝代。从刻印的种类上看，经、史、子、集，佛、道经藏均有刻本行世。尤其是金代的《金藏》（即《赵城金藏》）和蒙古时期的《玄都宝藏》之刻印，均为六七千余卷之大型工程。《赵城金藏》刻于解州天宁寺，历经24年，是我国古代规模最大的佛教经典总汇。

金、元两代，平阳的书坊近30家，从业人员500余人，可见其繁盛程度。有的书坊绵延百余年，可见传承时间之久。平水刻本精良，“字画刚劲”“纸墨精莹，刀法遒劲”，尤其是张存惠刻印的《证类本草》和《通鉴详节》，纸墨刻工，达到当时雕版印刷的最高水平，所以学术界认为“金本相当于宋本”。王重民先生在《中国善本书提要》一书中对《证类本草》有很高的评价：“金元两代，平水刻书之业颇盛。是书刻于金、元之交，

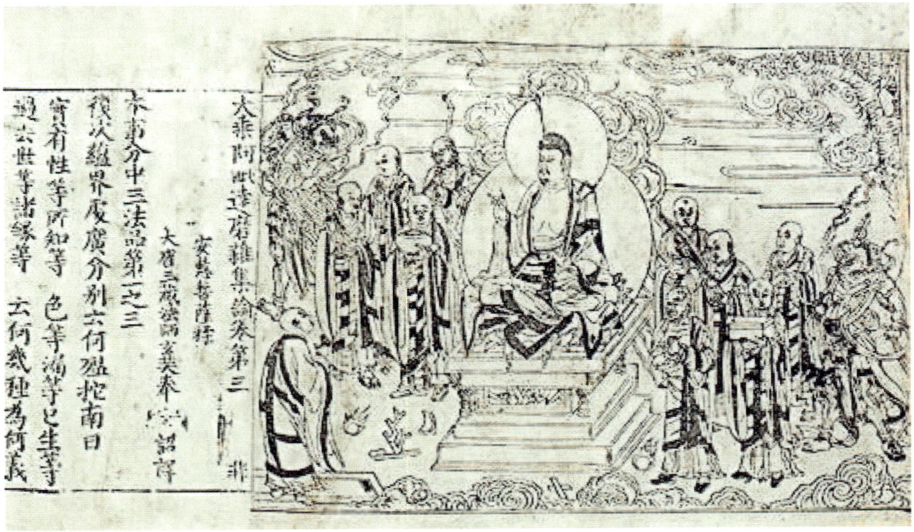

《赵城金藏》书影

尤为书业鼎盛时代，故字画与插图，均较他处所刻者为精。卷四《海盐》《解盐》两图，古朴生动，远非宋本《列女传》托名顾恺之画者所能比。持较俄人科斯洛夫在黑水古城所得金刻王昭君、赵飞燕画像，虽雅秀殊观，而人物之活跃极为相似。此题‘平阳府姜一刊’，彼题‘平阳姬家敬印’。元、明以来戏曲小说所插版画，要当以此为祖，然则版画之兴，亦当由平阳启之。”

平水版在医书方面也有刻本，在宋刊本《新铸铜人腧穴针灸图经》三卷本早已亡佚之后，平水版《新刊补注铜人腧穴针灸图经》五卷本便成为中国医学史上极其重要的珍稀文献。

金、元之际，平水人王文郁、刘渊依据唐人用韵的情况，把汉字划分成106个韵部，刊行《平水新刊韵略》，这就是后来风行天下的“平水韵”。“平水韵”为当时和后代的诗词、韵文创作起到了积极的推动作用。时至今日，人们做诗填词还在使用“平水韵”。平水雕版印刷业对我国文学艺术的发展也产生了重大影响。

元好问

——金末元初文学家、元曲的开创者

元好问，号遗山，太原秀容（今忻州市忻府区）人，金末元初著名文学家和史学家、文坛盟主。他是宋金对峙时期北方文学的代表人物，又是金元之际在文学上承前启后的桥梁，被尊为“一代文宗”。其诗、文、词、曲，各体皆工。

元好问的文学成就以诗歌创作最为突出。他生活在金末元初、改朝换代之际，亲身经历了战火蔓延、颠沛流离的苦难，因而创作出许多扣人心弦的优秀作品，以反映国破家亡的“丧乱诗”奠定了他在文学史上的地位。他的“丧乱诗”，是在杜甫之后现实主义诗风的又一高峰。正如清代史学家赵翼在《题遗山诗》中所说：“国家不幸诗家幸，赋到沧桑句便工。”

元好问的词作有370多首，是金代作品最多的词人。他以词明志、抒情、吊古、咏物、摹山水、咏田园。他的词作中，最多的是抒怀词，有170多首。有关爱情的词作也是元好问词作的重要内容之一，约占六分之一。元好问的爱情词，与花间词派的浮艳风格不同，他继承了《诗经》《离骚》的比兴手法，以男女之情写家国之悲、兴亡之变，高人一筹。金泰和五年（1205），元好问年仅16岁，在赴太原应试途中，在汾河边碰到了一位捕雁者，捕雁者说："今天我捕获到一只大雁，杀了它。但另一只逃掉的大雁在附近一直鸣叫不肯离去，竟然自己撞地而死。"元好问被这只大雁殉情之事深深感动，他买了这只雁葬于汾水旁，堆石为标记，名其曰"雁丘"。元好问写了一首《雁丘辞》，同行者也多为赋诗。后来元好问把《雁丘辞》加工改定为词，词作高度赞美了大雁殉情之可贵。"问世间，情为何物，直教生死相许。天南地北双飞客，老翅几回寒暑！欢乐趣，离别苦，是中更

忻州市元好问墓地的纪念性建筑——野史亭（樊文珍　摄影）

有痴儿女。君应有语，渺万里层云，千山暮景，只影向谁去？横汾路，寂寞当年箫鼓，荒烟依旧平楚。招魂楚些何嗟及，山鬼自啼风雨。天也妒，未信与，莺儿燕子俱黄土。千秋万古，为留待骚人，狂歌痛饮，来访雁丘处。”

元好问抱着“以诗存史”的目的，编成金代诗歌总集《中州集》。不仅收录金代诗人、大臣以至百姓的诗词2000多首，而且为250余人写了小传，填补了中国文学史空白。《金史·艺文传》就是以《中州集》为蓝本写成的。

元好问还是一位文艺评论家，他的《论诗三十首》，是他在28岁时的作品，用30首七言诗点评了汉朝以来的各种诗歌风格与重要诗人。元好问当时作为一位青年诗人，以自己的学养，对上下千年、纵横万里的数十位诗人的作品进行了评论，不仅点评准确而且文采斐然。如《论诗三十首》第四：“一语天然万古新，豪华落尽见真淳。南窗白日羲皇上，未害渊明是晋人。”是元好问对陶渊明诗作的评价，被学术界评价为对陶渊明诗作的最权威的评论。在元好问之前，对陶渊明的有关评价，都没有“天然”“真淳”这样十分贴切的用词。元好问的《论诗三十首》，在我国古代文学批评史上具有重要地位。

在元好问的中年时代，由于北方少数民族进入中原，一种适于当时人演唱的新的诗歌逐渐形成，这种诗歌既不同于诗，也不同于词，而是兼有少数民族和北方民歌风格，这就是被后人称为曲的“新诗体”。这种“新诗体”具有通俗自然、豪放洒脱、泼辣诙谐的特点，很适合表现人们的感情，后来被文人接受，也开始创作这种“新诗体”——元曲由此诞生了。元好问作为当时的文坛领袖，对这种“新诗体”怀有极大兴趣，亲自参加了这一新兴文学的创作，首开元曲的风气，成为古代散曲史上最早进行散曲创作尝试的代表作家之一，对元曲的形成和发展，产生了极其深远的影响。他的作品《骤雨打新荷》：“绿叶阴浓，遍池亭水阁，偏趁凉多。海榴初绽，朵朵蹙红罗。乳燕雏莺弄语，有高柳鸣蝉相和。骤雨过，琼珠乱撒，打遍新荷。人生百年有几，念良辰美景，休放虚过。穷通前定，何用苦张罗。命友邀宾玩赏，对芳樽浅酌低歌。且酩酊，任他两轮日月，来往如梭。”这首作品是元好问的自制曲，尽管在选词、用韵等方面还残留着词的痕迹，但它终究向散曲的演变迈出了极其重要的一步，是人们公认的古代散曲史上最早的北曲名篇之一，对词向曲的演变这一文学潮流产生了深远的影响。元好问在作品中用了几句俗语，如“人生百年有几”“何用苦张罗”“任他两轮日月，来往如梭”等等，这都是散曲的写法。隋树森《全元散曲》中第一家即写的是元好问。羊春秋《散曲通论》、赵义山《元散曲通论》皆把元好问列在第一位。就像初唐的王绩是唐代五言律诗的奠基人、晚唐的温庭筠是宋词的奠基人一样，金末元初的元好问是元曲的开创者。

元曲作家中的山西作家群体

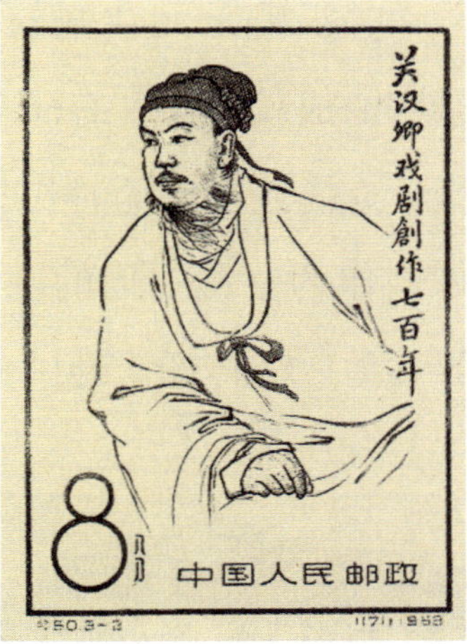

关汉卿纪念邮票

继唐诗宋词之后，元曲是元代文学的主体。元曲继承了诗词的清丽婉转，与律诗绝句和宋词相比，有较大的灵活性。元曲和唐诗、宋词一样，成为我国文学史上一座重要的里程碑。

一般来说，元曲包含元杂剧和散曲，杂剧是戏曲，散曲是诗歌，属于不同的文学形式。在元代，元杂剧的成就和影响远远超过散曲。

在著名的元曲作家中，山西籍的作家占有很大比例，如关汉卿、郑光祖、白朴、乔吉、李寿卿等。元曲研究者张斯直曾做过统计，在有影响的700首散曲中，11位山西作者的作品131篇，占全部作品的18%。无论是作者人数还是作品的总数，山西均居全国之冠。

在中国文学史上，把元代最有影响的四位作家称为“元曲四大家”，指关汉卿、白朴、郑光祖、马致远四位元杂剧作家。四位作者代表了元代不同时期不同流派杂剧创作的成就，因此被称为“四大家”。四大家之中，除马致远外，关、白、郑三位都是山西人。关汉卿是解州（今属运城市盐湖区）人，白朴是隩州（今忻州市河曲县）人，郑光祖是襄陵（今临汾市襄汾县）人。关汉卿的《窦娥冤》《救风尘》《望江亭》，白朴的《梧桐雨》《墙头马上》，郑光祖的《倩女离魂》《三战吕布》等作品，数百年来长演不衰。

关汉卿是元杂剧的奠基人，他创作了很多杂剧和散曲，以杂剧的成就最大，有60多部。关汉卿的杂剧内容具有强烈的现实性，充满着浓郁的时代气息。慷慨悲歌，不屈的抗争，构成关汉卿剧作的基调。他的剧作被译为英、法、德、日等文字，在世界各地广泛传播，外国人称他为“东方的莎士比亚”。他的剧作《窦娥冤》是中国古典悲剧的典范。关汉卿的杂剧是中国古典戏曲艺术的一个高峰。他娴熟地运用元杂剧的形式，在塑造人物形象、处理戏剧冲突、运用戏曲语言等方面均有杰出的成就。1958年，关汉卿被世界和平理事会提名为“世界文化名人”，我国隆重举行了关汉卿戏剧活动700年纪念大会。

侯马市出土的元代砖雕腰鼓俑

白朴家与元好问家为世交，两家交往密切。两家子弟，常以诗文相往来。在金元之际的战争中，元好问在开封收留了白朴和他的姐姐。后来元好问携带白朴姐弟渡河北上，流寓山东聊城，后寄居于冠氏（今山东冠县）县令赵天锡幕府。虽然元好问当时生活也十分艰辛，但他视白朴姐弟如亲生，关怀备至。白朴聪慧，从小喜好读书，元好问对他悉心培养，使他幼年时受到了良好的教育。元好问曾有诗夸赞白朴说："元白通家旧，诸郎独汝贤。"勉励白朴刻苦学习，成就一番事业。白朴善于利用历史题材演绎故事，用旧题，创新意，文词优美，情意深切，在元杂剧诸家中较为突出。白朴写过15种剧本，其中《梧桐雨》和《墙头马上》这两部作品，历来被认为是爱情剧中的成功之作，具有极强的艺术生命力，对后代戏曲的发展具有深远的影响。

郑光祖从小就受到戏剧艺术的熏陶，青年时期开始杂剧创作，享有盛誉。他的主要活动地区在南方，与苏杭一带的伶人有着紧密的联系，他的作品通过众多伶人的传播，在民间产生了广泛的影响。郑光祖一生写过18种杂剧剧本，全部保留至今的，有《倩女离魂》《翰林风月》《王粲登楼》《周公摄政》《三英战吕布》《老君堂》等，以《倩女离魂》最为著名。他的杂剧创作主要有两大主题，一个是青年男女的爱情故事，一个是历史题材故事。他的剧作，以词曲优美著称。钟嗣成的《录鬼簿》中赞誉他是"锦绣文章满肺腑，笔端写出惊人句"。

乔吉，太原人，流寓杭州近40年。钟嗣成曾为他作悼词云："平生湖海少知音，几曲宫商大用心。百年光景还争甚？空赢得雪鬓侵。跨仙禽路绕云深。"乔吉有剧作11种，今存三种：《两世姻缘》《扬州梦》《金钱记》，都是以才子佳人爱情故事为题材，创作风格与郑光祖相近，但他的语言更为清丽。乔吉的散曲成就高于杂剧，在元代200多位作家中，有散曲集传世的只有乔吉、张养浩、张可久三人。明、清学者把乔吉与张可久并称为元散曲两大家。乔吉提出的“凤头、猪肚、豹尾”的作曲理论，即“起要美丽，中要浩荡，结要响亮”。他的散曲创作，无论在起句上还是在结句上，都用心良苦，精美佳句俯拾即是。王国维认为，元杂剧中心从北方南移杭州后，“除宫天挺、郑光祖、乔吉三家外，殆无足观”。今人论元曲，常常把乔吉同关汉卿、马致远、白朴、郑光祖、王实甫并列，号称“元曲六大家”。

李寿卿，太原人。作有杂剧10种，多数散佚，今存《伍员吹箫》《度柳翠》两种，是元代前期较为重要的杂剧作家之一。明代朱权《太和正音普·古今群英乐府格势》评价说：“李寿卿之词，如洞天春晓。其词雍容典雅，变化幽玄，造语不凡，非神仙中人，孰能致此？”

其他的山西籍的元杂剧作家，还有平阳的狄君厚、石君宝、孔文卿、于伯渊、张鸣善，太原的刘唐卿，绛县的李行甫，大同的吴昌龄，离石的刘时中等，也都很有名。

在元曲作家中，山西籍的作家人数多、作品丰富，作品质量高，影响大。可以说，山西籍的元曲作家作为极其重要的一支主力军，一直引领着元代文坛。

山西古戏台

——中国戏曲文物中璀璨的明珠

金元时期，随着杂剧的流行，在山西各地建立了不少戏台。山西古戏台是中国戏曲文物中一颗璀璨的明珠，全国仅存的1座金代戏台、8座元代戏台都在山西境内。山西当时是全国的戏曲文化中心。

在金元时期，山西地区几乎村村都要演杂剧，杂剧才得以在山西繁荣壮大。在洪洞县的明应王殿壁画上题有“尧都见爱大行散乐忠都秀在此作场”字样。在万荣县孤山风伯雨师庙的元代舞台石柱上，刻有“元大德五年三月清明，尧都大行散乐人张德好在此作场”的字样。在山西民间流传的“山乡庙会流水板整日不息，村镇戏场梆子腔至晚犹敲”的楹联，都能说明杂剧在山西的演出盛况。全国现存的明代戏台有60余座，其中一半以上在山西。

高平市遗存的全国最早的戏台——金代戏台（杨　平　摄影）

古戏台是先民们的精神家园，人间的悲欢

离合、喜怒哀乐，在戏台上被演绎得有声有色。站在古戏台前，我们仿佛听到了元代的梆子声声、鼓乐阵阵。

20世纪80年代，全省戏曲文物大普查，全省古戏台数量为2887座。山西省是全国古戏台遗存最多的省份，其数量之多（占全国的80%多）、文化价值之高，名列全国各省之首。不过，近20年来，我省近三分之一古戏台已经消失或者正在消失，全省现存古戏台仅1000余座，尤其是相当一部分清代古戏台保护乏力、损毁严重。

洪洞县广胜寺元代戏剧壁画

山西的元代戏台，从建筑形制上改变了宋金时期四面观的“亭式”戏台，完成了从四面观到三面观进而一面观的转变。位于临汾魏村牛王庙的元代古戏台就是这样一座戏台，是元代戏台的典型代表。这座戏台重建于至治元年（1321），戏台呈正方形，四角立石柱，上面是歇山式屋顶，后两石柱间砌土坯墙，两山墙仅在靠近后檐墙位置砌筑1/4至1/3的长度，墙端加设辅柱，辅柱头搭接的额枋留有铁钉，是当时悬挂帷幔的地方。前、左、右三面空口，宽敞开阔，音响效果极好，像这样三面观的舞台，可以说是完成了戏台建筑的一次大的变革。演出的时候，在两根辅柱前悬挂帷幕，将戏台分割为前台、后台，它是我国戏曲艺术演变的重要佐证。从洪洞广胜寺下寺水神庙大殿的戏剧壁画中我们得到了印证，画中左后方有一后台掀幕窥视者，这表明了有后台的存在，同时也说明在元杂剧鼎盛时期已经有了较完备的舞台。戏台采用乐楼形式，为木构亭式舞台，正面当台口，无前后场之分，还保留着宋金乐亭的旧制。戏台台基高1米，台身面阔7.45米，进深7.55米，是国内现存最早的一座木结构戏剧舞台，是研究中国戏剧发展史的宝贵实物资料。在戏台尺度的演变中，山西的古戏台也有其独特的规律。山西临汾东羊村的东岳庙戏台始建于元代，它是典型的四方形，台的进深与台口的宽度都是7.7米，屋顶为十字歇山顶形式，四面对称。这种建筑形式一般运用在最高等级楼和阁的建筑中，在明清以后的戏台中极少见到这种最高等级的建筑形式。

临汾市尧都区魏村镇元代牛王庙戏台

（武　涛　摄影）

在万荣县庙前村的后土祠内，建有3座互为联络的“品”字形戏台，前面的一座戏台与后土祠的山门浑然一体，平时是山门的过道，演戏时在榫洞里插上木杠，搭上台板，立刻就成为戏台。在它前面40米处，又有两座戏台并排而立，这两座戏台顶部相连，下有通道，与前一座戏台呈“品”字形布局。

万荣县后土祠中的品字形戏台

永乐宫壁画

——世界绘画史上罕见的巨制

永乐宫坐落在山西省的芮城县。永乐宫各殿中，以三清殿和纯阳殿的壁画最为精彩。三清殿为永乐宫的主殿，殿内四壁满布壁画，画面上共有人物286个。在纯阳殿，以52幅壁画演绎着吕洞宾富有传奇色彩的人生，同时也反映着宋、元时代的社会生活。

三清殿壁画名为《朝元图》，“朝元”即诸神朝拜道教始祖元始天尊。三清殿壁画高4.26米，全长94.68米，面积403.34平方米。在三清殿壁画中，有天帝、王母等28位主神，围绕主神，28宿、12宫辰等“天兵天将”在画面上次第展开。画面上的武将骁勇，力士威武，玉女端丽。整个画面，场面宏大，气势非凡。

纯阳殿壁画《谈道图》

纯阳殿，是为奉祀吕洞宾而建。纯阳殿内的壁画，绘制了吕洞宾从诞生起，至“得道成仙”“普渡众生”“游戏人间”的神话故事。殿内的《谈道图》，人物描绘极为成功，神态细腻，是一幅十分珍贵的壁画。纯阳殿

三清殿壁画《朝元图》（局部）

壁画中各种人物的服饰装束，使用的器皿、设施，居住的亭台楼榭，出入的酒肆茶社等都是极有价值的图文资料。

重阳殿，是供奉道教全真派首领王重阳及其弟子“七真人”的殿宇。殿内的壁画，用连环画形式描述了王重阳从降生到得道及度化“七真人”成道的故事。这些连环壁画，几乎是一幅幅活生生的社会生活缩影。平民百姓的打扮、煮饭、种田、打鱼、砍柴、采药；王公贵族、达官贵人的宫中朝拜、君臣礼仪；道士设坛、念经等各种活动，都十分形象地反映在画面上。画中，流离失所的饥民、郁郁寡欢的茶役与大腹便便的王公贵族形成了非常鲜明的对照。

永乐宫壁画的线条十分优美，既含蓄又有力度。《朝元图》中的每个神像大都只是寥寥几笔，以浓淡粗细的长线变化，充分表现出质感的动势。《朝元图》中人物袍服、衣带上的细长线条，更多的是刚劲而畅顺地一笔画上去，造成了迎风飞动的飘逸感。这种画法承继了唐、宋盛行的吴道子“吴带当风”的传统。辉煌灿烂的色彩效果，是永乐宫壁画艺术的又一特点。在青绿色的基调下，分布少量的红、紫、深褐等色，加强了画面的主次关系。永乐宫壁画不仅是我国绘画史上的杰作，在世界绘画史上也是罕见的巨制。

薛景石

——金末元初著名木工理论家、木工机械设计家

薛景石，万泉县（今万荣县）人。金末元初著名的木工理论家，木工机械设计和制造工艺的总结者。薛景石的著作《梓人遗制》，是中国古代唯一由木工匠师撰写的学术论著。明代初年，《梓人遗制》被收入《永乐大典》。

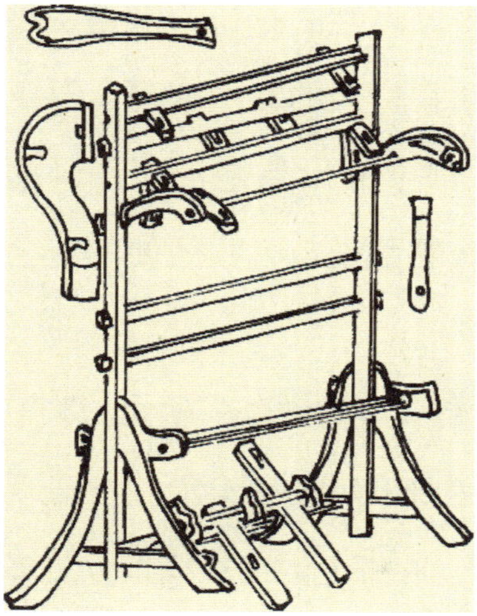

立机子

古代称木工为“梓人”，《梓人遗制》即木工的著述。该书由元初文学家段成已作序。收入《永乐大典》的《梓人遗制》分为两部分：其一，古车部分，记述了一种“五明坐车子”的内容，占全书约三分之一的篇幅。又记述了“圈辇”“靠背辇”“屏风辇”“亭子车”4种车子，其名称与《金史·舆服志》近似；其二，纺织机部分，记述了“华机子”“立机子”“罗机”“布卧机子”4种织机和3种工具。立机子盛行于宋元，后来失传。

书中对每类器物按照“用材”“功限”两部分进行记述。除

车辆的设计图说之外，主要记述了华机子（即提花织机）、立机子（即立织机）、布卧机子（即织麻布、棉布的平织机）和罗机子（专织绞综织物的木织机）等四大类木织机以及几种工具的型制。书中绘有零件图和总体装配图，全书共有图110幅。每幅图都注明部件名称、尺寸和安装位置、制作方法。该书对研究宋元纺织机制造技术和制车技术具有重要的参考价值。

《梓人遗制》是我国机械史、特别是纺织机械史中一部有影响的著作。

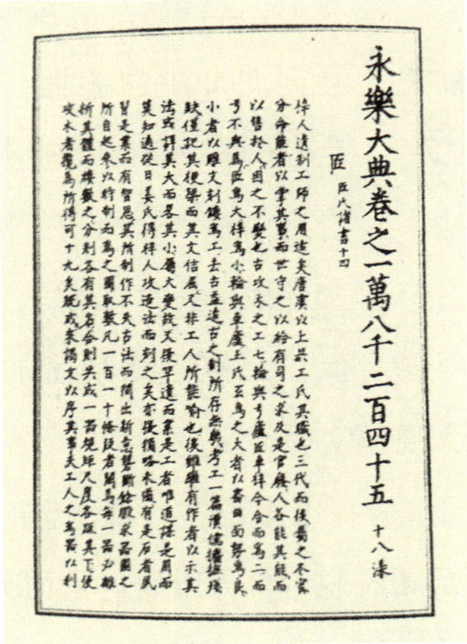
永樂大典卷之一萬八千二百四十五　十八漾

匠　匠氏諸書十四

梓人遺制工師之用遠矣唐虞以上共工氏其職也三代而後屬之冬官分命能者以掌其事而世守之以給有司之求及是官廢人各能其能而以售於人因之不變也古攻木之工七輪輿弓廬匠車梓今合而為二而弓不與焉匠為大梓為小輪輿車廬王氏為之大者以審曲面勢為良小者以雕文刻鏤為工去古益遠古之制所存無幾考工一篇漢儒掇拾殘缺僅記其梗槩而其文佶屈又非工人所能喻也後雖有作者以示其法或詳其大而畧其小屬大變故又復草遺而業是工者唯道諸是用而莫知適從日姜氏得梓人攻造法而刻之矣者傳續略未備有是序有民習是業而有智思其所制作不失古法而間出新意砦點始服求器圖之所自起參以時制而為之圖取數凡一百一十條疑者闕焉每一器必離析其體而纖悉之分則各有其名合則共成一器規矩尺度各疏其下使攻木者覽焉所得可十九矣既成來請文以序其事夫工人之為器以利

《永乐大典·梓人遗制》书影

贾　鲁

——元代治理黄河的水利专家

贾　鲁

贾鲁，河东高平（今晋城市高平）人。元代著名的河防大臣，是一位在治理黄河上卓有成效的水利专家。

1344年5月，黄河改道，在山东曹县向北冲决白茅堤，平地水深二丈有余。6月，又向北冲决金堤，沿岸州县皆遭水患。今河南、山东、安徽、江苏交界地区一片汪洋。为保证运河通航，保护山东沿海地区的盐场不被黄河冲毁，元政府不得不大规模治理黄河。

1348年2月，元政府在山东设立行都水监，任命贾鲁为都水使者，专治河患。丞相脱脱召集大臣研讨治河方略。贾鲁“循行河道，考察地形，往复数千里，备得要害为图。上进二策：其一，议修筑北堤，以制横溃，则用工省；其二，议疏塞并举，挽河东行，使复故道，其功数倍”。他将考察所见绘成图，并提出两个治河方案：第一是修筑北堤，以制横溃；第二是疏塞并举，挽河东行，以复故道。元政府最后采用了第二个方案。1351年4

月，诏命贾鲁为工部尚书、总治河防使，晋升为二品官。元政府征发民工15万、军士2万，开始治河。

贾鲁采取疏、浚、塞并举的方略。凡生地新开，凿之以通；故道高低，取之以平；河身广狭，导之以直；淤塞之道，浚之以深；泽水之地，开渠以排。贾鲁因势利导，因地制宜，在堵截山东曹县大堤决口时，因决口势大，长达30多里，又遇秋汛，河口刷岸北行，回旋急，难以堵截，贾鲁用127艘大船做一“方舟”，方舟装石，依次下沉，层层筑起“石船大堤”。大堤合龙时，水势猛急，若自天降，怒吼咆哮，犹撼船堤，“观者股栗，众议腾沸”，以为难合。贾鲁沉着指挥，经过惊心动魄的大搏斗，终于完成了浩大的截流工程。治河工程从4月下旬开始，11月全部完工，历时近7个月，使黄河复归故道，南流合淮入海，治河大功告成。

“石船大堤”是贾鲁治河的一大创新，所用木桩大约2.7万根，榆、柳杂梢66.6万根，竹竿62.5万根，所沉大船127艘。清人徐乾说：“古之善言河者，莫如汉之贾让、元之贾鲁。”

“贾鲁修黄河，恩多怨亦多，百年千载后，恩在怨消磨”，这首民谣是后人对贾鲁治河的客观评价。为了纪念贾鲁，山东、河南各有一条河命名为贾鲁河。

遍布山西的古建筑

——中国古代建筑博物馆

山西是我国现存各类古建筑最多的省份，共计4万余处。山西现存的古建筑，上起唐代，下至民国，构成了我国建筑史上环环相扣的标本体系，享有“中国古代建筑博物馆”之美誉。中国现存最古老的木构建筑是唐朝建筑，全国仅存4座，皆在山西。宋、辽、金时期，山西的建筑艺术最为辉煌，全国现存宋辽金以前的木结构建筑共160座，山西就有120座，占总量的75%。现存

五台山佛光寺东大殿

元代之前的木结构建筑全国有440座，山西有350座，占到总量的79.5%。

佛光寺东大殿唐代彩塑

我国已发现的唐代建筑遗存共有四座，全在山西。分别为：五台山南禅寺大殿、五台山佛光寺东大殿、芮城广仁王庙正殿、平顺天台庵大殿。

五台山佛光寺东大殿，被我国著名建筑学家梁思成先生称为“第一国宝”，在整个东亚建筑文化区域有着特殊意义。佛光寺东大殿重建于唐大中十一年（857），大殿斗拱纵横，气势威严，是我国现存古建筑中斗拱挑出层数最多、距离最远的一个实例。大殿出檐深远，殿檐探出近4米，这在宋以后的木结构建筑中是看不到的。在脊檩下仅用叉手的做法，也是现存古建筑中的孤例。殿内的唐代塑像和唐代壁画荟萃一堂，极为珍贵。佛光寺东大殿，是集塑像、壁画、墨迹、建筑于一体的国宝极品。

五台山南禅寺正殿建于唐建中三年（782），面阔和进深均为3间，单檐歇山顶，共用12根檐柱支撑殿顶，墙身并不负重。四周檐柱的柱头微微内倾，四个角柱稍高，使得层层伸出的斗拱翘起。舒缓的屋顶，雄大疏朗的斗拱，体现出大唐建筑的雍容大度。整个建筑结构简练，外观秀丽，形体俊美、古朴，庄重大方，是中国现存最早的木结构建筑，国宝中的珍品。殿内17尊唐代彩塑佛像，仍然保持原貌。塑像主次分明，错落有致，表情逼真，栩栩如生，堪称唐代雕塑艺术的精品，具有重要的历史地位和艺术价值。

芮城广仁王庙又称五龙庙，为我国现存唯一的唐代道教庙宇。五龙庙由正殿、戏台、厢房组成，四周有围墙。正殿坐北向南，为唐大和五年（831）建造，面阔5间，进深3间，单檐歇山顶。内部搁架斗拱硕大，叉手长壮，侏儒柱细短，构成极平缓的厦坡，只有五台山南禅寺可相比。整个建筑结构简练，古朴雄浑。

平顺天台庵是中国佛教创立最早的宗派“天台宗”的庵院。天台庵大殿建于天祐四年（907），广深各3间，面阔7.15米，进深7.12米，近似一正方形。大殿单檐歇山顶，出檐深广，屋坡平缓，四翼如飞。殿内无柱，结构简练，没有繁杂的装饰，使殿内的空间更显空阔。

平遥县镇国寺，创建于五代北汉天会七年（963），为全国仅存的几座五代木结构建筑之一。殿堂平面近方形，面阔三间，进深六椽，屋顶为单檐歇山式，出檐深远，庞大的七辅作斗拱，总高超过了柱高的三分之二，使殿顶形如伞状，在历代寺庙建筑中十分罕见。殿内有彩塑11尊，为五代原作。五代的建筑遗存甚少，镇国寺与殿内彩塑为研究中国建筑史和雕塑艺术史提供了极其珍贵的实物佐证。

晋祠圣母殿，创建于北宋天圣年间（1023—1032），崇宁元年（1102）重修。重檐歇山顶，通高19米，面阔7间，进深6间，平面布置，近似方形。大殿“副阶周匝”的做法，是中国现存古建筑中最早的实例。殿堂梁架是中国现存古代建筑中唯一符合《营造法式》殿堂式构架形式的孤例。大殿前廊柱上雕饰有八条木龙，形态生动。殿内有43尊宋代彩塑，是宋代彩塑中的珍品。

晋祠“鱼沼飞梁”，东西长19.6米，宽5米，高出地面1.3米，南北桥面长19.5米，宽3.8米。其结构为正方形水池中立34根石柱，柱顶架斗拱和梁木承托着十字形桥面，东西向连接圣母殿与献殿，四周有勾栏围护，整个造型犹如展翅欲飞的大鸟，故称飞梁。“鱼沼飞梁”是我国现存古桥梁中的孤例。北魏郦道元的《水经注》中有“枕山际水，有唐叔虞祠，水侧有凉堂，结飞梁于水上”的记载，可见“鱼沼飞梁”在北魏时已经存在。“鱼沼飞梁”是世界上最早的平面交叉桥。

晋祠“鱼沼飞梁”

应县木塔

应县木塔，建于辽清宁二年（1056），是全球现存最古老、最高大的纯木结构楼阁式建筑，是世界木结构建筑的典范。通高67.31米，底层直径30.27米，总重量约7400吨。塔高9层，塔刹直插云霄。塔内有金代彩塑，面相圆润，躯干修长，服饰华丽，是金代彩塑中的精品。应县木塔的设计，继承了汉、唐以来富有民族特点的重楼形式，结构上采用双层环形套筒空间框架，形成一层比一层小的优美轮廓。全塔在结构上没用一个铁钉，全靠构件互相卯榫咬合。全塔共使用54种不同形式的斗拱，种类之多，世所罕见，被称为“斗拱博物馆”。

朔州崇福寺弥陀殿，位于朔城区东大街，建于金皇统三年（1143）。面宽7间，进深4间，单檐歇山顶，总高约21米。殿顶黄、绿、蓝三彩琉璃剪边，两只鸱吻高大雄健，立于正脊两端。大殿采用减柱与移柱的做法，是我国建筑史上的大胆创新。弥陀殿内的塑像为我国金代塑像中的珍品。殿内四周满绘壁画，共计345.75平方米，是金代壁画精品。

代县边靖楼，有“万里长城第一楼”之美誉，是历史上守望瞭敌、指挥作战之军事设施。矗立于代县县城十字街心，北望雁门，南俯滹沱。其初建于明洪武七年（1374），成化十二年（1476）重建。由高大的砖券门洞台基和三层四檐木结构歇山顶楼身两部分组成，气势壮观。楼身通高40米，斗拱规整，梁架精巧，建造宏伟。楼阁上三面悬匾，正面为“雁门第一关”，两侧为“声闻四达”“威镇三关”。

飞云楼，位于万荣县城西街，建于明正德年间（1506—1521）。该楼平面呈方形，纯木结构，没有一个铁钉。明三暗五层，高23.19米。三层四出檐，十字歇山顶，面阔、进深各五间，中央4根通天柱高15.45米，四周32根木柱构成棋盘式。全楼345组斗拱密集排列，有四层屋檐、12个三角形屋顶侧面、32个屋角，宛若云朵簇拥、鲜花盛开。各檐翼角翘起，势欲飞翔。楼顶饰有黄、绿、蓝彩色琉璃瓦，阳光之下，更显富丽堂皇。其结构之巧妙，造型之精美，外观之壮丽，堪称我国楼阁建筑之杰作，被誉为“中华第一木楼”。

万荣县飞云楼（杨望科　摄影）

玄鉴楼，位于榆次区东大街，为榆次城隍庙建筑群的主体建筑之一，通高17米，重檐歇山顶。建于明代正德年间。玄鉴楼上斗拱的使用十分讲究，每层的斗拱形态都不一样，整个楼上斗拱的运用灵活多变，为专家称道。1999年，玄鉴楼入选历史文化遗址保护基金会全球最精美的100处古建筑。

广胜寺飞虹塔，位于洪洞县城东北霍山南麓。该塔为琉璃塔，塔身用砖砌，外镶黄、绿、蓝三色琉璃烧制的神龛、斗拱、莲瓣、盘龙、人物、鸟兽和各种花卉图案，把塔身装饰得绚丽多彩，宛如飞虹，故名飞虹塔。明嘉靖六年（1527）重修，是我国现存最完整的大型琉璃古塔。平面八角形，13级，高47.31米。第二层以上塔身外表全部镶嵌有琉璃仿木构件，色泽艳丽夺目。

洪洞县广胜寺飞虹塔（武长虹　摄影）

明清溢彩

MINGQINGYICAI

明 清 溢 彩 7

M I N G Q I N G Y I C A I

罗贯中

——中国章回体小说的鼻祖

罗贯中是元末明初小说家，太原人，《三国志通俗演义》（简称《三国演义》）的作者。《三国演义》是罗贯中的力作，这部长篇小说对后世文学创作影响深远。罗贯中的作品很多，其他小说作品有：《隋唐两朝志传》《残唐五代史演义》《三遂平妖传》《水浒全传》。除小说外，尚存杂剧《宋太祖龙虎风云会》《忠正孝子连环谏》《三平章死哭蜚虎子》。

《三国演义》是中国第一部长篇章回体历史演义小说，作者以70多万字的规模，用一种比较成熟的演义体小说语言，塑造了400多个人物形象，描写了近百年的历史进程，创造了一种新型的小说体裁。

罗贯中的《三国演义》对以后的作家创作很有影响，后来的章回体小说在体制上都借鉴了罗贯中的《三国演义》，罗贯中被称为中国章回体小说的鼻祖。章回体小说的特点是，分回标目，每回故事相对独立，但又前后关联、首尾相接，全书构成统一的整体。罗贯中的章回体小说保存了宋元话本中开头有开场诗，结尾用散场诗的体制。正文常以“话说”两字起首，往往在情节开展的紧要关头，用一句“欲知后事如何，且听下回分解”的套语

罗贯中纪念币

煞尾。

《三国演义》把近百年的历史风云，大致分为黄巾起义、董卓之乱、群雄逐鹿、三国鼎立、三国归晋五大部分来描写。

《三国演义》的艺术成就更重要的是在军事政治描写和人物塑造上。罗贯中最擅长描写战争，全书涉及上百场战争，但作者能写出每次战争的特点，毫无雷同之处。罗贯中吸收了《左传》描写战争的经验，详写谋略，略写战争过程，突出典型人物，达到了很好的艺术效果。

罗贯中在他的另一部作品《残唐五代史演义》中，有一首诗作："两岸西风起白杨，沁州存孝实堪伤。晋中花草埋幽径，唐国山河绕夕阳。鸦谷灭巢皆寂寞，并州尘路总荒凉。诗成不尽伤情处，一度行吟一断肠。"我们从中可以感受到罗贯中依恋故土、缅怀英雄的情怀。

洪洞古大槐树处

——亿万人心中的故乡

元末战乱，争城夺地的殊死之战时有发生，两淮、山东、河北、河南之民十亡七八。除兵乱之外，水灾、旱灾、蝗灾和瘟疫也连续不断。据《元史》记载，仅元朝末年的水旱大灾，山东18次，河南17次，河北15次，两淮地区8次。大面积的蝗灾也有18次之多。大灾之后，往往伴随着大疫，灾区的百姓雪上加霜，人口大幅减少。元末兵燹之创伤未及医治，明初燕王朱棣和建文帝争夺皇位的“靖难之役”又接踵而至，这场长达四年的皇位争夺战，再次加剧了河北、河南、山东、江苏等地的创伤。东西六七百里，南北近三千里，几为丘墟，形成了许多无人区。为了巩固政权，恢复生产，明政府采取了以移民垦荒为主的振兴农业的措施。面对着满目荒凉的黄淮平原，从何处移民？明朝统治者的目光投向了山西。

因为，当元末中原地区兵乱荒疫不断之时，素称“表里山河”的山西却是另外一种景象。由于自然地理的因素，中原地区的水旱蝗疫较少波及山西，战乱也较少，相对显得安定，风调雨顺，连年丰收。较之于邻近各省，山西就显得经济繁荣、人丁兴旺。再者，相邻诸省也有大量难民逃往山西，致使山西成为人稠地狭的地区。元人钟迪在《河中府修城记》中说："当今天下劫火燎空，黄河南北噍类无遗，而河东一方居民丛杂，仰有所事，俯有所育。"据《明实录》的记载，洪武十四年（1381）河南的人口为189万，河北的人口也是189万左右，而山西的人口却多达403万。山西一地的人口数量，比河南、河北两地人口的总和还要多几十万。这样，山西不可避免地成为明初迁民之地。

明初，规模较大的移民有十四五次，每次移民动辄数千户，多者逾万户。当时山西移民的地方主要集中在太原、平阳二府和潞州、泽州、辽州、沁州、汾州五州，即以今太原、临汾、晋城、长治等地为移民的集散中心，而以临汾附近的洪洞为最，这与洪洞县人口稠密又地处交通要道不无关系。

名扬天下的大槐树，在洪洞县城北二里。明代，这里有一座广济寺，系唐代贞观年间的建筑，寺院宏大，殿宇巍峨。唐宋以后在此地建有驿站，常驻驿官办理四方来往的公差事务。大槐树就在广济寺旁，驿道从树荫下通过。因为临近汾河滩，河滩上的老鹳便在大槐树的树杈间构巢垒窝。

明初移民时，在广济寺设局驻员，集中移民，编排队伍，发放"凭照川资"，大槐树下就成了移民荟萃之所，由此而散居河北、河南、山东、安徽等地。据记载，移民活动大多在晚秋进行，此时槐叶已落，树杈间的老鹳窝显得十分醒目。移民们临行，凝眸高耸的大槐树，栖息在树杈间的老鹳不断发出凄凉的叫声，仿佛在向远行的人们打招呼，令别离故土的移民潸然泪下，不忍离去，频频回首，最后只能看见大槐树上的老鹳窝。为此，

明代移民图（卢葆桐　绘）

大槐树和老鹳窝就成为移民惜别的标志。从山西迁徙四处的人们移居他乡，把洪洞大槐树、老鹳窝的故事流传给后代，聊解思念故土之情。天长日久，洪洞大槐树的故事不仅在国内妇孺皆知，而且随着一些侨胞漂洋过海，广为传述。

根据《明史》《明实录》以及大量的家谱、碑文记载，明初从山西洪洞等地迁出的移民，主要分布在河北、河南、山东、北京、安徽、江苏、湖北等地，少部分迁往陕西、甘肃等地。

永乐四年（1406），明政府迁都北京，为巩固中枢之地，多次向河北地区移民，移民的分布以当时北京、真定府、广平府、顺德府、大名府所属县为多，现有据可查的总计有70多个县、市。据北京和河北民间的家谱、碑文记载，永乐年间自山西迁入者颇多，移民迁入后多以姓氏为村名，也有以迁出县名为村名的，如北京郊区的“屯留营”“长子营”。河北地区的移民分布也不少，这与“靖难之役”河北战乱严重以及迁都北京有直接关系。河北的孟村县，其县名就与明代山西洪洞县孟氏有关。永乐

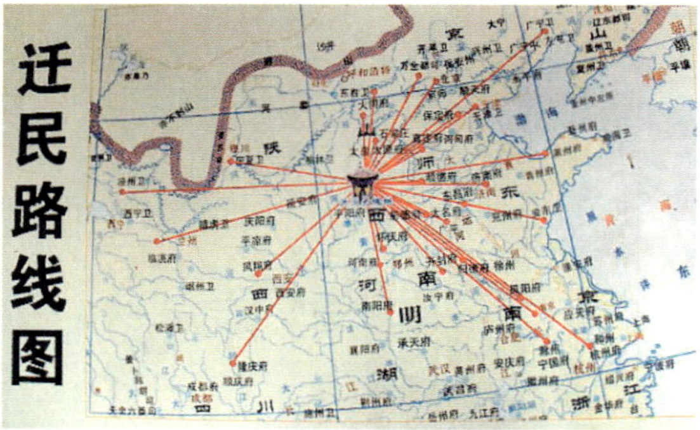

明代洪洞移民路线示意图

初，洪洞人孟氏迁居此地建孟村，经过数百年发展，为一方之中心，1955年成立孟村县，县城设于孟村。

由山西迁往山东的移民，主要分布在当时的东昌府、济南府、兖州府、青州府。现山东有据可查的移民地方有泰安、曲阜、临青、肥城、济南、聊城等60多个市、县。有些山西移民移居山东后，把原来山西老家的村名也带到山东以资纪念，而且还把原来的习俗带到了山东。如山东部分地区有清明节蒸面燕的习俗，面燕又称“子推燕”，原是山西人纪念介子推的习俗，随着移民入居山东，这个习俗在山东也流传很广。另外，山东各地在清明节都有插柳条、松枝的习俗。在晋南各县，清明节插柳条的习俗至今盛行。

古大槐树处古迹由大槐树、碑亭、茶室、牌坊组成。碑亭建在原来的古大槐树处，亭中竖立着青石碑一座，碑阳镌刻“古大槐树处”五个隶体大字，碑阴刻有贺柏寿撰写的《重修大槐树古迹碑记》，简述迁民事略和重修古迹之事。在碑亭南二十余步，建有牌坊一座，古色古香，横额雕刻着“誉延嘉树”，阴面雕刻有“荫庇群生”。现在，这里已建成一座翠柏绿槐、清静幽雅的大槐树祭祖园，占地面积10万平方米，总建筑面积为2.6万平方米。

薛 瑄

——明代著名思想家、明初理学之冠

薛瑄，明代河津平原村（今属万荣县）人。明代著名思想家、理学家、教育家，河东学派的创始人。著有《读书录》《薛文清公文集》《理学粹言》《从政名言》等书。清人把薛瑄作为宋代朱熹学说的传人，称之为“明初理学之冠”。晚明学者高攀龙认为，明代学脉有二：一是南方的王阳明之学；一是北方的薛瑄朱学。薛瑄是继孔、孟、张载、朱熹之后，儒家思想发展到明代的代表人物。

在明代以前，宋明理学最根本的问题，在于理气（规律和物质）的关系问题。薛瑄认为理气互相依存，不可分先后，他说：“理只在气中，决不可分先后。”他不同意朱熹的“气在先”的唯心主义思想。薛瑄首倡“实学”思想，即实事求是，主张凡事“践履（实践）”，是中国历史上第一个实学家。薛瑄的理学思想注重“践履”：“见得理明，须一一践履过，则事与理相安，而皆有着落之处；若见理虽明，而不一一践履过，则理与事不相资，终无可依据之地。”他认为如果理论和实践不结合，终究不能说明理。薛瑄一生倡导“实学”，注重实践，所以人们称薛瑄的学说为“笃实践履之学”，他本人被誉为“实践之儒”。

薛瑄强调修身律己，恢复人性。他认为读书学习，是为了

薛瑄墓园牌坊

更好地完善自我。“复性学说”是薛瑄理学思想的精华，是他一生奉行的宗旨。他说：“每日就身心、言行、应事、接物处，紧紧体认仁、义、理、智四者，体认得是则行不错。”即每天用仁爱、正义、事理、智慧，来要求自己，反省自己。明末清初著名思想家傅山亲笔为薛瑄家庙题联，对薛瑄的学术思想予以高度评价：“果知复性一言，虽四民二氏俱许入祠谒夫子；不辨读书二录，即两榜三元亦虚在世称士人。”不管你是士、农、工、商还是各行各业，要想了解薛瑄的复性和实学的真谛，都应该前来拜谒薛夫子。作为读书人，如果没有读过薛瑄的书，即使金榜题名中了解元、会员、状元，也不算读书人。

薛瑄在故乡河东的讲学活动，在明代影响很大，在中国教育史上也具有重大意义。明史研究专家孟森先生说：“有明讲学之盛，肇于河东。”薛瑄的讲学活动，对于明代中晚期的王阳明、东林党人的讲学活动有着开创性作用。薛瑄在故乡办学时，山西、陕西、河南、湖北、山东、广西的学子前来求学，络绎不绝。

薛瑄严以律己，被后世称为“明代第一廉吏”。在京城为官时，因为经济上不宽裕，他只好买了两间没有窗户的小房子，然后自己动手，让儿子在墙上凿出一个圆洞，找了一个废弃的车轮，安装在凿开的洞上，再糊上麻纸，这样才有了窗户。薛瑄担任广东道监察御史时，湖广银场管理混乱，贪污成风，亟待整治。薛瑄明察暗访，对贪污受贿者依法严惩，从而使银场恢复秩序。他离任时两袖清风，正如他在诗中所说的那样：“莫言白笔（代称自己）南征久，赢得归囊一物空。”

薛瑄家庙

薛瑄做官20多年，他勤廉从政，不畏权贵，为民请命，被誉为“光明俊伟”的清官。有关他不畏权贵、为民请命的事迹广为流传。景泰四年（1453），全国发生大饥荒。苏州一带民众纷纷向富户借粮，但富户乘人之危，大抬粮价，囤积居奇，激起民怨，发生了民众群起抢富户粮食、烧富户房子的事件。朝廷派太保王文前往查处，王为了表功，一下便查抄平民五百余户，其中两百余人以谋反罪准备问斩。不少大臣都认为这是一宗大冤案，但慑于王文的权势却不敢提出异议，只有薛瑄向朝廷上奏辩冤。最后经都察院官吏勘实，只严惩了为首者三四人。

由于薛瑄在思想上、学术上的巨大影响，他去世后，不断有大臣向朝廷上奏，建议在孔庙从祀薛瑄。隆庆五年（1571）九月二十九日，经过朝廷审议，皇帝下诏，薛瑄进入孔庙从祀。他是明代第一个从祀孔庙的人，也是山西历史上从北宋之后到清末唯一从祀孔庙的人。

王文素的《算学宝鉴》

——16世纪世界最高水平的数学巨著

王文素是明代山西汾州（今汾阳市）人，约生于1465年。自幼聪慧，诸子百家，无所不学。他善诗文又善数学，对历史上流传下来的算题、算法进行搜集、论证，“误者改之，繁者删之，缺者补之，乱者理之，断者续之”，著成《新集通证古今算学宝鉴》。

“身似飘篷近六旬，留心学算已年深。苦思善致精神败，久视能令眼目昏。铁砚磨穿三两个，毛锥乏尽几千根。如风扫退天边露，显出中秋月一轮。”这是王文素的诗作，是他致力算学30年的艰辛写照。他以一己之力，编著成50万字的《算学宝鉴》，实为中国算学史之最，是当时世界最高水平的数学巨著。王文素在书中解高次方程的方法比英国的霍纳、意大利的鲁非尼早200多年。在解代数方程上，他领先牛顿140多年。对于17世纪微积分创立时期出现的导数，王文素在16世纪已率先发现并使用。

《算学宝鉴》也是一部应用数学书，书中的例题均取材于当时的社会生活实际。除古题、原题外，书中对当时社会商品流通中米、麦、棉、马、牛、羊、鸡、绫、罗、麻、绢等价格资料应有尽有，船费、军饷、税种、税率等经济史料不胜枚举。可以说，《算学宝鉴》对明代商业、人文、地理等方面的记述，是我们了解明代社会的一本极珍贵的史料。

王文素

《算学宝鉴》完稿后未刊行，只有手抄孤本存世，数百年无人知晓。直至20世纪30年代，由北京图书馆于旧书肆中发现抄本而得以入藏，实乃不幸之中的大幸。

20世纪90年代，学术界才认识到《算学宝鉴》的科学价值。不少学者认为，《算学宝鉴》是堪与《天工开物》《本草纲目》相媲美的明代三大自然科学巨著。明代的科技史应当改写，王文素应当和宋应星、李时珍等科学巨匠一样，列入史册。

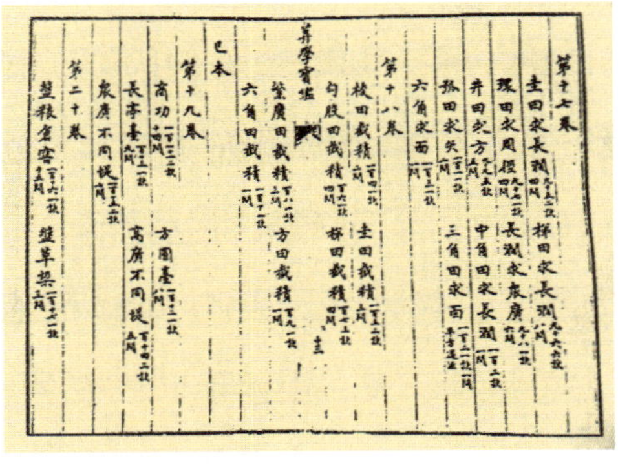

第十七卷
圭田求長濶　梯田求長濶
環田求周徑　長濶求泉廣
井田求方　中角田求長濶
孤田求矢　三角田求面
六角求面
第十八卷
梭田截積　圭田截積
勾股田截積　梯田截積
算學寶鑑
箕廣田截積　方田截積
六角田截積
巳本
第十九卷
商功　方圓臺
長亭臺　高廣不同堤
泉廣不同堤
第二十卷
盤粮倉窖　盤草垛

《算学宝鉴》书影

王崇古

——勋著边陲、安定北疆的一代重臣

王崇古，蒲州（今永济市）人。其七世祖王冲文为追逐盐业之利，从汾阳迁居蒲州。王崇古的父亲王瑶经营盐业颇为成功，“行货张掖、酒泉间”，“复货盐淮、浙、苏、湖间，往返数年，资乃复丰”。王崇古先在刑部任职，由刑部郎中转任安庆知府、汝宁知府。时东南倭寇猖獗，因熟知军事，王崇古调任常镇（今江苏省常州市）兵备副使，在与倭寇作战中显示出卓越的军事才能，连战连捷，使常镇一带倭患平息。王崇古因军功卓著，升任陕西按察使、河南右布政使。嘉靖四十三年（1564），改任右佥都御史，巡抚宁夏。隆庆初年，总督陕、延、宁、甘军务。万历初，任刑部尚书、兵部尚书。

王崇古喜欢谈论军事，知晓边关的险要关隘，平时督修战守工事，注意侦察敌情，作战时身先士卒，多次出兵直捣敌人的巢穴。蒙古俺答汗收留了明军叛将赵全等人，向东攻入蓟、昌地区，向西劫掠忻、代地区，30年间骚扰不断。隆庆四年（1570），王崇古总督宣、大、山西地区的军务。王崇古禁止边防兵卒擅自越界，发檄文抚慰少数民族和陷落敌手的汉族军民，对率众来降的敌方士兵以及自己逃回的汉人，全部进行安抚，归附的人接连不断。

隆庆四年冬天，蒙古俺答汗的孙子把汉那吉前来归附。王崇古考虑可以趁此制服俺答、铲除赵全等人，便将把汉那吉等人留在大同，慰问安抚备至。俺答当时正在西部抢掠，听到事变急忙回师，举兵压境，急切地索要把汉那吉，并派使者刺探情况。战事一触即发，形势严峻。王崇古向朝廷上奏，提出处置这一突发危机的对策。在奏疏中，王崇古提出处置把汉那吉的上、中、下三策供朝廷定夺。在接下来的《为北虏纳款执叛求降疏》中，王崇古建议应尽早对俺答进行封贡互市——“查照国初忠顺王旧制，及西番吐鲁番沙坛满速及沙速王近例，似应俯顺夷情，量为封赐，定其岁贡之额期，示以赏赉之等第。俾其统率诸酋，各居漠北，永为番国。”这是一个很有战略眼光的建议。与此相应的，在王崇古的外甥张四维（时任吏部左侍郎）的活动策应下，朝廷内阁也对王崇古的策议给予积极回应，与俺答展开谈判的意见占了上风。

王崇古让把汉那吉穿着明朝的官服接见俺答的使者。俺答知道情况后很高兴，对明朝的使者说：“我没有作乱，祸乱是赵全等人所为。希望天子分封我为王，永远为北方首领，各部落谁敢生祸乱？即使我不幸死去，我的孙子世袭封爵，他接受了朝廷的厚恩，怎敢辜负呢？”俺答于是派遣使者，请求互市通商。王崇古将俺答的情况上报，得到皇帝允准。俺答绑缚了赵全等十多人献给朝廷，王崇古也派使者将把汉那吉送回。把汉那吉回去后，俺答派遣使者来答谢，发誓不再侵犯边境。王崇古指令他要求土蛮、昆都力、吉能等部族都来朝贡明朝皇帝。王崇古建议朝廷开通贡市，使边地百姓得以休养生息。于是皇帝下诏分封俺答为顺义王，将他居住的城题名为归化（即呼和浩特），俺答派使者朝贡，史称“俺答封贡”。一场边境危机，不仅就此平息，而且产生了让双方都未曾想到的结果，王崇古在其中起了很大的作用。

大同市得胜堡长城遗迹（王杰瑜　摄影）

王崇古广泛地招集商人，鼓励他们做生意。布匹、粮食、茶叶远从江、淮、湖广贩运到边塞附近，满足了蒙古族牧民的生活需求。北部边境从此安宁，东起延、永，西到嘉峪关七镇，数千里地区的百姓安居乐业，兵戈不兴，每年节约十分之七的费用。从此结束了明、蒙之间两百多年的战争状态，开启了明朝与蒙古右翼诸部和平互市的局面。塞上呈现物阜民安、商贾辐辏的景象。

清人魏源评价“俺答封贡”之事：“高拱、张居正、王崇古，张弛驾驭，因势推移，不独明塞息五十年之烽燧，且为本朝开二百年之太平。”魏源认为，王崇古主导的边境互市，不仅保证了明代北疆50年安宁无战事，也为清朝奠定了200年的太平。

河东盐池

——历史悠久，催生晋商

河东盐池南依中条山，北接峨嵋岭。东西长，南北狭，周长约60公里，总面积132平方公里，为东北至西南向的狭长盐湖，因位居黄河以东，古称河东盐池。

河东盐池是大自然对山西南部地区的恩赐，是大自然送给华夏民族的厚礼。人类生活不可无盐，世界上的其他古文明，古埃及文明、古希腊、罗马文明、两河流域文明、古印度文明，都诞生在海洋附近，凭借海洋的盐分之故也。只有华夏文明发祥于远离海洋的内陆地区，河东盐池的客观存在是一个重要的因素。从传说的炎黄联盟与蚩尤大战于涿鹿，到尧、舜、禹在晋南地区的众多传说，再到夏、商、周三代在河东、河洛、关中地区的发展、繁荣，都在河东盐池周边数百公里的范围内。考古工作者在夏县的东下冯遗址中发掘出商代的盐仓。初步估算，这些盐仓可以储存12000多吨食盐，是用来向周边地区供应食盐的仓库。专家推测，尽管这个盐仓建于商代，但它的渊源可能会更早。钱穆先生在《中国文化史导论》中，对河东盐池有这样的论述："解县附近有著名的解县盐池，成为古代中国中原各部族共同争夺的一个目标。因此，占到盐池的，便表示他有各部族共同领袖之资格。”传说黄帝在涿鹿之战中战胜了蚩尤，牢牢控制了河东盐池，把握了中原地区的食盐命脉，最终成为各部族的首领。许多中外历史学家都认为，作为内陆产盐之地的河东盐池，对河东周边地区的古文明发展起到了特别重要的作用。日本著名汉学家宫崎市定认为，因为盐池利益重大，控制了盐池就具有支配古代社会的能力，唐尧、虞舜、夏、商、周的兴亡也只是执掌盐池之富的势力的更替。有不少学者认为，周人的先祖发祥于河东盐池附近，王国维认为周初的莽京在今天的永济蒲州，钱穆则认为莽京在今天盐池附近的安邑。

河东盐池最初是采取“捞取法”：天日暴晒，自然结晶，自由捞采，产盐全部依靠自然的力量。借助南风，是上古时期河东盐池的一个突出特点。每年夏季，从中条山吹来的南风穿过山谷，吹散了晒卤水时产生的水蒸气，使阳光能更有效地照射卤水，卤水持续蒸发，加快了盐晶体的析出。南风和持续的高温暴晒，是河东盐池自然成盐的两个必备条件。先民已经注意到南风对盐池生产的重要作用，称之为“盐南风”。相传舜帝创作的《南风歌》，就表达了古人对河东盐池平稳生产的美好祈求，也显示了上古时期先民对自然风力与河东盐池关系认识的较高水平。兴建于唐代的池神庙，其主体建筑为三大殿——池神祠居中，左右两边为日神祠、风神祠。在春秋时期，猗顿因为经销河东之盐，成为富比王侯的大商人。公元前585年，晋国准备迁都，在今晋南物色合适的建都地点。许多人都建议把郇瑕之地作为新都城。郇瑕之地在河东盐池的西北附近，“沃饶而近盐”，

运城盐池池神庙

有盐利可资。但韩献子等大臣持反对意见：“山泽林盐为国之宝也，国饶则民骄佚。”他们认为当地以盐池之利崛起的商人势力对国家的统治不利。两汉时期，朝廷对河东盐池十分重视，皇帝曾多次到河东“览盐池”。北魏孝昌三年（527）十月，雍州刺史萧宝夤占据长安反叛，朝廷任命长孙稚前往讨伐。长孙稚没有先讨伐关中的叛军，而是先消灭围攻蒲坂、控制盐池与萧宝夤呼应的薛凤贤、薛修义的势力。他事后对皇帝解释说，先解河东之围，并不是以长安为缓而以蒲坂为急，而是因为蒲坂一旦失守，朝廷就会失去盐池，三军势必会缺乏供应。可见河东盐池对当时经济、军事的影响力。

到了唐代，河东盐池的发展进入了一个新时期。出现了“垦畦浇晒法”——垦地为畦，将卤水灌入畦内，利用日光和风力蒸发，改变了原来的自然结晶成盐。唐代学者张守节对此有详细的描述："作畦，若种韭一畦。天雨下池中，咸淡得匀，即畎池中水上畔中，深一尺许坑，日暴之五六日则成，盐若白矾石，大小若双陆及棋，则呼为畦盐。"晒盐时，开始用淡水搭配卤水，由于淡水温度低，卤水温度高，卤水原来的温度得到了调整，硫酸镁、硫酸钠等杂质就分解出来形成"硝板"。盐工把结晶畦修筑在硝板上，这样生产出的盐不再发苦，而结晶的时间也大大缩短，五六日即可成盐。柳宗元在其名作《晋问》中描写唐代河东盐池垦畦晒盐的盛况——"回眸一瞬，积雪百里"。唐代河东盐池的"垦畦浇晒法"，缩短了成盐周期，提高了食盐质量，是世界盐业史上一个划时代的变革，比欧洲的天日制畦晒盐早了将近1000年，反映了我国唐朝生产力发展水平处于世界领先地位。

唐代河东盐的行销地区为今天的河北、河南、陕西、山西的大部分地区，以及甘肃的部分地方，有160多个县。唐大历年间，全国财赋收入达1200万缗，其中盐利收入达到600万缗，河

运城盐湖（杨冯彦　摄影）

东盐池的盐利达150万缗，占全国财赋的八分之一、全国盐利的四分之一。

到了宋代，河东盐池的“垦畦浇晒法”得到进一步的发展：“垦地为畦，引池水沃之，谓之种盐，水耗则盐成……岁二月一日垦畦，四月始种，八月乃止。”河东盐池的产量比唐代有了更大幅度的提高，庆历八年（1048），河东盐池的产量达到了8250万斤。庆历、嘉祐年间，范祥在河东进行盐政改革，实行“钞引法”，将官营、官运食盐改由商人交钱领钞券，凭钞券到河东盐池领盐，自行销售。就是给商人提供食盐销售的特许，以解决当时巨大的边防开支。范祥的“钞引法”实行后，每年可节省数百万缗的运输费用，增加国家财政的收入。

明初，为了解决边塞的军粮运输问题，仿效宋代的“钞引法”，实行“开中法”——“召商输粮而与之盐，谓之开中。”鼓励商人运输粮食到边塞地区而给予食盐销售权，政府发给商人领盐的凭证——盐引。“开中法”的实行，对于解决边塞地区的粮饷问题、食盐运销问题都是有利的。因为销售食盐的利润可观，商人参与“开中法”的积极性很高。山西北近蒙古草原，南有河东盐池，在明代的“九边重镇”中，山西北部就有两处，较之于其他地区，山西商人的地利优势十分明显，而河东地区在历史上就不缺商人，这样很快在河东盐池附近产生了大量的盐商。当时在河东地区从事食盐运销的商人有500多家，政府又允许商人自备工本在盐池采盐，商人得30%，算作工本，政府得70%，但商人不再纳税，进一步刺激了盐池的产量，万历年间河东盐池的年产盐曾高达2.8亿斤。盐池产量的提高，又催生了大批的盐商。明清时期的许多晋商，都是在河东盐池挖到了他们经商的第一桶金，第一代晋商都是大盐商。明清时期，因为有河东盐池的强大吸引力，周边地区的白银源源不断进入河东，为晋商的崛起奠定了雄厚的基础，可以说河东盐池催生了纵横天下500年的晋商，河东盐池是晋商之源。明代的河东地区，出现了一批官商一体的大家豪族，如张四维家族、王崇古家族、刘敏宽家族等，都是从盐商起步的。张四维家族就是在张四维的父亲张允龄这一代开始崛起的，张允龄经销河东食盐，20年间足迹半天下，为张家聚集了大量的财富。明代的长芦（位于渤海之滨）也是重要的盐区。据《长芦盐法志》记载："明初，分商之纲领者五：曰浙直之纲，曰宣大之纲，曰泽潞之纲，曰平阳之纲，曰蒲州之纲。""纲"是长芦盐商中以籍贯区分形成的一种早期行帮形式。长芦盐商5纲中，山西独占了4纲，可见晋商在全国的地位，而其中的潞泽商人、平阳商人、蒲州商人、宣大商人都是在河东盐池积累了经营盐业的经验、财富后，才涉足长芦盐区的。清代，晋中的商人开始崛起，他们的祖上大都是从河东盐池开始原始积累的。

泽、潞铁器

——滚滚铁流，行销大半个中国

山西富藏煤、铁，冶铁之业源远流长，尤以今晋城（古称泽州）一带为盛。泽州自古产铁，春秋战国时期，今泽州一带就盛行冶炼，《山海经》记载：“虎尾之山，其木多椒、椐，多封石，其阳多赤金，其阴多铁。”虎尾山，在今天晋城市郊区的大阳镇附近。公元前6世纪初，晋国已经掌握了“鼓风冶炼法”。赵鞅和荀寅铸造铁鼎，并在鼎上铸上范宣子制定的“刑书”，将法律条文公之于众。要在铁鼎上刻上文字，说明晋国当时的冶铁技术已经很高。“鼓风冶炼法”很快就推广到今泽州一带，战国时这里就打造出著名的“阳阿古剑”，今天的大阳镇，当时已成为北方制造兵器所需生铁的重要供应地。战国时，此地的铁制生产用具已经很丰，仅在1955年长治分水岭战国墓中，一次就出土铁凿、铁锥、铁斧、铁铲等17件铁器。这证明战国时在今长治、晋城一带，铁器已经很广泛地进入人们的生产和生活。

北齐时，在今阳城、沁水设有冶铁所。唐代，今山西地区的制铁工艺有很大的提高，“并州剪刀”是闻名天下的特产。唐玄宗开元年间，在蒲津渡黄河两岸各置四个铁牛，用铁索把浮桥连接起来，以保护浮桥。唐代修建蒲津桥时，有铁牛、铁人、铁山、铁柱，共用铁几十万斤，其用铁量占当时全国年铁产量的80%，可见当时河东地区的冶铁之盛、之精。潞州（今长治）一带所产的铁钉很有名，当时已成为各种铁货的集散地。当时潞州还出现了铁质钱币，1999年在长治炉坊巷唐代铸币遗址中，出土铁质“开元通宝”钱146枚。宋代，随着冶炼技术的提高，泽、潞地区的冶铁业得到进一步的发展，泽州的“大广冶”是著名的产铁之地，泽州的铁器源源不断地运往中原地区。

明清时期，山西的冶铁业得到了空前的发展。明初，全国设13个冶铁所，山西有5个，占到全国的38%。泽、潞各1处，占到全国的15%。据明成化《山西通志》记载，当时山西全省有19个县有冶铁所，而泽、潞地区的泽州、潞州、阳城、高平、壶关有5处，占到全省的26%，而以阳城最为著名。明万历初，长治县铸造的大铁鼎还远销到山东，泰安岱庙中的大铁鼎，高、宽各1.75米，落款“山西潞安府长治县铸”。阳城县东冶镇得天独厚的富铁矿和充足的木炭、耐火土、石英砂等资源，成为农业生产用具犁镜的主产地。阳城县东北的白巷里，冶铁兴盛，上、中、下三庄连成一片，白天铁炉相望，夜间火光烛天。明末清初，阳城的犁镜铸造颇盛，鼎盛时期有犁

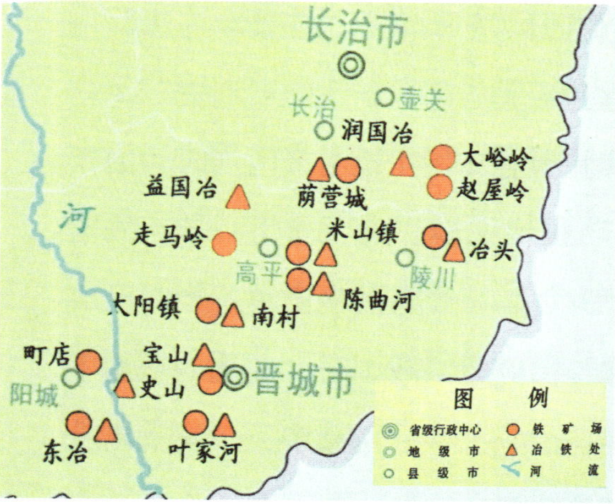

明代泽、潞地区的铁矿和冶铁处

阳城县砥泊城坩埚城墙（梁　铭　摄影）

炉近百座，年产70多万片，除供应国内各省外，还远销朝鲜、日本、尼泊尔、不丹等国。由于各地区地貌、地质、作物、耕具和耕作技术的不同，阳城犁镜因地制宜，制作了多种规格，相传有数百个品种。因为有发达的冶铁业，位于阳城县润城镇西北的砥泊城，在建筑城墙时，人们就地取材，城墙所用的材料是迄今为止发现的我国古城堡建筑中十分罕见的一种材料——坩埚（古代炼铁用的一种耐火容器）。明代，泽、潞地区还创造了"地下土圆炉炼钢法"，用这种方法炼出来的钢富于延展性，可以拔出钢丝，成为制作钢针的材料。在清代乾隆、嘉庆年间，长治县的荫城镇已发展为全国的铁货集散中心，荫城周围的130多个村庄，家家有铁炉，人人会打铁，铁货行销全国各地，每年的交易额高达1000多万两白银。道光年间，凤台县（今晋城市城区）有生铁炉1000多座，熟铁炉100多座，铸锅炉400多座。1870年，德国人李希霍芬在山西见识了泽、潞一带的冶铁盛况，十分惊叹，他在所著《中国》一书中说："在欧洲的进口货尚未侵入以前，是有几亿人从凤台县取得铁的供应的。……大阳（今晋城大阳镇）的针，供应这个大国的每一个家庭，并且远销中亚一带。"大阳镇被誉为"九州针都"，这里生产的"大德"牌钢针畅销海内外，"泰山义"剪刀名扬天下。当时凤台县有几百家铁匠铺，互相之间有分工，各做一种铁器，而制作铁丝、铁钉大半都在家庭中进行。泽、潞的各种铁器制成后，由铁行贩运到河南的清化镇，然后再转运到全国各地。从泽、潞通往河南的道路上，运输铁货十分繁忙，可谓滚滚铁流，奔向全国。

潞　绸

——织作纯丽，衣被天下

1958年9月6日，新华通讯社向世界播发了一条消息：明十三陵中的定陵已被打开。陵墓是一座地下宫殿，其中有无数的金银玉器和成百匹的罗纱织锦。这些锦缎时经300余年，有的还金光闪闪。织锦品的发现，对了解和研究久已失传的明代特有的丝织技巧，具有极其重要的意义。

在明定陵出土的一匹完整的红色竹梅纹潞绸上，织物的一端以墨线组成的长方形框内有墨书："潞绸壹匹，长伍丈陆尺，阔贰尺贰寸伍分……机户辛守太。"定陵出土的潞绸，出自山西潞安府，即今长治市。因为万历皇帝十分喜爱潞绸，潞安府所产的潞绸频频上贡，最后还要随着万历皇帝进入地下宫殿相伴。

明定陵出土的竹梅纹潞绸

明代后期的学者谢肇淛在《五杂俎》中对早期晋商有这样的描述："富室之称雄者，江南则推新安（安徽），江北则推山右（山西）。新安大贾，鱼盐为业，藏钱有至百万者，其他二三十万则中贾耳。山右或盐或丝，或转贩，或窖粟，其富甚于新安。”说明了明代晋商崛起时，是以经营河东的盐、潞州的丝绸称雄商界的。明末清初著名学者顾炎武曾多次游历山西，在考察山西的各种物产后写道：“绫，太原、平阳、潞安三府及汾、泽二州俱出。绸，出潞安府，泽州间有之。帕，出平阳府，潞安府、泽州俱有，惟蒲州府及高平米山出者尤佳。”

潞安的桑蚕业历史悠久，在唐代诗人李贺的《染丝上春机》一诗中就有描绘：“美人懒态燕脂愁，春梭抛掷鸣高楼。彩线结茸背复叠，白袷玉郎寄桃叶。”明初，政府鼓励经济作物的种植，潞安一带的桑蚕业兴盛，丝绸织造业发展迅速。洪武初，潞州六县有桑树8万余株，至弘治年间达到9万多株。潞安城及周围数县的两三万丝绸匠人常年为朝廷生产织造。潞绸生产最盛时，潞安府、长治、高平等县有10000余张织机在工作，从业的机户数千家。万历年间，潞安年产潞绸在10万匹以上。明代共有8处丝绸织造中心，潞安府是北方唯一的丝织业中心。因为万历皇帝对潞绸的痴迷，经常下旨增派上贡的数量。从万历三年（1575）到万历十八年（1590），15年的时间，潞安府共计上贡万历皇帝潞绸15000匹。潞安城中的大街小巷，“匠户轮换，不分昼夜，登机鸣杼”，一片丝绸织造声，声声不息。潞绸的质量高，做工细，颜色五彩缤纷，有天青、石青、月白、油绿、真紫以及黑、红、黄、绿、酱等10多种花色。明代中叶以后，潞绸畅销全国，“士庶皆得为衣”。潞绸不仅畅销国内，还走出国门。顺治《潞安府志》记载：“绸在昔殷盛时，其登机鸣杼者奚啻数千家，彼时物力全盛，海内殷富，贡篚互市外，舟车辐辏者转输于省、直，流衍于外夷，号称利薮。”

潞绸的美名，在明代的小说中常常出现。创作于明万历年间的文学作品《金瓶梅》有十几处提到潞绸，如吴月娘“家常穿着大红潞绸对衿袄儿，软黄裙子”；吴银儿“上穿白绫对衿袄儿，妆花眉子，下着纱绿潞绸裙”。同时期的另一部名著《醒世恒言》也有多处提到潞绸。在《卖油郎独占花魁》中写道：“美娘见到刘四妈沉吟，只道他作难索谢，慌忙又取出四匹潞绸，两股宝钗，一对凤头玉簪，放在桌上，道：这几样东西奉为姨娘为伐柯之敬。”当时人称赞潞绸：“织作纯丽，衣被天下。”

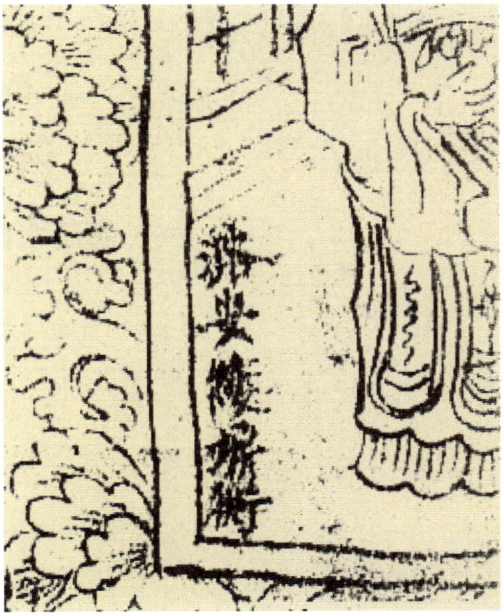

明嘉靖年间潞安府绫坊巷生产的潞绸，上有墨书“潞安绫坊衖”

不过，万历年间，潞绸生产已成为当地的一大负担。万历《潞安府志》记载：“蚕织之业则绸，若绫、若绢、若帕亦有之。乃有阳利而阴受其害者，此何可默然不道也！夫天下未有十利之事，观于潞绸，信之。潞绸遍宇内，称利已然。皇绸于是乎出，互市于是乎取，追呼之扰，日夜不休，将不聊生焉。且也蟒凤锦绮，坐拥大肆，利之所赴，在彼不在此，逐末之谓，何而反以为病？潞之机杼，不知何所底止矣。”

傅　山

——明清之际著名的思想家

傅　山

傅山是明清之际的思想家、书法家、医学家，太原人。他以老庄之徒自居，于学无所不通，经、史之外，兼通先秦诸子，又长于书画、医学，是中国历史上少有的一位百科全书式的学者。他被认为是明末清初保持民族气节的典范人物。傅山与顾炎武、黄宗羲、王夫之、李颙、颜元一起被梁启超称为“清初六大师”。

明末的山西提学袁继咸，是海内著名的耿直之臣，十分重视对学生进行文章、气节的教育，对傅山影响颇深，傅山是袁氏的得意门生。崇祯九年（1636），袁继咸被诬告，身陷京师狱中。傅山为老师鸣不平，联络学生百余名，联名上疏，步行赴京为老师申冤请愿。经过长达七八个月的斗争，终使袁继咸的冤案得以昭雪。傅山领导的这次“为师申冤”之举，颇受时人赞誉，名扬全国。

清初，傅山有“反清复明”之志。在明亡的1644年，傅山38

岁，他曾在狱中被关押一年，有诗句“三十八岁尽可死，栖栖不死复何年”。出狱后，反清之志不改，常与反清志士顾炎武等人交往，拒绝接受清廷的礼遇。

侯外庐先生在《中国思想通史》中评价傅山的学术思想：“清初大儒也有吸收释道方法论者如王夫之，有兼赞墨学者如顾炎武，但他们都摆脱不开正统思想的形式。唯独傅山不然，他大胆地提出了百家之学，对于六经与诸子无可轩轾地加以阐发和注释，首开近代子学研究的蹊径，这不能不说是17世纪中国思想界的一支异军。”傅山的学术思想特点是主张“经世致用”的“实学”。傅山在学术上博涉经、史、诸子和佛道之学，提倡“经子不分”，主张把诸子和六经列于平等的地位。他说：“吾以管子、庄子、列子、楞严、唯识、毗婆诸论，约略参同，益知所谓儒者之不济事也。”（《霜红龛集》）在傅山之前，历代学者对诸子的重视程度，都没有达到傅山这样的程度。他对诸子的评论分析中提出了许多精彩独到的见解，特别是对《老子》《庄子》《墨子》《荀子》的研究尤为深入，均有专门的批注，精彩的评论很多。可以说，傅山在清初开创了诸子之学。傅山的子学研究对于打破经学垄断、促进思想解放和学术自由，在当时具有思想启蒙的意义。傅山还精通音韵学，擅长金石学。傅山诗作中有这样两句：“既是为山平不得，我来添尔一峰青。”这是他自己的抱负，也确实做到了。他在中国思想史、学术史上，确实是一座高峰。

傅山的书法、绘画皆有大名。其书法，草、楷、篆、隶无不

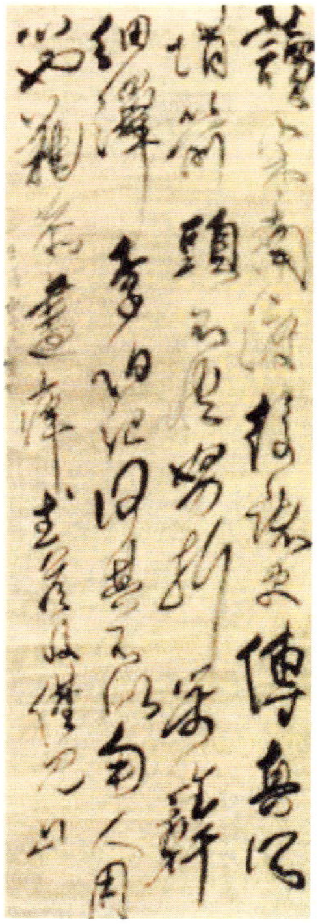
傅山书法

精工，尤以草书最好。其书法名满天下，有“清初第一”之誉。他的画作，当时人评价为“古雅入神，曲尽其妙”。傅山在书法艺术理论上提出“四宁四毋”的理论极其精辟，对整个艺术范畴有着普遍意义和深远影响。“宁拙毋巧，宁丑毋媚，宁支离毋轻滑，宁真率毋安排”——宁可写得朴拙，也不能追求华美，要有含而不露的艺术境界。宁可写得丑些，也不能有奴颜婢膝之态，要寻求内在的美。宁可松散参差，也不能有轻佻浮滑，要有自然潇疏之趣。宁可信笔直书，也不要装饰点缀，要达到真情流露。

傅山的书法与其学术融为一体，傅山有一幅草书作品：“读宋南渡后诸史传，真所谓箭头不快，努折箭杆。细绎李伯纪，何其不似南人用心也。鞠躬尽瘁，武侯后仅见。”他对于南宋朝廷不思进取的深深失望和对抗金主将李伯纪（李纲）的赞赏跃然纸上。

在医学方面，他精通医经脉理，擅长妇科及内外诸科，当时人称“医圣”。傅山在中国医学史上也有一席之地，在《辞海》的“医学人物”中，共收录中国中医药史上的重要人物71人，傅山名列其中。

阎若璩

——三百年学术解放之第一功臣

阎若璩

阎若璩，太原人。清初著名学者。他最重要的学术成就是《尚书古文疏证》一书。

阎若璩少年时期即勤奋读书，曾经集陶弘景、皇甫谧的名言“一物不知，以为深耻；遭人而问，少有宁日”题于柱上，激励自己。他在前人研究的基础上，潜心研究《古文尚书》30年，引经据典，罗列了128条陈述《古文尚书》的矛盾所在，证实了自己对东晋梅颐所献的《古文尚书》25篇确系魏晋间伪作的推断，解决了一千多年经学史上的一个疑案。阎若璩的《尚书古文疏证》论证了《古文尚书》是伪作，动摇了一千多年来被儒家奉为经典的“圣书”地位，其意义非同一般。名儒黄宗羲看了《尚书古文疏证》后，大加赞赏地说：“一生疑团，见此尽破矣！”阎若璩也因为《尚书古文疏证》一书，奠定了他在清初学术史上的地位。《尚书古文疏证》的问世，开启了清代的经学考据之风，这是对古代思想的反思与整理的开始。阎若璩的考

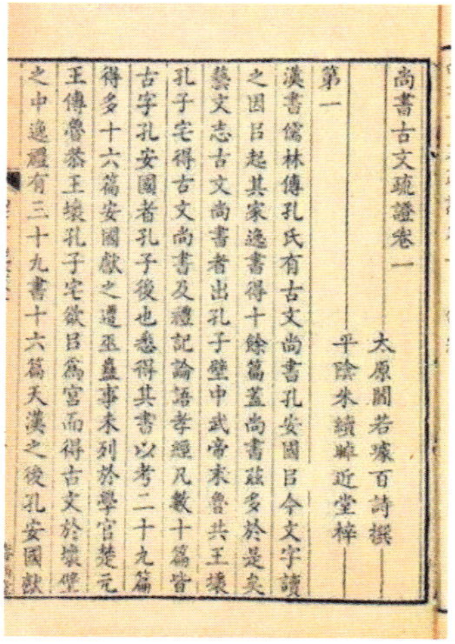
尚書古文疏證卷一

太原閻若璩百詩撰

平陰朱續晫近堂梓

第一

漢書儒林傳孔氏有古文尚書孔安國以今文字讀之因以起其家逸書得十餘篇蓋尚書茲多於是矣藝文志古文尚書者出孔子壁中武帝末魯共王壞孔子宅得古文尚書及禮記論語孝經凡數十篇皆古字孔安國者孔子後也悉得其書以考二十九篇得多十六篇安國獻之遭巫蠱事未列於學官楚元王傳魯恭王壞孔子宅欲以為宮而得古文於壞壁之中逸禮有三十九書十六篇天漢之後孔安國獻

《尚书古文疏证》书影

据方法，也为学术界提供了借鉴，所以梁启超在《清代学术概论》中评述说：“阎百诗的《尚书古文疏证》，不能不认为是近三百年学术解放之第一功臣。”他在考据学方面的成就，使他成为一代宗师。

阎若璩研究《古文尚书》，从文章的篇数、篇名、典章制度、历法、地理沿革等多方面考证，并引用《孟子》《史记》等书作为旁证。他所运用的本证、旁证、实证、虚证、理证的考据方法，为考据辨伪学创立了通例。

由于阎若璩的学识，后来徐乾学修纂《大清一统志》《明史》《清会典》，邀请阎若璩参与编纂。与此同时，阎若璩还和万斯同、顾祖禹、胡渭等学者协助徐乾学编撰《资治通鉴后编》一百八十四卷。

阎若璩除著有《尚书古文疏证》外，还著有《四书释地》《毛朱诗说》《孟子生卒年月考》《潜邱札记》等。阎若璩治学严谨，“事必求其根柢，言必求其依据”，和顾炎武等人开创了清代朴实学风的道路，后来形成了乾嘉考据学派。纪晓岚对阎若璩在考据学上的贡献给予很高评价：“百年以来，自顾炎武以外，罕能与之抗衡者。”江藩的《汉学师承记》将阎若璩推为清代汉学家第一。

李毓秀

——清初教育家、《弟子规》的创作者

李毓秀是清初的教育家，生于顺治年间，卒于雍正年间，新绛县人。李毓秀虽然只是一个秀才，但勤于治学，在家乡讲学，学生很多，被人尊称为李夫子。他根据传统社会对童蒙的要求，也结合自己的教书实践，写成了《训蒙文》，后来经过浮山县的贾存仁修订，改名《弟子规》。

《弟子规》共有360句、1080个字，三字一句，两句或四句连意，浅显易懂，朗朗上口，教导学生在家、在外、待人接物、为人处世、求学等方面应具备的礼仪与规范，在清代教育史上有

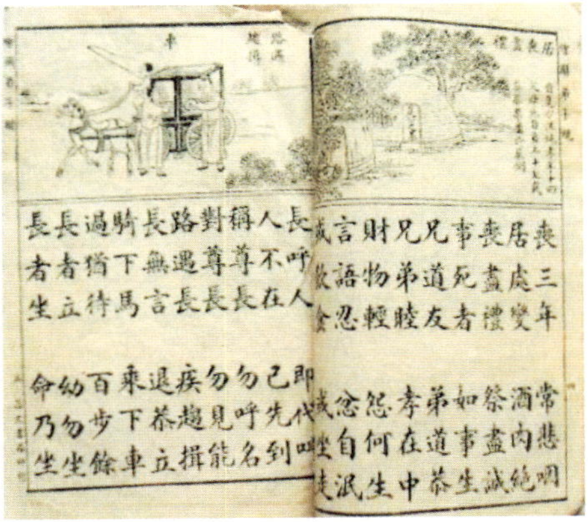
喪三年 常悲咽 居處變 酒肉絕 喪盡禮 祭盡誠 事死者 如事生 兄道友 弟道恭 兄弟睦 孝在中 財物輕 怨何生 言語忍 忿自泯 或飲食 或坐走

長呼人 即代叫 人不在 己即到 稱尊長 勿呼名 對尊長 勿見能 路遇長 疾趨揖 長無言 退恭立 騎下馬 乘下車 過猶待 百步餘 長者立 幼勿坐 長者坐 命乃坐

清末《弟子规》书影

一定的影响。清代后期成为流传很广的童蒙读物，几乎与《三字经》《百家姓》《千字文》有同等影响。除了《弟子规》，李毓秀的著作还有《四书正伪》《四书字类释义》《学庸发明》《读大学偶记》《水仙百咏》等。

乾隆年间，浮山县贾存仁对《训蒙文》从形式到内容都进行了修改和订正，付出了巨大的心血，改名为《弟子规》。对《弟子规》的传播做出了很大的贡献。

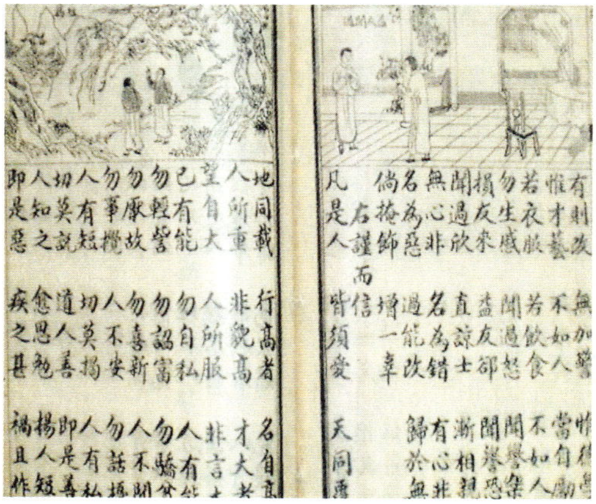

民国《弟子规》书影

于成龙

——清代“天下第一廉吏”

于成龙是清代永宁州（今吕梁市方山县）人。历任广西罗城县知县、四川合州知州、湖广黄州府同知、武昌知府、福建按察使、福建布政使、直隶总督、江南江西总督。于成龙在20余年的各级官位上创造了不凡的政绩和廉洁的声誉。他以卓著的政绩和廉洁的一生，深得百姓敬重，被康熙帝赞誉为“天下第一廉吏”。

顺治十八年（1661），44岁的于成龙远赴广西罗城为县令。于成龙到任时，罗城县遍地荒草，城内仅居民六家，茅屋数间，县衙也只是三间破草房，他只得寄居于关帝庙中。面对如此严酷的环境，难怪他的前任挂冠而逃，于成龙以坚强的意志治理罗城，三年之间，使罗城摆脱混乱，出现了百姓安居乐业的新气象。

1667年，于成龙作为广西唯一考核优异的官员，升任四川合州知州。1669年，又升为湖广黄州府同知。四年后，调任武昌知府。当时“三藩之乱”波及湖北，麻城县刘君孚乘机联络东山一带山寨的猎户发动暴乱。于成龙冒着生命危险，只身进入刘君孚的山寨中做劝说工作。10天之内，一场动乱顺利平息。1678年，于成龙升任福建按察使。不到两年，又升任为两江总督。于成龙作为明末的一个贡生，官至两江总督，这在有清一代也是十分罕

于成龙

见的。

于成龙在办理案件方面以包公式人物著称。他敏锐而细心，善于从细节上发现案件的症结。他常常微服私访，通过深入实际，掌握第一手信息。他曾处理过不少重大疑案、悬案，百姓称他为“于青天”。于成龙在破案、察盗方面的许多事迹，被记录在清人的野史、笔记中。如蒲松龄在《聊斋志异》的《于中丞》一文中，就叙述了有关于成龙破案的两个故事。蒲松龄《聊斋志异》的成书时间大约是于成龙去世前后，这说明于成龙破案的传奇故事在他去世前就已开始流传并被当时的作家记入书中，这在历史上是很少见的。大家都钦佩于成龙断案如神，于成龙说：“有些事情也不难处理，只是人们不去细心观察罢了。”

于成龙为官清廉，生活俭朴，不管官升几品，一以贯之。在两江总督任上，还是“日食粗粝一盂，粥糜一匙，侑以青菜，终年不知肉味”。江南百姓因而亲切地称他为“于青菜”。

康熙二十三年（1684）四月，于成龙在南京两江总督任上去世。于成龙去世后，“将军、都统及僚吏入视，惟笥（竹制的容器）中绨袍一袭、床头盐豉数器而已”。“民罢市聚哭，家绘

康熙皇帝为于成龙书“高行清粹”匾额

像祀之。”“士民数万人步二十里外，伏地哭，江干江水声如不闻。公之得吏民之心，江宁人谓数百年来无能如此者。”

于成龙为官二十多年，真正做到了为官一任，造福一方。上至皇帝，下至平民，众口称赞，确为不易，关键在于他的“以民为本”的思想和廉洁自律的操行。

陈廷敬

——辅佐康熙皇帝半个世纪的一代重臣

陈廷敬是清代泽州府阳城县（今晋城市阳城县）人。历任经筵讲官（康熙帝的老师）、工部尚书、户部尚书、刑部尚书、吏部尚书、文渊阁大学士。他还是《康熙字典》的总编纂之一。陈廷敬辅佐康熙帝长达半个多世纪，成为康熙朝的一代重臣。陈廷敬的家乡有总面积近4万平方米的明清建筑群，当地人称之为“皇城相府”。

1684年，陈廷敬兼管户部钱法，他发现，当时一些奸商纷纷毁钱铸铜，使制钱数量日益减少而质量愈来愈差，威胁到国家的金融基石，便提出制钱改重就轻，杜绝毁钱铸铜的现象。“应改重为轻，则毁钱不禁自绝。产铜之地，宜停收税，听民开采，则铜日多，钱价益平。”这一举措维护了币制的稳定。

1685 年，针对当时不少官员贪污受贿，腐化之风严重，陈廷敬上《劝廉祛弊请敕详议定制疏》，指出：“贪廉者，治理之大关；奢俭者，贪廉之根柢。欲教以廉，当先使俭。”意思是说，贪廉这两方面，是关乎能否做一个合格官员的关键。然而奢俭这两者，又是造成贪廉的根由。奢侈导致贪污，节俭才能清廉。要使官员清廉，就先要使他们养成节俭的品质。他认为，古时候，从衣冠、车马到服饰器用，办理婚丧大事，都“贱不得逾贵，小不得加大”。现在由于奢侈之风未除，以至贫穷的人以办事不排场为耻，富有的人铺张而无人反对，使得大家竞相奢侈，成为一种风气。“冒利触禁，其始由于不俭，其继至于不廉。”为了追求利益不惜触犯法律，其最初是由于奢侈，其后果就是贪腐。一定要扭转这种风气。

对于吏治的改革，陈廷敬上疏说：“方今要务，首在督抚得人。为督抚者，不以利欲动其心，然后能正身以董吏。吏不以曲事上官为心，然后能加意于民；民可徐得其养，养立而后教行。……皇上考察督抚，则以洁己教吏，吏得一心养民教民为称职。”他认为，总督、巡抚的职责在于考察和指导吏员，这样做才能使百姓长期安定下来。要使百姓不触犯条令，就要首先检查总督、巡抚。上司清廉，则吏员自然不敢贪赃犯法，上司如贪赃不法，吏员虽然也想廉洁，然而却是不大容易办到的。凡是官吏贪赃受贿，搜刮百姓，他每天忙碌于察言观色，逢迎上司，又哪里有工夫去为百姓办事呢？所以，首要的是总督、巡抚要人选合格。他们要不为利欲所动。自己身正，才能管好吏员，吏员也不必整日想着如何曲意逢迎、巴结上司，都留心为民办事，百姓才能够

陈廷敬故居——皇城相府

休养生息。在300年后的今天来看，陈廷敬的吏治思想也是很有见地的。

1710年，陈廷敬作为总裁官，与30多位著名学者开始编纂《康熙字典》。《康熙字典》是我国古代收录汉字最多的字典，共收录汉字47035个，也是我国第一部以字典命名的汉字辞书。该书的编纂工作始于康熙四十九年（1710），成书于康熙五十五年（1716），历时7年。《康熙字典》的总纂官是张玉书、陈廷敬，张玉书在编纂工作开始后的第二年去世，该字典的总编纂工作由陈廷敬承担。陈廷敬还担任《方略》《大清一统志》《明史》《佩文韵府》等书的总裁。

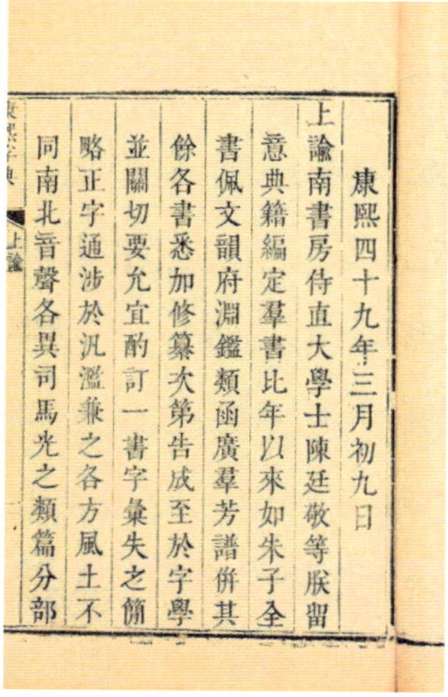
康熙四十九年三月初九日
上諭南書房侍直大學士陳廷敬等朕留
意典籍編定羣書比年以來如朱子全
書佩文韻府淵鑑類函廣羣芳譜幷其
餘各書悉加修纂次第告成至於字學
並關切要允宜酌訂一書字彙失之簡
略正字通涉於汎濫兼之各方風土不
同南北音聲各異司馬光之類篇分部

《康熙字典》书影

陈廷敬的诗、文皆佳。他有《晋国》一诗：“晋国强天下，秦兵限域中。兵车千乘合，血气万方同。紫塞连天险，黄河划地雄。虎狼休纵逸，父老愿从戎。”以回顾晋国往昔的强盛和山川的险要，歌颂了晋国人民同仇敌忾的爱国精神。陈廷敬于康熙六年（1667）与礼部尚书、诗歌大家龚鼎孳发起成立诗社，参加者有王士禛、汪琬、程可则等著名文士。康熙赞赏他的诗赋“清雅醇厚”。

樊守义的《身见录》

——中国人撰写的第一部欧洲游记

樊守义，绛州（今新绛县）人。绛州是山西省最早传入天主教的地方，明万历四十八年（1620），意大利神父艾儒略来到绛州，建立了山西省第一座天主教堂。1707年，中国天主教徒樊守义作为康熙皇帝的使臣，随同法国传教士艾若瑟出使罗马教廷。他们从澳门出发，经过婆罗洲至马六甲，经苏门答腊，入大洋，航行三四月抵达南美洲圣萨尔瓦多，经大西洋在葡萄牙首都里斯本停船登岸，在里斯本停留4个月。1709年初再启程，经直布罗陀海峡，抵达意大利，取陆路抵达罗马，晋见罗马教皇。

樊守义在意大利居留九年，先后游览了意大利名城博洛尼亚、米兰、都灵、皮埃蒙特等地。1718年，樊守义随艾若瑟东归，艾若瑟在好望角前往印度途中病故，樊守义独自归国，6月13日抵达广州，9月11日奉诏至热河，叩见康熙皇帝。

1721年，樊守义将其在南美、欧洲游历12年的见闻，撰写成《身见录》，这是中国人撰写的第一部欧洲游记，也是中国人撰写的第一部美洲游记。樊守义在书中描绘了当时巴西首府巴以亚的情况："此地富厚，地气清爽，天时无寒。产巴尔撒木香、刀伤油、鼻烟、桂皮、白糖……"书中还描绘了巴以亚的文化教育

新绛县城内的天主教堂

状况和政府管理："置大学中学，各方俊秀多会于此。人品聪颖清和，总理其间者若巡抚然，而以下文武共襄其事。"樊守义描述了欧洲各地的景物，葡萄牙的里斯本"壮丽可观，允称富国，无物不备。地多泉穴，其房俱三四层不一，而公侯王府，更极崇美"。罗马"内外房宇几万所，高大奇异……多苑囿，有大书库，库列大厨，无论其所藏经书之多，即书柜书箱，总难屈指。开辟迄今，天下万国史籍，无不全备。……邻邦货物，靡不悉具。邻邦英俊，群集城内"。

《身见录》成书之时，正是清代文字狱正盛时期，因而书中用词十分小心。樊守义称罗马教皇为"教王"，称谒见教皇为"进见教化王"，把拜见康熙叫作"获觐天颜"。这种措辞被西方学者称之为："小心翼翼，字斟句酌，不致碰到其同胞敏感的神经。"即便如此小心，在当时的环境下，《身见录》只能在清廷内部传阅，未曾刻印，无法得到流传，只作为极少数王公猎奇的东西而已。具有讽刺意味的是，阴差阳错，《身见录》的原稿后来竟流入意大利，深藏于梵蒂冈图书馆二百余年，不为人知。

1936年，我国目录学家王重民发表《罗马访书记》一文，第一次介绍了《身见录》。1937年，在瑞士伏利堡大学任教的历史学家阎宗临（山西五台县人），在梵蒂冈图书馆中找到《身见录》手稿14页，将其拍摄。1941年，阎宗临将《身见录校注》在桂林发表，阎宗临把樊守义的《身见录》和东晋时期法显的《佛国记》相提并论。

樊守义在自序中说，《身见录》所记他十多年的旅行游记，为的是让王公大臣了解“大西洋人物风土”，文献价值较高。在18世纪20年代成书的《身见录》，本是历史为大清帝国打开的了解西方世界的窗户，却被无情地关上了。120年后，大清的国门在欧洲人的炮火下屈辱地打开了，历史与国人开了个玩笑——错失机会的代价实在太大了。

附：

《身见录》自序

余姓樊氏，名守义，生长山右之平阳，虔事真主，惟期无歉于己而已。忆自康熙丁亥岁季冬之月，远西修士艾先生讳者，奉命遣往泰西，偕余同游。凡所过山川都邑及夫艰险风波，难更仆数，其或耳闻之而目有未睹者，我姑弗道，即所亲历，亦竟未尝笔载一端也。乃于庚子之六月，余独回归中土，时督抚题明，遵旨赴京，获觐天颜，仰荷宠赉。至辛丑孟夏，蒙王公大人殷殷垂顾，询以大西洋人物风土，余始以十余年之浪迹，一一追思，恍如昨见，爰举往返巅末，为记其略云。

祁韵士

——中国西北边疆史地学的开创者

祁韵士，寿阳县人。祁韵士在乾隆四十三年（1778）中进士后，入翰林院，开始师从满族学者德保、阿桂、富炎泰学习满文。四年之后，他受命担任国史馆的纂修官，又五年后任国史馆总纂官，主持《钦定外藩蒙古回部王公表传》的纂修，八年始成，著录于《四库全书》。《钦定外藩蒙古回部王公表传》一书涉及蒙古等西北民族部落的文化、军事、交通、语言、宗教信仰、风俗习惯等，是一部很有价值的中国西北民族历史著作，对研究藏族史、维吾尔族史、西北边疆史、民族关系和清史都具有重要的学术价值。因为参与此书的编纂，祁韵士对清初掌故及满洲、蒙古王公世家爵里谱系以及西北边疆地理形势，熟悉贯通，了如指掌，为后来开始的西北史地研究奠定了基础。

在编纂《钦定外藩蒙古回部王公表传》时，祁韵士接触到了一般学者无缘看到、更难以利用的珍贵史料。这些史料主要有四类：其一，蒙古、新疆各部的“抄送旗册”；其二，内阁大库中的“清字红本”与实录；其三，理藩院所存各部的“世谱”。其四，军机处所存档案。前三类资料中，不少是满文档案和蒙文报告，包括蒙古、新疆王公的家谱档册、王公源流、升迁调补等，还有关于户口、田赋、贡输等资料。这些都是外间难见的第一手史料。这批资料，既有汉文、满文、蒙古文的，也有用维吾尔语和藏文书写的。熟悉满文的祁韵士与助手们因编书的需要，随阅随译，把这些资料都一一译了出来。祁韵士在《钦定外藩蒙古回部王公表传》的编纂工作完成后，还曾先后复校文渊、文源、文溯三阁《四库全书》，对于《四库全书》中一般文人难得一见的有关西北历史的书籍多所涉猎，因而在同时代的读书人中，祁韵士“于新疆旧事，知之最详”。

嘉庆九年（1804），户部宝泉局亏铜案发，祁韵士受到牵连，被发配伊犁。远赴伊犁，对于官员祁韵士无疑是一个苦差，但对于研究西北史地的学人祁韵士却是一次难得的机遇，这一次西北之行，为他提供了实地考察西北的机会。祁韵士把“西行一百七十余日，路经一万七百余里，所见山川、城堡、名胜、古迹、人物风俗”详细记录，写成《万里行程记》一书，无疑是一部西北地理和民情风俗的考察记。祁韵士把对祖国大好河山的热爱之情倾注于笔端，令人读之如临其境。如描写果子沟风光：“如入万花谷中，美不胜收”，“何期万里岩疆乃有此一段仙境，奇绝、快绝！”因“长途万里，一车辘辘，无可与语，乃不得不以诗自遣”又有诗作集《濛

新疆风光

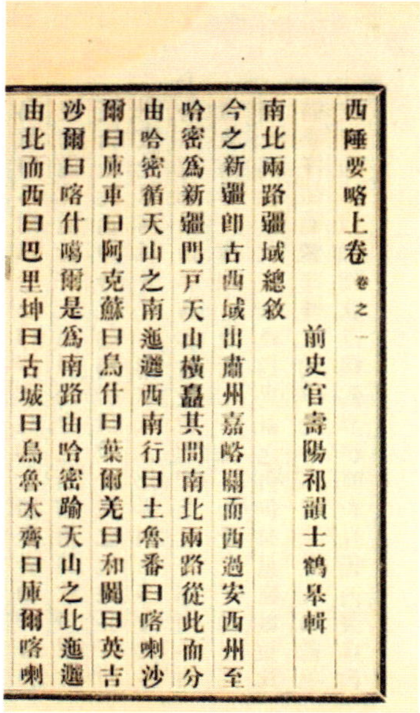
西陲要略上卷 卷之一
前史官壽陽祁韻士鶴皋輯
南北兩路疆域總敘
今之新疆即古西域出肅州嘉峪關而西過安西州至
哈密爲新疆門戸天山橫矗其間南北兩路從此而分
由哈密循天山之南迤邐西南行曰土魯番曰喀喇沙
爾曰庫車曰阿克蘇曰烏什曰葉爾羌曰和闐曰英吉
沙爾曰喀什噶爾是爲南路由哈密踰天山之北迤邐
由北而西曰巴里坤曰古城曰烏魯木齊曰庫爾喀喇

《西陲要略》书影

池行稿》，吟咏山川城堡之雄阔，风土物产之瑰奇，云烟寒暑之变幻。这些诗作，反映了作者的历史观、人生观、民族观。祁韵士到伊犁之后，当时伊犁将军松筠正在筹划修撰新疆志书，祁韵士通晓满文、熟悉新疆和蒙古历史，被松筠聘任为方志修撰人员。祁韵士在汪廷楷未完书稿的基础上重加编纂，完成《西陲总统事略》十二卷，又在《西陲总统事略》的基础上，精选其要，辑成《西陲要略》四卷。《西陲要略》系统论述了西北之疆域山川、军台城堡、职官、驻兵、屯田，简明扼要，一扫过去记录新疆情况的“附会失实，好奇志怪之癖”。此书刊行后，在国际上引起了不少学者的注意，俄国的汉学奠基人比楚林，很早就把《西陲要略》译成俄文。在全面掌握了新疆的历史地理的基础上，祁韵士专门就新疆的地理沿革写了一卷《西域释地》。祁韵士在伊犁“塞庐读书之暇，涉笔为韵语，得一百首”，写成《西陲竹枝词》一百首，这些分门别类的纪实性诗歌，既有可读性，又具有一定的史料价值。

《西陲总统事略》《西陲要略》《西域释地》《万里行程记》等书，奠定了祁韵士西北史地学开创者的地位。

张　穆

——蒙古地志的拓荒者

张穆，字石舟，祖籍山西平定。他精通训诂、天算、史学、舆地之学，注重经世致用，是道光年间名满京城的学者。他的三嫂即西北地理学的开创者祁韵士的女儿，受祁韵士的影响，张穆少年时代就留意于边疆地理和民族问题。

1848年，徐继畬完成了《瀛环志略》一书，请张穆予以订正，张穆对该书提出了中肯的修改建议，评价《瀛环志略》“考据之精，文词之美，允为海国破荒之作”。《蒙古游牧记》是张穆的代表作品。他用地志的体例，按蒙古各盟旗为单位述其地理、范围、地貌、位置等，就各部落所在地辨方纪事，考古鉴今，考察其社会沿革及历代北方各民族间的关系，尤详于明清时蒙古各部的变迁情况。张穆认为中原与蒙古的关系密切，提出了“其部落强弱，关系中国盛衰”的概念。《蒙古游牧记》所论范围，涉及今蒙古共和国和我国境内的内蒙古、新

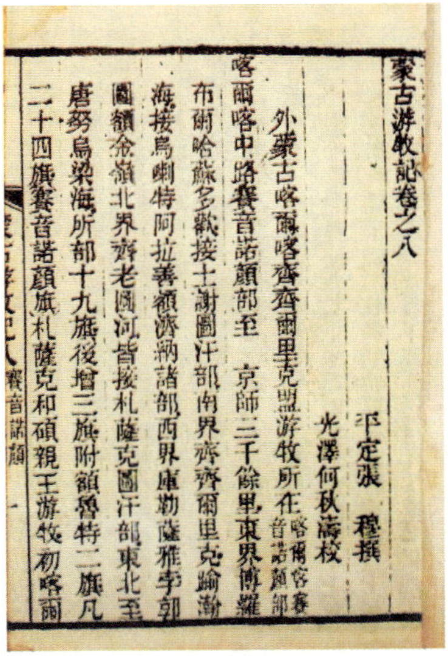
蒙古游牧記卷之八
平定張　穆撰
光澤何秋濤校
外蒙古喀爾喀齊齊爾里克盟游牧所在喀爾喀賽音諾顏部
喀爾喀中路賽音諾顏部至　京師三千餘里東界博羅
布爾哈蘇多勒接土謝圖汗部南界齊齊爾里克踰瀚
海接烏喇特阿拉善額濟納諸部西界庫勒薩雅孛郎
圖額尒嶺北界齊老圖河皆接札薩克圖汗部東北至
唐努烏梁海所部十九旗後增三旗附額魯特二旗凡
二十四旗賽音諾顏旗札薩克和碩親王游牧初喀爾

《蒙古游牧记》书影

疆、青海、宁夏、东北三省的蒙古族活动区域。该书以翔实的资料、精确的考订，补充辽、金、元三史之缺。在《蒙古游牧记》出版之前，从未有过内外蒙古史地研究之专著。张穆在书中注重记叙当时所发生的边疆问题，一改历来史书忽略近代的倾向，可谓对史志体例的创新。

《蒙古游牧记》的学术成果对当时和后世的影响极大。此书刊行不久，就引起国内外学者的广泛注意和极高的推崇，推动了清代的边疆地理学研究。在19世纪60年代后期，沙俄的卡法罗夫就注意到《蒙古游牧记》的价值，率先将其译成俄文。英国的蒙古史学研究权威巴德利与法国汉学家伯希和都在各自的著作中高度评价了《蒙古游牧记》。时至今日，《蒙古游牧记》仍然是国际史学界研究蒙古历史地理的权威著作。

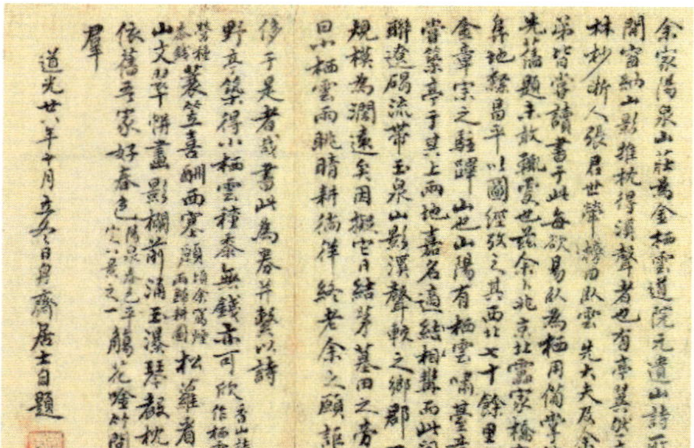

张穆墨迹

张穆还有《阎潜丘年谱》《顾亭林年谱》《历代沿革地图》《唐两京城坊考校补》等著作。他还整理了《元秘史》《蒙古源流》《丘长春西游记》等书，校刊了祁韵士的《西陲要略》《西域释地》《万里行程记》。

张穆还工于书法，草书、隶书尤佳，自成一体。

祁寯藻

——三代帝师、四朝文臣

祁寯藻是寿阳县人，祁韵士之子。1814年，祁寯藻中进士。曾任军机大臣，兵部、户部、工部、礼部诸部尚书，体仁阁大学士。他曾为三代皇帝授课：道光年间，任翰林院侍讲学士，经筵讲官，为道光帝讲习经书；咸丰年间，任体仁阁大学士，为咸丰帝讲治国方略，总领军机事务，为咸丰帝所倚重；同治年间，在弘德殿为同治帝授课。世称“三代帝师”“四朝文臣”（嘉庆、道光、咸丰、同治）。祁寯藻在朝中任职40余年，勤政爱民，举贤荐能，门生遍布国中，时人以“半座銮驾”称誉祁寯藻，清代后期的名臣江忠源、沈桂芬、叶桂芬等人，都是祁寯藻向朝廷举荐的。

道光二十年（1840），祁寯藻赴福建视察海防建设及禁烟事宜，他上书道光帝，建议闽浙总督宜驻泉州督办防务，因为英国的武装船只大多停泊在漳州和泉州海域；建议将福建沿海的炮台改为炮墩；建议朝廷应重视海战，制造可与英军抗衡的大船大炮；建议查禁烟贩，惩治汉奸。这些建议切中时弊，得到道光帝的认同。在鸦片战争期间，祁寯藻始终站在主战一方，与穆彰阿等人相抗衡。咸丰初年，祁寯藻为首席军机大臣，兼管户部事

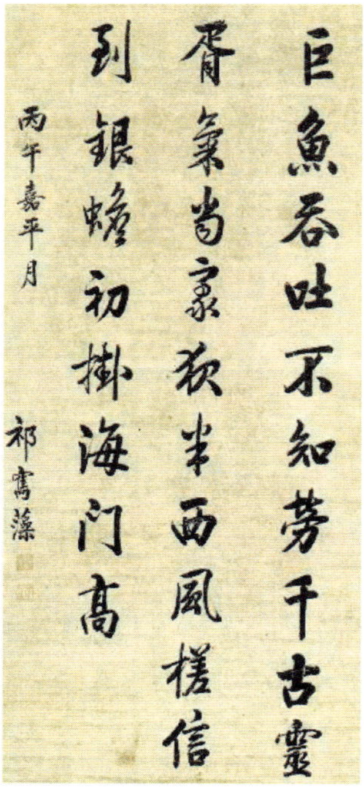
祁寯藻书法

务，是当时朝中的重臣，他反对用湘军以苛峻之法剿灭太平军，主张用安抚的办法。咸丰四年春，祁寯藻因久病不愈致仕。祁寯藻致仕后，许多朝臣都希望祁寯藻能尽快复出。徐继畬在《呈寿阳相国二首》诗中写道：“共祝温公无返洛，且看裴公再扶唐。”将致仕的祁寯藻比作裴度和司马光，希望祁寯藻能再度出山，匡扶社稷。

祁寯藻的诗、词、文、书法皆工，其诗作水平高、数量大，是道光、咸丰年间的诗坛领袖。其书法师承颜真卿、柳公权，参以黄庭坚，自成一格，篆、楷、行皆佳，尤以行楷著名，独步晚清书坛，当时有“清楷之首”之誉，为清代晚期著名的书法家。

祁寯藻作为领军人物，影响清代诗坛、书坛长达几十年。祁寯藻的文字功底，从他的对联作品可知一二，如题太原晋祠圣母殿联：“悬瓮山高，碧玉一湾分晋水；剪桐泽远，慈云千古荫唐村。”该联巧妙地运用“剪桐封弟”的典故和李白“晋祠流水如碧玉”的词意，对晋祠山水的历史和景致进行了概括。

祁寯藻不仅是晚清名臣，而且还是一位著名的学者。他撰写的《马首农言》，是1834年因母亲去世回故乡寿阳守孝期间，在留心农事，访问乡民，深入研究当地土壤、气候、耕作、水利等情况基础上而作，是晚清时期一部重要的区域性农学著作，对当地的农事有指导意义。他还组织学者张穆、何绍基、何秋涛等人校刊《说文系传》和《朱子小学》，编纂《春秋左传读本》等。此外，他还为父亲祁韵士，清初学者顾炎武、阎若璩，好友张穆等人刊刻了年谱和他们的遗作，使大量珍贵史料得以保存和流传。

祁寯藻去世后，兵部主事王轩为祁寯藻撰写了挽联：河山壮三晋，兼汉儒名物，宋儒名理，而为名臣，中外咸知，名世乡邦并司马；冠冕奠四朝，统侨古遗爱，肸古遗直，而兴遗慕，亲贤共举，遗闻家法继黄羊。

寿阳县祁寯藻故里

徐继畬

——中国近代开眼看世界的先驱者

徐继畬是晚清名臣、著名学者，代州五台县（今忻州市五台县）人。历任福建巡抚、总理各国事务衙门行走、同文馆大臣。徐继畬是中国近代开眼看世界的先驱者之一。

1838年，徐继畬到福建任职，1841年担任福建布政使，1847年任福建巡抚。因办理厦门、福州两口的通商事宜，他接触欧美人士较多，为他了解近代世界的政治、经济、历史、地理等知识提供了方便。从1844年到1848年，他用五年时间完成了《瀛环志略》一书。

在《瀛环志略》问世之前，中国思想界、学术界都没有走出传统的中华即天下的狭义的天下观和华夷观念。只是到了徐继畬的《瀛环志略》，中国人的观念才开始走向世界，从传统的天下观走到了近代的天下观。《瀛环志略》突破了传统的天朝意识和华夷观念，将中国作为世界的一部分，详述世界各洲之疆域、民族、人口、风俗等，尤其是书中介绍了欧美国家的民主制度并盛赞美国第一任总统华盛顿的功绩。书中评价："华盛顿，异人也。起事勇于胜广，割据雄于曹刘，既已提三尺剑，开疆万里，乃不僭位号，不传子孙，而创为推举之法，几于天下为公，骎骎乎三代之遗意。其治国崇让善俗，不尚武功，亦迥与诸国异。余尝见其画像，气貌雄毅绝伦，呜呼！可不谓人杰矣哉！”“米利坚（即美利坚）合众国之为国，幅员万里，不设王侯之号，不循世袭之规，公器付之公论，创古今未有之局，一何奇也！泰西古今人物，能不以华盛顿为称首哉！”徐继畬对华盛顿的这段评论，说明他不是只注意到西方国家的船坚炮利，也注意到其社会制度的先进，这在中国近代思想史上具有石破天惊的开创性意义，在世界近代思想史上也是居于领先地位。徐继畬的观念不仅领先于时代，实际上他看世界的观念远远超越了那个时代。徐继畬当时在国际上的影响超过了林则徐和魏源等人，《纽约时报》曾高度赞誉徐继畬：“中国历史悠久的整个地理学体系，被这位东方的伽利略改革了。”《瀛环志略》是当时中国最高水平的世界历史地理书。《瀛环志略》和魏源的《海国图志》给闭塞已久的中国人以全新的近代世界概念，19世纪后期我国的思想家们都从中受益。《瀛环志略》为洋务运动、维新运动奠定了思想基础。晚清时的康有为、梁启超等主要维新人物，都从《瀛环志略》中接受了新的世界观。梁启超评价说：“中国士大夫之稍有世界地理知识，实自此始。”

华盛顿纪念碑

《瀛环志略》对世界各国的地理概况的介绍，文字生动，简明扼要，给人以深刻的印象。书中介绍了各国著名的大城市，徐继畬把彼得堡的辉煌、巴黎的繁华、伦敦商业和交通的发达，描写得形象逼真。郭嵩焘最初以为《瀛环志略》描述英法诸国之强，以为徐继畬言过其实，后来他出使英国，才叹曰："徐先生未历西土，所言乃确实如是，且早吾辈二十余年，非深识远谋加人一等者乎！"

《瀛环志略》于1848年在厦门刻印，刚一出版，就遭到保守势力的攻击、指责、弹劾。《瀛环志略》被封存，再未印行，直到1865年才得以再次刻印。《瀛环志略》流传到日本后，日本于1859年翻刻出版，风行一时，对10年之后的明治维新产生了积极的影响。

1848年7月4日，华盛顿纪念塔奠基，向各州、各国征集纪念物，浙江宁波府在1853年向美国赠送了一块花岗岩石碑，用中文将《瀛环志略》一书中赞美华盛顿的语句刻在石碑上。这块石碑镶嵌在华盛顿纪念塔内西壁第十级的内壁。

1862年，美国的一位传教士将碑文译成英文发表，使徐继畬的言论在美国传开。1867年10月，美国第17任总统安德鲁·约翰逊请著名画家绘制华盛顿肖像，由驻华公使蒲安臣代表美国政府赠送给徐继畬，并举行了隆重的赠予仪式。

晋 商

——十大商帮之首、汇通天下

明朝建国后百余年间，退居漠北的元朝残余势力伺机南下，成为明代的严重边患。明朝统治者在东起鸭绿江、西抵嘉峪关的北部边防线上相继设立了辽东、宣府、蓟州、大同、太原、延绥、宁夏、固原、甘肃九个边防重镇，史称“九边重镇”。由于要防御北边的元朝残余势力南下，明朝政府在长城沿线驻扎了庞大的军队，当时政府无法解决长城沿线驻军的军粮运输问题，就把食盐的专卖权授给商人，条件是由商人承担运粮任务，由此在明初产生了不少粮商、盐商。（实际上，早在宋代庆历年间实行的“钞引法”，就是给商人提供食盐销售的特许，以解决当时巨大的边防开支。）山西靠近北京，又紧邻蒙古草原，其北边驻守的军队较多，在明代的“九边重镇”中山西有两处，山西又是传统的产盐地。在这样的背景下，晋商应运而起，很快就在南北贸易中占有重要地位。

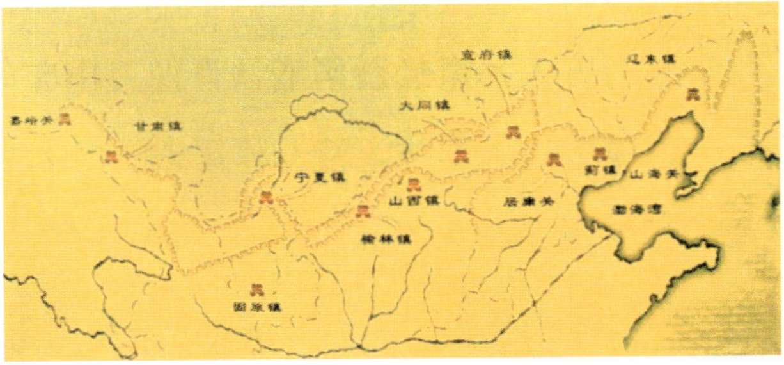

明代“九边重镇”示意图

由于得天独厚的资源优势和地理优势，明

代的晋商主要是今运城、临汾、晋城、长治地区的商人，他们充分发挥了运城的食盐、粮食和上党的丝绸、铁器的商业价值。最出名的要数蒲州的王家和张家，明代重臣王崇古和张四维，都是出身于蒲州的盐商世家。王家和张家联姻，王崇古是张四维的舅舅。他们两家联合起来，成为富可敌国的大商户。作为朝廷重臣，张四维和王崇古共同促成了明代政府改变国策，开放北部边疆贸易，促进了更大范围的商业经营活动。史称："边境休息，东起延永，西抵嘉峪七镇，数千里军民乐业，不用兵革。"到了清代，山西中部的晋商开始崛起。

明清时期在中国有十大商帮，包括山西晋商、广东粤商、安徽徽商、福建闽商、浙江浙商、山东鲁商等，而以晋商实力最强。晋商把山西富有的盐、铁、麦、棉、旱烟等特产销售到全国各地，又把南方的丝、绸、茶、米转销西北、蒙、俄、日本等地。至清乾隆、嘉庆时期发展到鼎盛。

晋商纵横欧亚，连通南北，驰骋商场500年，其贡献是多方面的，粗略梳理，有十八项。

晋商的第一个贡献，是促进了一些城市的兴起、繁荣。明代中叶，一部分山西盐商南下发展，开始在富庶的江南地区定居，与南方人一道经营两淮盐业。万历年间，蒲州的盐商在扬州已经形成了很大影响。清初，平阳亢家富极一时，人称"亢百万"，在扬州建筑"亢园"（即著名的瘦西湖的前身），"长里许，自头敌台起，至四敌台止，临河造屋一百间"。明清时期扬州的繁荣，也有晋商的贡献。"先有复盛公，后有包头城""先有晋

陕西省咸阳市新兴油店旧址

益老，后有西宁城”“先有三泰号，后有喇嘛庙（朝阳县）”“先有新兴油店，后有咸阳县”，这几句谚语中的复盛公、晋益老、三泰号、新兴油店，都是晋商的商号名称。“复盛公”是祁县乔家的商号，在其生意极盛的时候，国内各通都大邑，特别是北方各大中城市，几乎都有乔家开设的商号。乾隆初，乔家在西脑包（即今包头）开设了第一个商号，后来不断扩展，乔家几乎垄断了包头的商业和金融业。在晋商的带动下，包头店铺林立，不到50年，人口就增长了10倍，达到3000多人。到了嘉庆年间，包头逐渐发展为一个边塞商业城镇，包头村升为包头镇。乔家鼎盛时期，复盛公、复盛全、复盛西三大商号，在包头拥有十几处店铺、数百名员工，其商业网点遍及大街小巷。老包头的城垣，几乎就是环绕着乔家商号的商业网络而筑起的。因此有民谣曰：“先有复盛公，后有包头城。”1926年，包头开始设县。民国末年，包头城人口6.7万，山西籍的人有4万左右，可见晋商和山西人对包头的影响。现在，包头城还有一个复盛西巷。实际上，晋商在清代对整个蒙区的经济发展都有贡献。由山西商人开办的商号，其活动范围包括了内蒙古各盟旗和外蒙古喀尔喀四部。今河北的张家口，也是因晋商的到来而开始繁荣的。

康熙年间，榆次常家到张家口经商。到了雍正年间，常家在张家口设立的大德玉杂货店已是当地影响很大的商号。从张家口经库伦到恰克图的贸易，基本上由晋商垄断。据记载，1834年，张家口的人口为3万余，商店数为260家。过了78年，到民国元年（1912），人口达到13万，商店数为710家。张家口的上堡、下堡是城市发展的基础。下堡为张家口最老、最富庶的地区，当时晋商的住宅和票号都集中在这里。张家口下堡的锦泉兴巷，是因为太谷曹家的锦泉兴票号设在这里而得名。平遥日升昌票号在张家口的上堡设立了分号，这个通往票号的巷子被称为日升昌巷，日升昌巷的地名至今还在使用。晋商的晋泉源银号在张家口信誉很好，民间甚至有“晋泉源、晋泉源，不给利息也存钱”的民谣。乾隆年间，山西商人以冒险精神进入青海，深入藏区贸易，促进了西宁城的发展，到光绪后期，在西宁城的山陕商人已有上千之多，民国时期更为兴盛，当地有“山陕客娃半山城”之说。辽宁的朝阳，是当年太谷县曹家先设立商号“三泰号”，经营客栈、当铺、烧锅，才促进了朝阳城的发展。包头城、西宁城、朝阳城、张家口、咸阳城等城市的兴起、发展，都与晋商有直接的关系。

晋商的第二个贡献，是开创了中国近代金融汇兑业务。明清时期，山西商人适应商业发展的需要，由商业向金融业发展。明万历四十四年（1616），晋商刘家的“永德泰”钱庄在汾城县（今襄汾县汾城镇）创立，标志着中国近代汇兑业务的开始。道光三年（1823），“日升昌”票号在平遥成立，进一步强化了晋商在汇兑业务上的优势。咸丰、同治时期，山西的钱庄、票号几乎垄断了全国的汇兑业务。当时晋中的票号主要控制东北、蒙古、俄罗斯一带的生意，而晋南的平阳钱庄则称雄于京师、中原、江浙、西南、西北及东南亚一带，“北号（票号）南庄（钱庄）”两大晋商劲旅“汇通天下”。

平遥县日升昌票号旧址

晋商的第三个贡献，是逐步建立了中国近代企业制度。晋商在长期的经商过程中建立了一套比较完善的企业制度，在清代的十大商帮中，只有晋商做到了这一点。这些制度中最重要的是股份制，晋商在嘉庆、道光年间开始采用股份制，后来的票号都采用了股份制。晋商当年的股份制已经初步具备了现代股份制的三个基本特点：股权多元化、一个控股的大股东、所有权与管理权分离。晋商实行“用乡不用亲”，即人们常说的不用“三爷”——少爷、姑爷、舅爷，这就把家族式管理转变为制度化管理。晋商还采用了独特的激励机制——身股制，即员工可以以身股参加企业分红。这种制度保证了员工利益与企业利益一致，激励员工的工作积极性。

晋商的第四个贡献，是输出了山西的建筑文化。从明代中期开始，晋商逐渐在各地建立了很多会馆，以叙乡谊，以通商情。明清时期，全国的晋商会馆有400座左右，最西到新疆，最南到云南，都有晋商会馆。晋商会馆一般都建有戏台等设施，戏台承担着当地百姓休闲、娱乐的功能，不少晋商会馆成为当地的文化符号。清代，晋商在北京设立的会馆有近40座。现在全国尚存的晋商会馆有近50余座，而保存完好的大约有30座。国内现存最好的会馆，有河南社旗县的山陕会馆、洛阳的潞泽会馆、开封的山西会馆、安徽亳州的花戏楼、江苏苏州的全晋会馆、山东聊城的山陕会馆、甘肃的张掖会馆等。现在各地留下来的山西会馆，有不少成为全国重点文物保护单位。晋商在各地建筑精美的山西会馆，华丽的牌坊，精巧的戏台，寓意深刻的楹联、门匾随处可见，细腻灵动的石雕、木雕比比皆是。在外地建造山西会馆时，有些地方的建筑材料，如山西最有名的琉璃瓦等大多是从山西运去的。山西商人在输出货物的同时，也在我国城市建筑发展方面做出了贡献。安徽亳州的山西会馆，因为会馆内的戏楼修得十分漂亮，人称“花戏楼”。“花戏楼”因精湛的雕刻、绚丽的彩绘而驰名国内，代表了清初建筑雕刻艺术的精湛风格。“花戏楼”有“三绝”：正门前两根旗杆，每根重近6吨，高16米多，直插云霄。旗杆分五节，每节分铸八卦蟠龙，顶端铸丹凤一只，造型生动，似引颈长鸣，展翅欲翔。丹凤之上，高悬日月。旗杆上还有三层方斗风铃24只，迎风叮当作响，清脆悦耳。此为第一绝。“花戏楼”有大量的木雕，戏台的檐下满饰木雕彩绘，共雕有三国戏文18出，人物数百个，神态各异，呼之欲出。此为第二绝。“花戏楼”的山门是一座仿木结构的三层牌坊式建筑，上面镶嵌着60多幅闻名天下的立体水磨砖雕，刀法细腻，玲珑剔透，巧夺天工。在不足5厘米厚的水磨青砖面上，共雕有人物115个，禽鸟33只，走兽67只，楼台殿阁多处，花草树木无数，有咫尺千里之感。此为第三绝。整个“花戏楼”建筑，层次分明，绚丽夺目，极尽古建筑的雍容多姿，现为国家级文物保护单位。河南社旗县的山陕会馆，在我国古建筑史上占有很高的地位。因为社旗县是当年晋商经销茶叶北上的必经之地，当福建茶叶几乎中断时，晋商把茶叶的货源地移到了湖北，社旗县作为晋商茶叶贸易中转站的地位更加重要。社旗县的山陕会馆建于乾隆时期，咸丰年间大半被毁于战火，后又进行了重修。重修后的会馆，除缺少了春秋楼，其余建筑基本恢复了原来的格局，气宇宏大，比原来更加辉煌，数十里外都能看见。在全国现存的50余座会馆建筑中，社旗县的山陕会馆规模最大，建筑最精美，1988年被列为国家级文物保护单位。社旗县的山陕会馆虽然地处县城，但与北京、西安、南京、杭州等古都的古建筑相比，也是难得的建筑珍品，被专家

河南社旗县山陕会馆的石牌坊、拜殿、大殿

们誉为“天下第一会馆”。会馆坐北朝南，占地面积达13000平方米，共有殿、堂、楼、阁等各种建筑152间，分为前、中、后三进院落，疏密有间，北高南低，鳞次栉比。两侧的辅助建筑有些是五六层楼高，中轴线上的建筑更有八九层楼高。屋顶分两三层，各用直线和曲线巧妙地组合，形成向上微翘的飞檐，层层叠叠的飞檐营造出壮观的气势和中国古建筑特有的飞动韵味。会馆的主体建筑由南到北为琉璃大照壁、悬鉴楼、大拜殿。琉璃照壁仿北京故宫九龙壁而建，用1000多块彩釉大方砖砌成。高10.4米，宽13米，厚1.70米。“悬鉴楼”巍然挺立，是会馆的戏楼。戏楼分上、中、下三层，一体两面，南面为山门，北面为戏台。全楼由20根巨大的柱子高高撑起，楼高30米，面阔17米，进深20米，三重飞檐。仰头望去，四根大方柱把楼的三层凌空擎起，颇为壮观。这样的三层古戏楼，全国仅存三座，另外两座是北京故宫的畅音阁、颐和园的德和阁两座皇家戏楼。穿过戏楼进入万人庭院，是会馆的中心大院。院内全部用一尺见方的青石铺地，可容纳万人看戏。大拜殿为会馆的中心，殿高34米，面阔23米，进深45米。大殿建于高台之上，为重檐庑殿式建筑。当年修建山陕会馆时，“运巨材于楚北，访名匠于天下”，各地的能工巧匠会聚社旗县，各展绝活，因此建筑和装饰艺术达到了中国古代建筑的巅峰。北方古建筑的雄浑与南方古建筑的柔美，在社旗县的山陕会馆融为一体，使其成为中国古建筑的经典之作。著名古建专家罗哲文、郑孝燮感叹：“高楼杰阁，巧夺天工，精雕细琢，锦绣妆成，公输匠艺，壮哉斯馆。”原故宫博物馆副馆长单士元来到这里也沉醉其中，认为社旗的山陕会馆“辉煌壮丽，天下第一”。山陕会馆的最高建筑是春秋楼，高达38米，因为楼内塑有关公夜读《春秋》泥像而得名。春秋楼结构独特，远远看去，最高的一层如同悬在空中，所以人们说“社旗有座春秋楼，半截还在天里头”。遗憾的是，这座楼160多年前毁于战火。苏州的全晋会馆，占地面积6000平方米，分为东、中、西三路，建筑宏伟，精雕细刻，飞金涌碧，具有鲜明的山西建筑特色。

河南社旗县山陕会馆

晋商的第五个贡献，是开创了许多有影响的老字号。临汾的赵家兄弟创自明朝正统元年（1436）的北京著名老字号“六必居”，距今已有近600年的历史。北京至今留有招牌的老字号“都一处”“红星二锅头（源昇号）”等是临汾、浮山等地的晋商首创和经营的。明清时期，北京的油盐酒店，多为襄陵人经营，北京的布行多为翼城人经营。晋商姜赞堂（今襄汾人）在前门外开的“敬记纸庄”，是北京最早经销平阳麻纸和西洋纸张的店铺，其业务联通海外诸国，一度占领全国纸业的半壁江山。在西北地区，古都咸阳在元末战火中荡然无存，明洪武元年（1368），临晋县（今属临猗县）王申村的李家在渭水古渡口附近的东明街开设新兴油店。翌年六月，咸阳县丞在李家的新兴油

坐落于北京前门的晋商老字号“六必居”

坐落于北京前门的晋商老字号“都一处”

店主持咸阳新城的奠基礼。明代的咸阳城，依油而建，因油而辉煌。当地民谚云：“先有新兴油店，后有咸阳县。”李家的新兴油店因地处丝路要冲，生意兴隆，商贾云集，成为咸阳的商业中心，故有“金东街，银南街”之说，鼎盛时期，每年转售晋南的清油高达千万斤。新兴油店的店铺建筑是西安地区明代古建筑的典型代表，建造年代早于所有咸阳和西安的明代建筑物，距今已有650年的历史。新兴油店是地道的老字号，被誉为“中国清油业第一家”。到清代后期，王申村李家开设的“新泰和”绸缎庄，名列西安各大字号之首。

晋商的第六个贡献，是促进了中国白酒业的发展。在清代流传一句俗语——“会做山西酒，腰无分文天下走”，这不仅是一句民间流传的俗语，而且是山西汾酒在国内广为传播的真实反映。近年，李长清先生有《饮酒思源：国酒之源“杏花村汾酒”传统酿造工艺大传播》一文，对汾酒在全国的传播进行了系统的研究。贵州茅台酒与山西汾酒有渊源关系。据民国年间出版的《贵州经济》记载：“咸丰（1851—1861）以前，有山西盐商某，来茅台地方，仿照汾酒制法，用小麦为曲药，以高粱为原料，酿造一种烧酒。后经陕西盐商宋某、毛某先后改良制法，以茅台为名，特称曰茅台酒。”清代把这种在茅台镇用汾酒酿造方法酿制的白酒叫作“杏花茅台”酒，简称“花茅”，因为古代“华”“花”相通，“花茅”就衍变成为“华茅”了。1947年出版的《十年来贵州经济建设》一书记载：“黔中业盐者，多为秦晋商人……当时盐商由山西雇来酿酒技工，仿汾酒酿造方法，设厂酿酒，用以自奉，并不外售。至咸丰年间，因秦晋商人歇业还乡，即将所设盐号及茅台酒厂，售予本省先贤华桎坞先生继续经营，仍沿用成义酒坊名称（即简称华茅）。”陕西的名酒“西凤酒”，原先也是山西人所经营，至明代万历以后山西客户陆续返籍，才由当地人开始经营这种酒，以后逐渐发展到陕西各县，有专家推测西凤酒与山西汾酒有传承关系。在河南赊店，山西商人带着汾酒的酿酒师，开设前店后厂的“永绿美”“永隆通”酒馆，酿制的“赊店汾酒”，长销不衰。明洪武年间，有山西酒商移居河南的枣集，用汾酒的酿造技术酿酒，到清代中期有很大的发展，这种酒后来改称宋河粮液。清代康熙初年，山西的汾酒进入湖北，当地按照汾酒方法酿造的酒称为“汉汾酒”。“汉汾酒”由晋商再传播到湖南湘潭以后，逐渐形成了比较大的市场，在湖南又酿出了湘潭人的“汉汾酒”——湘汾。乾隆时期，山西商人在直隶（今河北）全省开设烧锅的约千余家，从业工人总计不下六七千。直隶总督孙嘉淦是山西兴县人，有人说他照顾老乡情面，禁酒不力。在江苏，乾隆时有太谷县商人贺氏至双沟（属江苏省泗洪县），发现这里盛产高粱，又有甘泉，用山西汾酒的酿造技艺，酿造出“香飘十里”的双沟大曲。辽宁《朝阳县志》记载：“直鲁人之北来者，皆事耕种不谙经营。朝境之初有商业，自晋人始。晋人悉知蒙族无贵贱，皆嗜酒。边寨所产高粱、莜麦价廉且多。俗传先有三泰号晋人烧锅，后有喇嘛庙。由是直鲁人之营商者，亦相继而起。”在西北的新疆，当地的清香型白酒“古城大曲”，是乾隆二十二年（1757），由山西汾酒的酿酒师到奇台县建烧锅，才发展成为西北边陲名酒。当时从山西引进酿酒工艺，结合汾酒的操作方法，创造了古城大曲的酿造工艺，这对新疆后来的白酒生产起到了重大作用。至今，新疆各大酒厂在蒸酒时采用的“掐头去尾”“按质摘酒”等工序，都是沿袭奇台古城大曲的工艺原理而来的。伴随着晋商的脚步，山西汾酒走向全国，奠定了今天中国白酒业的基本格局。

晋商的第七个贡献，是促进了明清时期的关帝信仰的传播。关帝崇拜是晋商一个独有的现象。籍贯晋南的关帝是晋商心目中诚信、忠义的化身，晋商尊关帝为武财神。各地的晋商会馆，都建有关帝庙，各地会馆中最引人注目的建筑往往是关帝庙。河南舞阳北舞渡山西会馆有一块《创建戏楼碑记》，说出了山西商人敬奉关帝的原因：“山左有孔子道德高于万山，世人重其文也。然有文以为之经，必有武以为之纬。惟我关羽生于山右，仕于汉朝，功略盖天地，神武冠三军，尤可称秉烛达旦，大节垂于史册，洵足媲美孔子，躬当武夫子之称，护国佑民，由中达外，至今普天有血气者，莫不尊亲。”汉口的山陕会馆，光一座春秋楼，就花费数万两白银。有许多会馆，往往是先有庙后建馆。外地人识别山西会馆，只需看有没有关帝庙。湖北老河口人说山陕会馆：“上会馆赛如金銮殿，下会馆门前铁旗杆。”所谓“赛如金銮殿”，指的就是关帝庙。晋商对关帝信仰的贡献还表现在对关公戏的传播上。各地的晋商会馆都有戏台，每逢关帝诞辰和传统节日，都要演戏酬神、娱乐，所演剧目多与关帝有关。明万历《江都县志》记载：扬州城内有一座关帝庙，建于嘉靖年间，每年农历五月十三，山西蒲州迁居扬州的盐商，都要举行盛大的祭典。晋商把关帝信仰带到经商之地，促进了关公文化的传播。晋商以关帝的忠义来约束同乡、团结同行，随着晋商的足迹，明清时期的关帝信仰到达了前所未有的广度。

晋商的第八个贡献，是促进了明清时期戏曲文化的传播。所有的晋商会馆中，都建有戏台。作为传统戏曲的载体，戏台承载着我国古代多种多样民俗文化。晋商会馆中的戏台，促进了

开封山陕甘会馆门楼横额为“关庙”

各地戏曲的发展和繁盛。如苏州的全晋会馆，位于苏州城内张家巷，初建于1765年，重修于1879年。会馆中的戏台坐北朝南，建于关帝殿对面。戏台分上下两层，通高11.5米，上层高3米，深6.24米，宽7.06米。台顶的穹窿藻井直径4米，深1.3米，由632片构件组合而成，从下而上盘绕18圈。当台上发出的声音聚拢在藻井中时，会反弹折射到剧场的各个方位，产生余音绕梁的音响效果。整座戏台金碧辉煌，绚丽多彩，是苏州现存古典戏台中最精美的一座。因晋商信仰关帝，所以，每年农历的五月十三关帝诞辰、九月十三关帝成神之日及元宵节，都要在此祭祀演戏。光绪、宣统年间，戏台上以演昆剧为主，民国以后，出现昆剧与京剧并存的局面。现在，全晋会馆已辟为中国昆曲艺术博物馆。安徽亳州山西会馆中的戏台，因为修得十分漂亮，人称“花戏楼”。会馆建筑以关帝庙为主建筑，戏楼作为辅衬，两侧是坐楼，供看戏之用。整个建筑形成一个大四合院，四围高大，保证了很好的音响效果。乾隆朝之后，在晋商的支持下，山西的梆子戏经常被请到晋商聚集的外埠商号、会馆演出。可以说，晋商走到哪里，山西的梆子戏就唱到哪里，有“商路即戏路”之说。晋南荣河县（今万荣县）的商人潘家有自己的剧团。太谷县的商号“扬诚斋”有自己的戏班“锦梨园”。祁县的渠家成立了自己的戏班“聚梨园”，是晚清时期晋中最有名气的晋剧戏班。在北方的内蒙古、陕西、宁夏、甘肃、河北、河南、山东等地，山西的晋剧、蒲剧、上党梆子，随着晋商的足迹广为流传。山西的梆子戏与当地的戏剧相结合，还产生了新的剧种，如山东的“枣梆”

戏，就是上党梆子在山东的演变。据菏泽山西会馆的碑碣记载，乾隆以前，就有山西上党商人在这一带经营典当、盐、烟、染坊等行业。他们将家乡流行的戏曲带到了鲁西南。嘉庆年间，“泽州调”开始在菏泽一带流行。光绪初年，有专业的上党梆子戏班在鲁西南巡回演出达一年之久。后来，山西艺人潘氏来到郓城、梁山一代，收徒授艺，组成了第一个职业戏班——义盛班。他所传授的这种梆子声腔，就是山西的上党梆子，或称“泽州调”。上党梆子传入山东后，学唱者又多为山东本地人，受到当地语言的影响，发生了变化，形成“枣梆”戏，意即“本地的山西梆子”。“枣梆”戏成为一种山东的传统戏曲剧种。由于“枣梆”戏脱胎于上党梆子，从板式、旋律、唱法等方面来看，仍旧保持着上党梆子的唱腔特点。“枣梆”戏主要流行在山东菏泽、郓城、梁山、巨野、鄄城、定陶、东明等县。东到嘉祥、济宁，南到成武、曹县，西到河南省的长垣、兰考、内黄，北到黄河以北的观城、朝城、范县、濮阳、彰德、大名、成安一带。

晋商的第九个贡献，是对慈善活动的促进。“以义制利”是晋商的经营准则，许多晋商以诚信起家，以实业富家，以慈善传家。他们虽然家兴业旺，生意昌盛，但大部分晋商并没有改变乐善好施的传统。从清代到民国初年，活跃在黄河上下、大江南北的晋商，足之所至，善之所至。修桥补路，扶危济困，投身公益。晚清时，运城兴办的慈善机构“同善局”“养病所”，其经费来源主要是由当地的盐商出资。万泉县（今属万荣县）阎景村的晋商李家，善行善举，无所不及，晋、陕、豫、甘、宁诸省人称其为“李善人”。李家为富一方，主动担当社会责任，开展义修池塘、义修公路、义建校舍、义建育婴堂等系列公益活动，改善了当地百姓的生产生活条件。灾荒之年，李家出钱买粮，广设粥棚，接济穷人。民国十七年，晋南大旱，李家赈济河东十几个县每县1000银元。李家在薛店村、阎景村、运城池神庙三处设粥场赈灾，时间长达一年之久。河东各县县长纷纷请求政府表彰李家的善举。榆次的常家，也是一个乐善好施的晋商家族。常家大院里有一座精美的戏楼，就与常家的慈善有关。光绪初年，山西大旱，许多地方粮食绝收，为了帮助乡民度过灾年，常家开始修建戏楼，有意拉长工期，让乡民通过在工地上的劳动，体面地在常家吃饭。这次灾荒持续了三年，常家的戏楼也盖了三年。类似李家、常家这样的慈善之举，在晋商中有很多。在张家口博物馆，有一通残碑，内容为晋商慈善组织“晋义社”的有关情况。“晋义社”是光绪末年出现在张家口的一个专门管理“掩埋客死异地同乡的义冢、义园、义地”的晋商同乡会组织，他们花费近万两白银，购地25亩，修建有关设施。当时一般的山西会馆都有类似的组织。因为张家口“有一等防夫，素以包揽抬柩埋尸为事。一遇此事，工钱任意需索，并无定规。受此害者，实难枚举。昨因染房乡友病故，社中自行掩埋。该防夫等胆敢群赴社中，逞凶滋闹。称非伊等经手，不容他人抬埋”。由于当地的地痞滋事，晋义社无奈之下报官，官府出具告示，以震慑不法之徒，晋义社将官府的告示刻石立碑。“嗣后遇有丧家安葬，任听原主自行掩埋。即雇伊等扛抬，工价务须公平，不得任意多索，并不准棍徒及游方僧道、乞丐人等在该善所强讨滋扰；亦不准看守之人，私自留人住宿暨私停灵柩，暗埋骨殖等情。……自示之后，务各遵照前开各节办理，毋得抗违，致干并究。其外来游方僧道及无知匪徒，并往来乞丐人等，亦不准在社强索滋扰，违则严惩不贷。各宜凛遵毋违。切切特示。”后来，张家口百姓只要发现无主的尸体，都报告给晋义社，晋义社派人掩埋，晋义社实际上承担了晚清、民国时期张家口的部分社会慈善功能。

晋商的第十个贡献，是对中国武术发展的促进。随着晋商经营规模的扩大，运输的货物越来越多，为了保障货物的安全，武装押运的镖局应运而生。镖局的发展，促进了中国传统武术的发展。据有关学者考证，形意拳、心意拳就产生于山西。山西流传

万荣县李家大院“百善砖雕”

到现在的拳术有60多种，在晋商比较集中的晋中有近40种，这些拳种的发展与晋商有很大关系，其中有20多种拳术与晋商有直接关系。晋中一带曾流传民谣：“王家的枪，戴家的手，左家的弹腿天下走，安家的大弓射出口，大盛魁的镖师不用吼。”

晋商的第十一个贡献，是对教育事业发展的促进。晋商对教育一向重视，明清时期山西出现了许多儒贾并举、义利并存的商人家族。不少晋商家族都办有自己的私塾以教育子弟，如榆次常家在咸丰、同治、光绪年间办私塾17所，创下了家族办学的纪录。常家在清末创办的笃初小学堂，是山西最早的私立新式小学。他们开办的“知耻女学堂”，是山西最早的女子学堂之一。从康熙年间到光绪三十二年（1906废除科举），常家一门考中秀才、贡生、举人、监生的学子达170多人。光绪初年，常家还出资捐助山西官书局刻书。常家不但有“外贸世家”的美名，同时兼有“教育世家”的美称。在各地的晋商，往往在晋商会馆举办义学，造福地方。道光年间，归化（今呼和浩特市）的晋商会馆出资兴办了“四大义学”，为时人称道。甘肃张掖的山西会馆，在民国年间曾经兴办私立学校“三晋小学”。

晋商的第十二个贡献，是对国际贸易的开拓。在对俄国的贸易中，山西商人逐渐开发了一条通往欧洲的茶叶之路，这就是经由内外蒙古或者新疆，对俄罗斯及欧洲的贸易路线。从福建的武夷山，经江西的九江、湖北的汉口、襄樊，到河南的赊旗、洛阳，北上太行山到山西的泽州、潞安、祁县子洪口，经过太原、雁门关、杀虎口，北上到归化、库伦（今蒙古乌兰巴托）、恰克

从湖北羊楼洞到新店的青石板茶道上，由鸡公车碾压的车辙

晋商驼队的驼铃

图，西北经伊尔库茨克、新西伯利亚、莫斯科，最后到彼得堡；或经由库伦、科布多、乌鲁木齐、伊犁、塔尔巴哈台，到今西亚地区。晋商开辟的从福建到莫斯科、彼得堡的万里茶叶之路，繁荣了200多年。1919年俄国十月革命后，从俄国返回的山西汾阳商人就有一万多人，在俄国的晋商应该不是一个小数字。清代，中国对日本、朝鲜的贸易，也主要由晋商经营。

晋商的第十三个贡献，是对中国茶叶产业发展的贡献。1727年，中俄《恰克图条约》签订后，中俄茶叶贸易需求大增，晋商开始从福建大量购进茶叶，从每年的几十万斤，发展到后来的上千万斤。晋商为了保证茶叶的质量和贸易的顺利进行，从茶树种植、茶叶加工、茶叶包装、茶叶运输到茶叶销售各个环节，全程介入，为我国茶业产业的发展与传播起到了积极的推动作用。清代前期，茶叶均系山西商人经营，由福建武夷山到江西，再由江西经湖北转河南北上山西、蒙古。后来因为太平天国运动爆发，商路不通，茶叶贸易受阻。晋商的茶叶采购地改变到湖南的安化县，后来发现湖北的羊楼洞、羊楼司一带的茶叶质量较好，便把茶叶的采购地主要放在羊楼洞、羊楼司一带，使这一带逐渐成为晋商新的茶叶货源地。当时在羊楼洞采购、加工茶叶的作坊有100多家，其中80%是由晋商控制的。蒙古人、俄国人喜喝砖茶，晋商按照市场需求加工茶叶。晋商将红茶的加工技术传播到鄂东南和鄂北，砖茶由晋商在湖北羊楼洞加工制作，其他茶叶如绿茶等品种，在六安、合肥、江西九江等地采购，然后装载北运，直达蒙古、俄国与欧洲。晚清时，晋商基本上控制了湖北的茶叶生产，武昌府属各县的制茶业，往往是按照晋商的要求进行加工，由晋商统一收购。湖北咸宁县的柏墩，是山西茶商的一处主要的茶叶加工地，附近三个县的茶叶都集中在这里加工成砖茶。晋商与当地茶商合股开设的茶庄，占据了柏墩整个一条街。祁县渠家、乔家、李家等5家晋商与柏墩的5家规模较大的茶庄，开设“长顺川”“长盛川”“大德诚”“宏源川”“天聚和”茶庄，集收

祁县何家的“兴隆贸茶行”兴建的安化茶厂仓库，安化黑茶在此加工存放

购、加工、贩运、批发一条龙。这5家茶庄在汉口、张家口、归化、集宁、库伦、恰克图等地设有中转和批发性质的茶栈和茶庄。每年茶叶入市后，5家茶庄制砖茶的称茶工、翻堆工、发酵工、铡茶工、筛选工、风选工、装包工、蒸茶工、修砖工、烘焙工、包装工、装箱工、封签工、搬运工等多达2000余人。当时柏墩一带流传着“方圆十里是茶山，柏墩满街卖茶人。穿红戴绿去拣茶，生产茶叶换白银”的歌谣。清人的《莼川竹枝词》描写当地的种茶采茶情形：“三月春风长嫩芽，村庄少妇解当家。残灯未掩黄粱熟，枕畔呼郎起采茶。茶乡生计即乡农，压作方砖白纸封。别有红笺书小字，西商监制自芙蓉。”西商就是山西商人。柏墩茶业的兴盛也带动了工商业的发展。当时，柏墩三岔港，码头舟楫密布，多达百余只。街面各类店铺、作坊和行栈达70多家，各种商品应有尽有，集镇常住人口逾三千，是咸（宁）崇（阳）通（山）三县边界地区重要的物资集散地。晚清时期湖北的茶叶生产，完全是因为晋商的介入而达到鼎盛的。晋商渠家每年谷雨时节都会来人到“长盛川”茶庄，了解新年茶市行情，反馈市场信息，提出合理建议。湖北何氏家族选择与晋商渠家紧密合作开设“长盛川”茶庄，陆续在世界各地开设了260多家分店分号，衍生出近50多个“川”

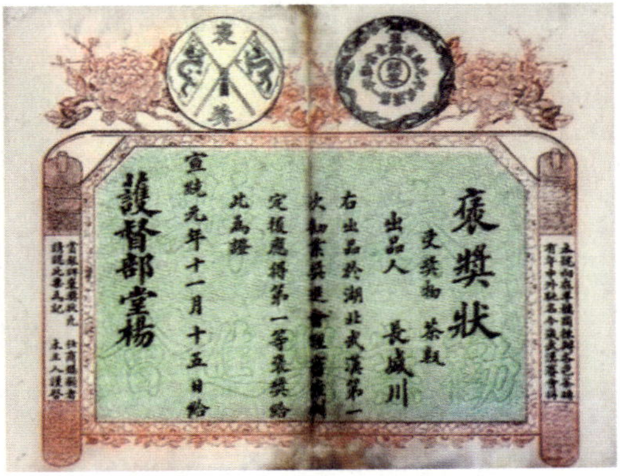

清政府颁发给“长盛川”茶庄的奖状

祁县渠家长盛川商号的“川”字牌砖茶

字系列品牌。为了与俄国茶商竞争，晋商在茶叶加工上不断改进。晋商对晚清时期茶叶加工业、包装业的改进，有很大的促进作用。晋商的茶叶运销地区主要是南方的湖南、湖北、广东，北方的河南、山西、山东、河北、陕西、甘肃、新疆、青海等省区和俄、英等国。晚清时，每年销往俄国的茶叶约700多万斤，几乎全是由晋商经销。在200多年的茶叶贸易中，晋商开辟了一条可以与“丝绸之路”媲美的“茶叶之路”，史称“万里茶路”。在19世纪后期，俄国与西亚、东欧国家饮茶的风气与日俱增。据俄国人记载，在俄国，人们早餐要喝中国茶，午饭后也必须有茶，每天喝茶达五次之多。通过晋商的茶叶贸易，中国的茶叶源源不断进入西亚、欧洲市场，在一定程度上改变了西亚与东欧人的生活习惯或饮食结构。通过茶叶贸易，晋商对中国茶文化在海外的传播也发挥了积极的作用。

晋商的第十四个贡献，是对中国盐业发展的促进。在唐初，河东盐池出现了“垦畦浇晒”产盐法——在盐湖北边湖岸一侧垦地为畦，然后将湖中卤水引入畦内，利用阳光、风力蒸发晒制成盐。这是盐业生产工艺的重大创新，是产盐技术的重大进步，领先西方国家约1000年。英国科学家李约瑟博士称其为“中国古代科技史的活化石”。自“垦畦浇晒”之法问世后，运城池盐的质量和数量大幅度提高。唐代大历年间，河东盐池每年盐利达150万缗，占全国盐利收入的四分之一，占全国财政总收入的八分之一。明弘治年间，河东盐商刘家以运城盐池为依托，将生意一直做到两淮的海盐产区，并且与两淮大盐商阎家和张家互通婚姻，联手称霸大河南北，江淮上下。万历年间，运城盐池的产量猛增，是宋代产量的4倍多。经盐商刘家之手，陆续将数百名盐业生产能手和管理人才从河东输送到两淮盐区，把河东盐池的“垦畦浇晒”工艺推行到全国海盐产区，催生了海盐工艺的革命，对全面提高盐产量和国家盐税收入做出了贡献。

运城盐池的盐花

晋商的第十五个贡献，是对中国丝绸业发展的促进作用。明清两代，是我国丝绸业最为发达的时期。当时著名的八大丝绸产地有苏州、南京、杭州、嘉兴、潞安、成都、广州、福州等。潞安（今长治市）是北方唯一的丝绸主产区。与苏、杭不同的是，潞绸在生产形式上介于专业工场生产与民间分散生产之间。潞绸的机户主要分布在潞州各县，他们在劳动时间的掌握上有较多的自由。由于产品质量好，受到市场欢迎，潞绸的产量猛增。在明代，潞绸为国内三大名绸，是贡品之一。由于产量剧增，潞绸上贡的数额在其产量比例中逐渐降低，其产品的商品化程度不断增加。到万历年间达到高峰，绸庄丝店遍布街巷，机杼之声随处可闻，潞绸生产得到了空前发展，也为潞绸的远销提供了无限商机，“潞绸遍宇内”。不仅行销国内，还远销国外。“贡篚互市外，舟车辐辏者，传输于省直，流衍于外夷，号利薮。”经过晋商的长途贩运，潞绸成为全国的畅销产品，穿潞绸衣，着潞绸装，成为当时人们的时尚。时人赞誉潞绸“织作纯丽，衣被天下”。元末明初的杂剧《李素兰风月玉壶春》中，描写了一位山西潞绸商人，装着三十车潞绸到浙江嘉兴做买卖，结识了妓女李素兰的一段故事。在明代的文学作品《金瓶梅》中，更是屡屡提到潞绸，据有关研究者统计，《金瓶梅》中竟有17处提到潞绸。潞绸为晋商提供了源源不断、高质量的货源，而晋商的经营活动，使得潞绸畅销海内外，进一步促进了潞绸的发展。

晋商的第十六个贡献，是对数学、珠算、会计等应用科学的贡献。这些应用科学与商业活动关系密切，因此明清时期晋商很重视对数学、珠算、会计的研究与实际应用。晋商及晋商子弟在应用科学方面贡献很大。明末清初，晋商实行的“龙门账”，就是一套既简单又明确的商业会计方法，其价值与意义对我国会计学的发展有一定贡献。明代汾州（今汾阳市）商人子弟王文素，自幼聪慧，诸子百家，无所不学。早年随父亲到河北经商，由于经商的需要，他很小就练习打算盘，尤长于算法。他对历史上流传下来的算题、算法进行搜集、通证，“误者改之，繁者删之，缺者补之，乱者理之，断者续之”。他致力算学30年，以一己之力，编著成50万字的《算学宝鉴》，为中国算学史之最，是当时世界最高水平的数学巨著。清代数学家张敦仁（1755—1833），阳城县润城人，出身商人家族。他的主要著作有《辑古算经细草》二卷、《开方补记》九卷、《求一算术》三卷，都有较高的价值。

晋商的第十七个贡献，是对中国北部边疆地区经济开发的贡献。晋商是从明代的军粮运输开始起步的，可以说，晋商的起步阶段就对中国北部边疆的开发有了贡献。到了清代，晋商对蒙古的贸易，更是促进了牧区城镇的兴起与发展。晋商“大盛魁”商号的经营活动，保证了牧民日常生活用品的质量和及时供应，同时也解决了牧民畜产品的及时销售，所以在牧区很受欢迎。在西北的新疆、青海、宁夏，晋商的商业活动对当地的社会经济发展贡献也不小，在新疆伊宁一带，经商的晋商多为祁县人，他们的后代至今还有1000多人生活在那里。在宁夏银川，以晋商为主创建的“敬义泰”“天成西”“百川汇”“隆泰裕”等“银川八大家”，几乎覆盖了银川城内的各个行业。万泉县（今属万荣县）李家开设的“敬义泰”商号，其制作的糕点和玫瑰露酒、黄酒闻名宁夏。在新疆、青海经商的一些山西商人甚至能用蒙古语、哈萨克语、维吾尔语同少数民族交流。在东北，从事经营活动的晋商人数更多，在20世纪30年代，东北的晋商人数有数十万。从白山黑水到天山南北，从蒙古草原到青藏高原，到处都有晋商活动的身影。在获取利润的同时，他们为中国北部边疆的开发、社会的发展，做出了较大的贡献。

晋商的第十八个贡献，是对中国社会观念的逐步改变。中国传统社会是“重农轻商”，商人的社会地位一向较低。在明代，出身于河东盐商的朝廷重臣张四维已经明确提出了要从根本上改变重农轻商的观念。到了清代，山西的大部分地区已经改变了“重农轻商”的观念。雍正皇帝在其《朱批谕旨》中写道：“山右大约商贾居首，其次者尤肯力农，再次者谋入营伍，最下者方令读书。”在山西民间已经形成了一种“以商致财，用财守本”的立业思想。山西晋中地区有重商谚语云：“有儿开商店，强如坐知县”“良田万顷，不抵日进分文”“要想富，庄稼带店铺”。随着晋商在全国各地的经营活动，全社会都逐渐改变了“轻商”的观念。20世纪初，旅居日本的中国近代思想家梁启超说：“鄙人在海外十余年，对于外人批评吾国商业能力，常无辞以对，独至有历史、有基础、能继续发达之山西商业，鄙人常以自夸于世界人之前。”可见，知识阶层是以晋商为骄傲的。

杨笃

——清代著名的方志学家

杨笃

杨笃，乡宁县人，清代著名的方志学家。杨笃出身于书香门第，幼承家学，少年时代便打下了考订源流、探讨学问的基础。青年时代的杨笃以深厚的金石学、文字学功力为人所知。

同治九年（1870），杨笃应邀纂修《西宁新志》（西宁于康熙年间置县，隶属于宣化府，民国时并入原阳县）。对于《西宁新志》的体例，杨笃不受毛奇龄、戴震、章学诚等名家的成规束缚，自成体例。杨笃在修志时，重视地理考证，周行四境，实地探访，绘有工整细致的地图，清晰准确，列有图标，一目了然。《西宁新志》门类全面，逻辑清晰，方便实用。此志一经刊印，便受到时人瞩目，成为杨笃跻身方志界名家的经典之作。杨笃从此与方志结下了不解之缘，慕名聘其修志者接踵而至。1875年，杨笃又应邀纂修了《蔚州志》，修正了旧志中的错误130多处，充实了许多项目，因该书考订精核，颇受好评，他在方志方面的知名度更高了。在《西宁新志》《蔚州志》之后，他先后主修了《代州志》《繁峙县志》《壶关县续志》《长子县志》《潞城县志》《黎城县志》《屯留县志》《天镇县志》《长治县志》，襄修了《五台县志》，主撰了光绪版《山西通志》，共计13部，杨笃是中国古代个人修志种数最多的方志学家。

《山西通志》是杨笃参与编修的最后一部方志，也是最有影响的一部方志。《山西通志》的纂修工作始于光绪五年（1879），光绪十三年（1887）总纂王轩病故，巡抚张之洞调离，修志经费紧张，编纂工作困难重重。作为纂修的杨笃力挑重担，担任总纂，总揽全局，虽疾病在身，仍坚持修志。可以说，杨笃晚年将全部心血和才识都倾注在《山西通志》的纂修工作中。他以高度的历史使命感，把修志看得比生命更为重要。《山西通志》最后五年的纂修工作，由杨笃主持完成。他唯恐完不成《山西通志》的纂修工作，对人说："倘《通志》不成，三晋文献由我而斩，罪不更大乎？"在古代，像杨笃这样献身于方志事业的人是十分罕见的。《山西通志》的纂修历时13年，于光绪十八年（1892）大功告成。杨笃因积劳成疾，在1894年秋天去世。

《山西通志》的体例采众家之长，体例完备，取舍得当，"分六门以括其要，图以辨方，谱以序世，考以稽古，略以纪今，记以述事，录以存人，皆用史法而不袭史名。"该志用修史的方法来修志，其起点就高人一筹。该书文笔简洁，尤以考核精详为学术界称道。梁启超称赞云"出自学者之手，斐然可列著作之林"，王云五赞誉曰"不独为《山西通志》之模范，且可为他省志书之准绳"。在长期的纂修方志实践中，他有很多独到的见解，如他十分重视绘图，认为“史不为图，地志则非图不可”，他在历代疆域、山川、城池、乡镇等图上都画有计里方格，并标以特别的符号，为历代旧志所罕见；重视金石，以自己的金石学之长，详加考订以补史书之不足等，保存了大量的碑刻资料。

杨笃工书法，真、草、篆、隶、行皆佳，尤擅篆书。他的篆书以石鼓文为根基，吸收李斯、李阳冰各家之长，形成自己的风格。

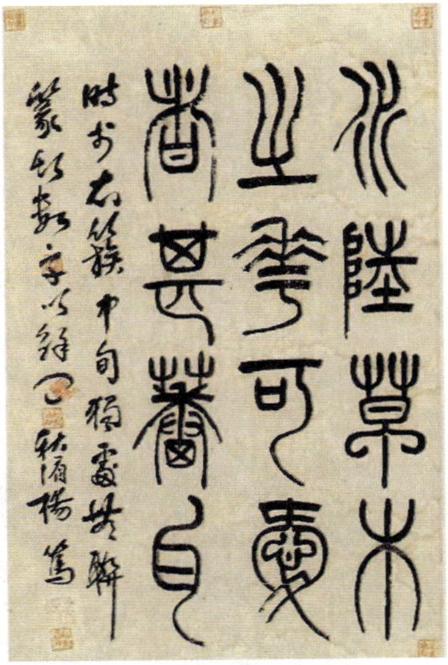

杨笃书法

杨深秀

——清末维新志士、“戊戌六君子”之一

杨深秀

杨深秀，闻喜县人。幼年家境清贫，聪颖好学，常借书夜读。1869年中举，任职于刑部。1877年至1878年，北方冀、豫、秦、晋数省大旱，尤以山西为最。赤地千有余里，饥民至五六百万之众，古所未见。居于京城的山西籍官员和士子，纷纷捐献银两，赈济家乡父老。1878年春，杨深秀回乡组织赈灾，闻喜县十多万人得到救济。

1884年5月，山西的最高学府令德堂书院在省城太原正式开办，晋阳书院山长王轩被聘为令德堂书院的总校主讲，杨深秀、杨笃等人被聘为协讲。杨深秀在书院中主讲《尚书》，他教导学生勿沉溺于八股文中，要从八股文中走出来。

1879年至1892年，时任山西巡抚曾国荃倡修通志，由著名学

者、方志学家王轩、杨笃等担纲纂修。光绪《山西通志》的各部分皆出名家之手，体例完备，史料翔实，考订精确，为海内学人所重。杨深秀担任《星度谱》二卷与《古迹考》八卷的分纂任务。杨深秀所分纂的《星度谱》利用了当时天文、历法和地理方面的最新科学成就，他本人也有一定的创见。《古迹考》载于《光绪通志》卷五十，其主要内容是记述从上古以来在山西所建国都及城邑之考证。

1889年，杨深秀中进士，任刑部主事。1897年，任山东道监察御史。此时的杨深秀“以澄清天下为己任”，面对列强企图吞并中国的民族灾难，他苦思救国之策。1898年春，杨深秀和康有为加强了联系，参加领导了保国会和戊戌维新变法运动。变法前夕，他首先上折，请定国是，明赏罚，指出：“臣愚谓皇上仍主守旧则已，若审观时变，必当变法。非明降谕旨，著定国是，宣布维新之意，痛斥守旧之弊，无以定趋向，而革旧俗也。”杨深秀一日之间，连上五折。变法开始后，杨深秀或单独上折，或联合他人上折，提出许多建议。这些建议多为皇帝采纳，转成上谕颁行。在百日维新期间，杨深秀上奏折计有17件之多，是上呈奏折最多的大臣。

1898年9月21日，慈禧太后发动政变，光绪帝被囚禁，慈禧太后宣布“临朝听政”，康梁逃亡，变法遭到失败。杨深秀不避危难，上奏“诘问皇上被废之故”，请慈禧撤帘归政。9月24日，杨深秀不顾个人安危，打算前往南苑，说服董福祥军反正，未果，被捕。在狱中，他激昂慷慨，于壁上留诗三首，其一云：

久拼生死一毛轻，臣罪偏由积毁成。
自晓龙逢非俊物，何尝虎会敢从行。
圣人岂有胸中气，下士空思身后名。
缧绁到头真不怨，未知谁复请长缨。

9月27日，杨深秀等人被押到宣武门外菜市口杀害，杨深秀是“戊戌六君子”中最年长的，时年49岁。临刑前，杨深秀慷慨陈词：“清王朝不讯而诛大臣，说明气数已尽，奄奄一息！”

杨深秀有《仿元遗山〈论诗绝句〉五十首》，专论历代山西籍作家的作品，如论王之涣：“春风不度玉门关，隽绝三唐谁可攀。”论司空图：“吟成廿四品尤奇，总结唐家一代诗。”可以说是山右诗人的“诗品”。

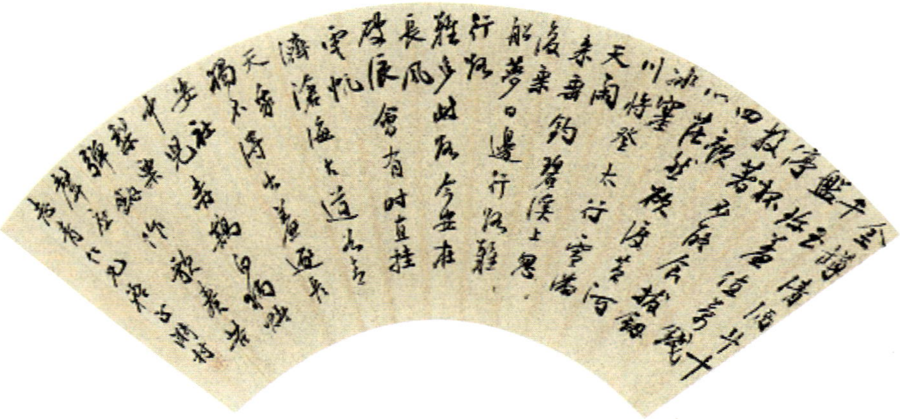

杨深秀书法

民国岁月

MINGUOSUIYUE

民国岁月 8

MINGUOSUIYUE

太原辛亥起义

——断绝南北交通、支援武昌革命军

1911年10月10日武昌起义爆发后，同盟会山西支部积极筹划在太原发动武装起义。以山西巡抚陆钟琦为首的政府官员也急忙筹划对策，决定把新军的两个标分别调往蒲州和代州，以分散集中在太原的革命力量，同时将分驻南北各地的巡防队调回太原，以稳定省城。

1911年10月28日，山西巡抚命令黄国梁的85标先行出发。为了应对这一突发情况，当日下午，起义主要领导者温寿泉、黄国梁、阎锡山、张瑜、乔煦、南桂馨等人召开紧急会议，研究对策。会议决定：在省城举行起义；为防不测，于29日凌晨起义；黄国梁的85标下层官兵同盟会会员多，率先起义，阎锡山的86标随后响应；推举姚以价为起义总司令。

1911年10月29日凌晨，起义队伍在太原二营盘军营集中，从太原城的新南门（后称首义门，即今五一广场）冲进城，先占领了弹药库，接着攻打满洲城，攻入巡抚衙门，刚上任不足一个月的山西巡抚陆钟琦被击毙。与此同时，山西省咨议局也被攻占。残余清军进行了一阵抵抗后纷纷投降。几路起义军在姚以价的部署指挥下，经过近7个小时的鏖战，占领了太原全城。

太原首义门

太原起义不久，山西很快就发生了大同起义和晋南光复，革命烽火遍及全省，清政府在山西的统治宣告结束。山西临近北京，山西的光复严重威胁着清政府。山西起义的消息传至北京后，朝野震动，王公贵族纷纷逃离北京。

对于辛亥年太原起义在整个辛亥革命中所起到的作用，孙中山曾明确指出："武昌起义，不半载竟告成功，此实山西之力……何也？广东为革命之原初省份，满清政府防范甚严，不能稍有施展。使非山西起义，断绝南北交通，天下事未可知也。"作为京师的门户，山西爆发起义并控制南北交通要冲石家庄，切断清政府和南方清军的联系，客观上起到了牵制清王朝反动势力，支援武昌革命军的作用。

1912年9月，孙中山与山西军政人员合影

民国初年的山西

——中国教育的“模范省”

民国初年，从1918年到1928年的10年间，山西的教育发展成就卓越，不仅受到了民国政府的称赞，还得到教育界权威人士陶行知等人的高度赞赏，一时被誉为中国教育的“模范省”。

1917年，山西省政府在全省重点深化教育工作，以教育启迪民智。其主要做法：第一，推行以普及为主的国民教育，即义务教育；第二，创办以发展国民经济为主的职业教育；第三，推行以改良社会风俗，增加民众普遍常识为主的社会教育。1918年8月，《山西逐年教育进行计划案》开始实施，“凡山西百姓，不论贫富贵贱的小孩子，七岁到十三岁，这七年内须要有四年上学，这就名叫国民教育。凡上过学的人，知识就高了，身体也壮了。为父母的无论如何贫穷，总要使子女上学，是父母对于子女的义务，又名叫义务教育。国家法律定的，人民若不上学，就要罚了还得上学，又名叫强迫教育”。山西的教育事业得到了空前发展。

据有关统计资料，1922年至1923年，山西省的小学在校学生数量为73.8万人，人口大省河南为25.7万人，江苏省为34.3万人，远远低于山西省。1924年，大教育家陶行知先生指出：“自清朝

民国省立第一中学校门复原图

以来，中央政府就一直打算实行义务教育，但只有到了1920年才由教育部制定出明确的在特定时间内各地实行义务教育的步骤……由于近年来政治动乱，上述计划几乎没能执行，唯独山西一省取得了异常引人注目的成绩……现在该省已有72%以上的学龄儿童入校就读。此外，还规定了25岁以下的成人文盲上成人业余补习学校，学习常用汉字、算术和公民常识。”“中国除山西省外，均无义务教育可言。”

1925年8月，中华教育改进社第四届年会在太原山西大学举

民国年间打排球的山西女学生

行。陶行知回顾这一年来中国教育的经过，他感触最深的便是山西实施义务教育成绩斐然的情形。在这届年会上，陶行知明确提出了“山西是中国义务教育策源地”这一说法。陶行知倡议各省的代表多向山西的同志请教，他说，参加这届年会的山西代表有将近200人，“他们对于此地实施义务教育多是亲见目睹、躬亲其事的人”，因此各地代表要向他们学习义务教育的经验，其中“最重要的就是山西厉行义务教育的精神”。陶先生对与会的各省代表说：“我们能得到这种精神，才无负于山西之行。”

陶行知先生在实地考察之后如此评价山西的义务教育：“我们不能不佩服山西人民对于义务教育之忠实努力，自从民国七年（1918）开始试办，到了现在，山西省每100个学龄儿童中已有70多人在国民小学里做学生了。山西之下的第二个省份（江苏）只有百分之二十多。可见，真正实行义务教育的，算来只有山西一省。”

高君宇

——中国共产党的创始人之一

高君宇

高君宇，静乐县人。五四运动时为北京大学学生会负责人之一。1919年5月4日，北京学生爱国游行，高君宇是组织和参加的骨干之一。他和许德珩等十几个学生冲进赵家楼，痛打签订卖国条约的官员章宗祥，演出了五四运动壮丽的一幕。

1920年，在李大钊的指导下，高君宇与邓中夏共同组织成立了马克思学说研究会，这是我国最早研究和宣传马克思主义的团体之一。1921年，高君宇加入中国共产党，1922年当选中国共产党第二届中央委员、中央执行委员。高君宇不仅是党的创始人之一，同时还是中国社会主义青年团的创始人之一。1920年秋，他受组织委托组建了北京社会主义青年团，当选为第一任书记。1921年5月，他又到故乡山西，成立了山西的青年团组织。

1921年底，高君宇等50多人赴苏联参加远东共产党和各民族革命团体代表大会，受到列宁的接见，他被大会选为执委会委员。1922年5月，他出席了在广州召开的中国社会主义青年团第

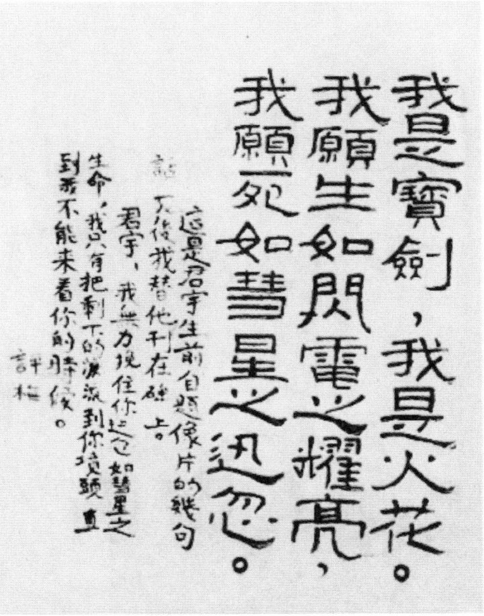

石评梅为高君宇写的碑文

一次代表大会，参与制定了青年团的纲领。高君宇和张太雷、蔡和森等当选为青年团第一届中央执行委员。

1924年初，高君宇同李大钊、毛泽东等以共产党员的身份参加了中国国民党第一次全国代表大会。后来，高君宇受党的委托，担任孙中山的秘书。1924年10月，帝国主义支持的反动商团在广东发动叛乱，广东革命政权处于危机之中。10月14日，孙中山在中国共产党人的支持下，决定镇压商团叛乱。在激烈的巷战中，高君宇乘坐的指挥车被子弹击穿，高君宇负伤，他不顾个人安危，坚持战斗。1925年，高君宇随孙中山北上，同年3月在北京病逝。

高君宇是中国共产党早期卓越的政治活动家和马克思主义理论家。

抗战时期的山西

——敌后抗日的主战场

八路军东渡黄河进入山西

八年全面抗战期间，山西是敌后抗战的战略支点。在中国共产党的领导下，八路军和山西人民英勇奋斗，筑起抵抗日军侵略的铜墙铁壁，山西对全国的抗战做出了巨大贡献。

山西是八路军坚持抗战的大本营，是敌后抗战的战略支点。红军改编为国民革命军第八路军之后，在朱德总指挥、彭德怀副总指挥的统率下，八路军第115师、第120师、第129师3个主力师，东渡黄河进入山西，奔赴前线。八路军总部先后移驻太原市、五台县南茹村，和顺县马坊、石拐镇，洪洞县高公、马牧，沁县小东岭，襄垣县苏村，屯留县故县镇，潞城县北村，武乡县砖壁村、王家峪和辽县（今左权县）武军寺、麻田，山西是八路军发展壮大的地方，是八路军的故乡。作为华北敌后抗战的指挥中心和中枢机构的八路军总部和中共中央北方局，长期驻扎山西，领导山西、河北、山东、河南、绥远、察哈尔、热河、北平、天津等地和辽宁、江苏、安徽部分地区的敌后抗战；八路军三大主力师的师部也长期驻扎山西，强化了山西抗战战略支点的作用。开国将帅的10位元帅、9位大将、42位上将、103位中将、838位少将，共1002位开国将军，曾经在山西度过抗战时光。

山西是全国抗日民族统一战线形成最早的地方。太原和临汾一度成为华北抗日救亡运动的中心。1937年9月20日，在太原成立的第二战区民族革命战争战地总动员委员会，是国共合作的抗日组织之一，由八路军和阎锡山集团及国民党晋、察、绥三省政府和第二战区各军及民间组织组成。续范亭担任主任委员，邓小平、程子华、彭雪枫、南汉宸等担任要职。由共产党领导的山西新军和山西青年抗敌决死纵队、工人武装自卫旅等，成为敌后抗日根据地的重要武装。山西很快形成全民抗战的热潮。1937年的忻口会战，是国共合作抗战的光辉范例，歼灭日军2万人。朱德曾指出："忻口之役，我同蒲北段游击队向敌不断骚扰和袭击，雁门关要隘曾几度被我占领，弄得板垣五师团陷于泥潭中，欲退不可，欲进不能，原来吃大米罐头的日本'贵族兵'也不能不尝尝高粱苞谷的美味，机械化部队在一个时期内几乎完全失去作用，使忻口正面战斗竟能支持21天之久。假如不是娘子关失陷，正太敌人猛进，板垣师团是不能那样容易解围的。"

山西是中国共产党领导的敌后抗日主战场。1937年9月，八路军115师首战平型关告捷，这是全国全面抗战以来中国军队取得的第一个大胜利，粉碎了"日军不可战胜"的神话，极大地振奋了全国的民心、士气。随后，八路军连续出击，伏击雁门

1938年，八路军在潞城神头岭伏击日军

百团大战中，彭德怀副总司令亲临前线指挥作战

关、夜袭阳明堡，设伏神头岭，有力地支援了正面战场。1940年，八路军发动百团大战，共进行1800多次战斗，极大地振奋了全国军民争取抗战胜利的信心。据不完全统计，八年全面抗战期间，八路军在山西与日伪军作战10万余次，共歼灭日伪军66万人，占敌后歼敌总数的39%。

山西是华北抗日根据地的核心区域。全面抗战开始后，毛泽东和党中央逐步确立了以山西为战略支点、独立自主地发展华北敌后抗日游击战争、创建敌后抗日根据地、准备同日本侵略者进行长期艰苦斗争的指导思想。在晋东北，聂荣臻率115师一部，依托五台山和恒山，创建了晋察冀抗日根据地。在晋西北，贺龙率120师，依托管涔山脉，创建了晋西北抗日根据地。在晋东南，刘伯承率129师及115师344旅，依托太行、太岳山脉，创建了晋冀豫抗日根据地。在晋西南，罗荣桓率115师师部和343

旅，依托吕梁山脉，创建了晋西南抗日根据地。随着八路军向外辐射，在华北敌后形成了晋察冀边区、晋绥边区、晋冀鲁豫边区。

战斗在晋东南的八路军作战前动员

晋绥根据地的八路军

山西是拱卫陕甘宁边区和西北国统区的战略屏障。山西是中国共产党延安大本营的战略屏障，正是因为有了晋绥等抗日根据地的拱卫，抗战期间，日军西渡黄河、进犯延安的图谋始终没有得逞。山西与陕西隔河相望，还是党中央联系华北、华东、华中、华南各抗日民主根据地的主要通道。山西各抗日根据地以广泛的游击战争，钳制了大量日军，减轻了国民党军队的压力，为以西安为中心的西北国统区提供了战略屏障。

山西军民在抗战中付出了巨大的牺牲。抗战期间，山西全省的人口1100多万，全省参加八路军和新四军部队的青壮年达70多万人，参战支前打游击的民兵有数百万人之多。抗战时期，在山西各种惨案中伤亡的群众与国共两军抗日将士伤亡之和达300

牺牲于山西辽县（今左权县）的左权将军

多万人。晋绥军区、晋察冀军区、晋冀鲁豫的太行区和太岳区有近10万名指战员献出了生命。八路军和山西人民用血肉之躯筑起了保卫华北、保卫黄河、保卫中国的抗战长城。陈毅在1943年底从淮南北上准备前往延安，于1944年初到达八路军总部所在地左权县麻田。陈毅在麻田居留了一段时间，感受了太行军民的抗战风貌，创作了歌咏太行抗战的抗战史诗《过太行山抒怀》，诗中咏叹道："因念抗战中，华北阻寇骑。平型雁门捷，阳堡显奇迹。妙峰战北平，冀东敌逃逸。大军出雄关，满蒙斧初劈。东进抵渤海，齐鲁喜洋溢。南进战苏皖，淮泗波涛激。西征向郑洛，中原撑半壁。江淮与河汉，四望红旗立。南去海南岛，珠江风暴急。敌后三战场，驰骋羽书疾。决策赖延安，太行天下脊。一九四二年，苦战破铁壁。""山西在怀抱，河北置左肩，山东收眼底，河南示鼻端。长城大漠作后殿，提携捧负依陕甘。更有人和胜天时，地利攻守相攸关。创业不拔赖基地，我过太行梦魂安。"诗句中"华北阻寇骑""大军出雄关""中原撑半壁""太行天下脊"等，就是陈毅同志对八路军山西抗战的形象描绘。抗战期间，山西军民的伤亡人数占人口总数的20%多，因为有山西军民的牺牲和奉献，使得大后方的人民梦魂稍安。

山西抗日根据地走出了一条文化与工农兵相结合的根据地

抗战文化新路。毛泽东同志的《在延安文艺座谈会上的讲话》发表之后，山西各抗日根据地的广大文艺工作者深入实际，深入群众，优秀文艺作品不断涌现，代表作有赵树理的《小二黑结婚》《李有才板话》，丁玲的长篇报告文学《一二九师与晋冀鲁豫边区》，马烽、西戎的《吕梁英雄传》等，生动地反映了抗战旋律和时代主题。此外，山西各根据地出版发行了很多报纸、杂志，如晋察冀的《抗战报》、晋冀鲁豫的《新华日报》（华北版）、晋绥的《抗战日报》《晋绥大众报》等，内容丰富，产生了广泛影响。山西各抗日根据地丰富的抗战文化，极大地调动了山西人民的抗战热情，走出了一条文化与工农兵相结合的新道路，为全国各抗日根据地做出了示范。

20世纪40年代上海出版的《吕梁英雄传》书影

上党战役

——揭开全国解放战争的序幕

1945年8月，日本投降后，蒋介石一面邀请中国共产党领导人毛泽东赴重庆进行和平谈判，一面调集大批军队准备向解放区发动进攻。8月中旬，阎锡山所部第19军史泽波率4个师，乘晋冀鲁豫军区部队正在向日伪军举行大反攻之际，进占长治及周围地区，企图以此为依托，进一步打通白（圭）晋（城）铁路，扩占整个晋东南。该地区恰好位于晋冀鲁豫根据地的太行分区与太岳分区之间，态势孤立。为保卫抗战胜利果实，中共中央军委于8月下旬指示晋冀鲁豫军区进行自卫反击，首先歼灭进入长治地区的国民党军，收复失地，清除解放区的心腹之患。同时指出，对上党地区宜选择一两城，各个击破，不宜同时攻击；如攻而不克，可围城打援。

晋冀鲁豫军区司令员刘伯承、政治委员邓小平遵照中央军委的指示，针对国民党军队孤军深入和分散守备的特点，决心以所属太行、太岳、冀南军区各1个纵队及地方武装共3万余人，在5万民兵的配合下，先逐个夺取长治外围各城，吸引长治守军出援，力求在运动中予以歼灭，最后收复长治。

9月10日，战役正式发起。12日，太行纵队攻克屯留。17

日，冀南纵队攻克潞城。19日，太岳纵队和太行军区部队分别攻克长子、壶关。长治的国民党守军此时已陷于孤立。

太行纵队攻克屯留城

阎锡山唯恐长治失守，于9月15日令第23军、第83军等部，由祁县东观镇经沁县南下增援长治。24日，晋冀鲁豫军区得知自太原出援的国民党军3个师已到祁县子洪镇以南，让冀南纵队和太岳纵队一部及地方部队继续围困长治，吸引援敌，令太行纵队和太岳纵队主力迅速北上打援。10月5日，晋冀鲁豫军区部队从两翼向退据老爷岭的国民党援军主力发起攻击，至6日，国民党援军除2000余人逃回沁县外，其余全部被歼灭。长治守军于8日向西突围，晋冀鲁豫军区命令围城部队跟踪追击，又命太岳纵队进行截击。12日，突围的国民党军全部被歼灭在沁河以东的将军岭及桃川村地区，史泽波被俘。

上党战役，是抗日战争胜利后解放区部队反击国民党军进行的第一个较大规模的歼灭战，共歼国民党军3.5万余人，巩固了晋冀鲁豫解放区，加强了中国共产党在重庆和平谈判中的地位。解放军在总兵力不占优势的情况下取得了战役的胜利，增强了战胜国民党军队的信心。

毛泽东同志在《关于重庆谈判》一文中，对上党战役做了高度评价，指出：“太行山、太岳山、中条山的中间，有一个脚盆，就是上党区。在那个脚盆里，有鱼有肉，阎锡山派了13个师去抢。我们的方针也是老早定了的，就是针锋相对，寸土必争。这一回，我们‘对’了，‘争’了，而且‘对’得很好，‘争’得很好。就是说，把他们的13个师全部消灭。”“人家打来了，我们就打，打是为了争取和平。不给敢于进攻解放区的反动派很大的打击，和平是不会来的。”

全国解放战争是从山西的“上党战役”开始的，这次战役拉开了全国解放战争的序幕。

上党战役资料图